COLLECTION
DES MÉMOIRES
SUR
L'ART DRAMATIQUE,

PUBLIÉS OU TRADUITS

Par MM. Andrieux,
Barrière,
Félix Bodin,
Després,
Évariste Dumoulin,
Dussault,
Étienne,

Merle,
Moreau,
Ourry,
Picard,
Talma,
Thiers,
Et Léon Thiessé.

DE L'IMPRIMERIE DE BAUDOUIN FRÈRES,
RUE DE VAUGIRARD, N° 36.

MÉMOIRES

DE

MISTRISS BELLAMY,

ACTRICE

DU THÉATRE DE COVENT-GARDEN,

AVEC UNE NOTICE SUR SA VIE,

PAR M. THIERS.

TOME DEUXIÈME.

PARIS.

PONTHIEU, LIBRAIRE, AU PALAIS-ROYAL,

GALERIE DE BOIS, N° 252.

1822.

MÉMOIRES

DE GEORGES-ANNE

BELLAMY,

ACTRICE

DU THÉATRE DE COVENT-GARDEN.

LETTRE LXI.

MISTRISS BELLAMY A MISS ***.

Londres, 23 avril 17—.

Madame,

L'époque de mon bénéfice approchant, il se trouva que le jour choisi pour ma représentation, était précisément celui qu'avait pris pour la sienne, mistriss Cibber : nous ne pouvions que nous nuire l'une à l'autre. L'opéra, d'ailleurs, donnait ce même jour : je priai mistriss Hamilton de me céder son lundi, et de prendre mon samedi. Comme elle avait peu de chose à attendre des loges, elle accepta volontiers un arrangement qui, sans lui faire aucun tort, lui donnait le premier bénéfice de l'année.

Elle avait choisi les *Reines rivales*. Un très-mauvais temps n'empêcha pas le concours des habitués de la seconde galerie, d'être considérable. Cette partie de la salle remplie, elle fit admettre le surplus dans les loges, et jusque sur le théâtre, préférant judicieusement à des bancs vides, les deux schellings par tête que donnaient ces spectateurs. Mais la chaleur d'une salle remplie, venant à agir sur les vêtemens mouillés de son noble auditoire, il s'en exhala des vapeurs qui n'étaient rien moins qu'aromatiques.

N'étant pas accoutumée à de pareilles émanations, je donnai la préférence à l'eau de lavande, dont je baignai mon mouchoir, que je tenais devant mon visage. M. Ross, qui jouait *Alexandre*, me demanda pourquoi Statira se cachait le visage pendant qu'il lui rendait ses hommages. Je lui répondis que l'infection horrible qui régnait dans la salle me suffoquait.

Le mutin personnage choqué de ma délicatesse, travestit mon propos, et alla répéter à l'aimable Roxane, que je venais de dire que son public *puait* à faire trouver mal. Piquée de voir traiter ainsi de bons amis, qui avaient risqué leur vie en se mouillant pour elle jusqu'aux os, elle résolut de me mortifier à son tour.

Le lundi suivant, vers les six heures et demie, presqu'au moment de lever la toile, elle me fit dire qu'elle ne pouvait jouer le rôle de lady Graveairs. Un pareil contre-temps nécessitait quelques excuses au public, sur le retard qui en résultait. Ross, espiègle comme un écolier de Westminster (1), jouissait trop de l'orage qu'il avait excité, pour se prêter à l'apaiser. Smith s'était chargé du rôle de lord Foppington; mais son effroi ne lui permit pas d'articuler un mot. En conséquence, lady Betty fut obligée de paraître avant le temps, avec tous ses falbalas, pour prier le public de prendre patience, jusqu'à ce que mistriss Vincent eût pu s'habiller pour le rôle que mistriss Hamilton avait dû jouer.

---

(1) Les jeunes gens de cette école ont à Londres la plus mauvaise réputation. (*Note du traducteur.*)

Ma pétition fut couverte d'applaudissemens; et j'eus tout lieu d'espérer que le public me vengerait. C'est, en effet, ce qui arriva à la représentation suivante. Mistriss Hamilton jouait le rôle de la reine dans le Moine espagnol, et moi celui d'Elvire. Sa Majesté Espagnole déploya toute la magnificence de ses pierres fausses, qui la faisaient comparer, par Cibber, à un buisson garni de vers luisans, parce que ses cheveux étaient d'un noir foncé, et qu'elle ne portait jamais de poudre.

Dès qu'elle parut, elle fut saluée de sifflets, dont le ramage peu gracieux à toute oreille dramatique se prolongea fort long-temps. Enfin, elle profita d'un instant de calme, s'avança sur le bord du théâtre, et dit d'un ton de Démosthène, qu'elle supposait qu'on la sifflait, parce qu'elle n'avait pas joué pour le bénéfice de mistriss Bellamy; mais qu'elle était bien aise d'informer le public que j'avais dit que ses auditeurs infectaient et sentaient la tripe. Cette éloquence fit sur le parterre un effet incroyable. On cria *bis* tout d'une voix, en ajoutant : Bien dit, Tripe; nom qu'elle a gardé jusqu'à ce qu'elle ait quitté le théâtre.

J'ai dit que M. Smith avait pris le rôle de Foppington. Cela me rappelle une anecdote qui montre sa présence d'esprit, et la promptitude avec laquelle il savait prendre avantage de la moindre circonstance, pour rendre son rôle plus piquant.

L'aventure de mistriss Hamilton donna lieu à une conversation de foyer, où je dis assez légèrement : « Je ne suis jamais deux heures
» de suite dans la même disposition d'esprit.
» Shakespeare et Rollin nous ont peint Cléo-
» pâtre sous les mêmes traits. »

M. Smith, qui était présent, ne laissa pas tomber ce propos, et se promit bien d'en tirer parti. Nous jouions ensemble les rôles de lord Foppington et de lady Betty-Modish. Aux excuses que je lui faisais dans la dernière scène, il répondit avec une grâce et une nonchalance qui convenaient merveilleusement à son rôle, par une révérence respectueuse; ajoutant, avec un sourire :

« Madame, je vous en supplie, ne vous
» donnez pas la peine de vous justifier; car
» je ne m'étonne jamais que lorsque je vois
» une femme conserver deux heures de suite
» la même disposition d'esprit. C'est cette va-

» riété enchanteresse qui captiva le fameux
» Antoine, et lui fit croire que l'on pouvait,
» sans regret, perdre un monde, quand on
» gagnait les bonnes grâces d'une Cléo-
» pâtre. »

Je ne pus m'empêcher de rire de cet impromptu; et le public, sans être dans le secret, l'applaudit vivement.

L'hiver devint plus lucratif pour le propriétaire, que la faiblesse de sa troupe ne lui permettait de l'espérer, surtout le théâtre rival ayant alors Garrick, Mossop, Woodward, Cibber, Clive et Pritchard. A la fin de la saison, je me trouvai très-arriérée. Je devais à miss Meredith 1,200 livres; encore plus à Deard, Maison-Neuve et Lazare, pour une addition que j'avais faite à mes pierreries. Quelque obérée que je fusse, j'avais une telle répugnance à en parler à M. Calcraft, que j'aimai mieux m'adresser à M. Sparks. Il s'estima fort heureux de me prêter quelques centaines de guinées, prévoyant un retour qui les lui paierait au double (1).

---

(1) On verra plus bas que M. Sparks avait des liaisons d'intérêt avec M. Calcraft. (*Note du traducteur.*)

L'été n'eut rien d'agréable. Lord Tyrawley écrivit à sa femme, pour lui demander son consentement à l'aliénation de la terre de Blessington, dont elle devait hériter à la mort de son frère, qui était d'une très-mauvaise santé. Elle me demanda mon avis. Je pensai qu'elle devait répondre par un refus positif : son mari avait déjà disposé de toutes ses terres ; comme elle ne lui avait pas apporté de fortune, elle n'avait, pour tout revenu, qu'une rente annuelle de 800 livres, mal payée ; et si le lord venait à mourir avant elle, elle n'aurait, pour vivre, que sa pension, comme veuve de général.

Lady Tyrawley suivit mon conseil, et j'avoue qu'il n'était pas tout-à-fait désintéressé ; car elle m'avait souvent promis de laisser, après sa mort, tout ce qu'elle posséderait à moi et à mes enfans. En conséquence, elle écrivit à son mari, « qu'elle connaissait par-
» faitement ses devoirs de femme, quoique
» mylord eût, jusqu'à ce moment, oublié ceux
» de mari ; qu'ayant reçu de lui des preuves
» incontestables du peu d'intérêt qu'elle lui
» inspirait, elle se croyait dans la nécessité
» de songer à elle, pour ne pas se trouver,

» dans le cas où il viendrait à mourir, ré-
» duite à un titre irlandais, dont au reste
» elle ferait bon marché, si mylord trouvait
» un amateur. »

Lord Tyrawley répondit : « Qu'il l'avait
» toujours regardée comme une mauvaise
» tête ; mais qu'il était bien convaincu que
» son cœur ne valait pas mieux. » Réponse
qui fut, sur-le-champ, suivie de cette réplique : « Mylord, je ne me suis jamais pi-
» quée d'avoir une bonne tête : quant à mon
» cœur, comme il est depuis long-temps
» en votre possession, je ne puis plus en ré-
» pondre. » Cette épître laconique le blessa
au vif; il m'en fit honneur, quoique je n'en
eusse eu connaissance que quelques jours
après qu'elle eut été envoyée.

Je fis, dans le même temps, un petit voyage
à Malmsbury, où une indisposition abrégea
mon séjour, et m'empêcha d'aller à Bristol,
comme je me l'étais proposé.

Un autre motif me rappelait à Londres. Il
s'était élevé de vifs débats au sujet de l'élection de Windsor, dont M. Fox était représen-
tant. Malgré les bienfaits dont le duc de
Cumberland avait comblé cette ville, et les

secours qu'il avait prodigués aux nécessiteux, les habitans eurent l'ingratitude de porter un inconnu en opposition à M. Fox, dont ils connaissaient les liaisons intimes avec le duc. Heureusement cette opposition fut sans succès.

Comme le voisinage était habité par un grand nombre de mes amis, qui avaient de l'influence sur les votans, et qu'il me fallait voir en personne pour leur demander leur voix, on me dépêcha un exprès, et je me pressai d'arriver tout au travers du tumulte électoral. Sitôt que je fus à Windsor, je sollicitai sir Francis Delaval de nous déterrer un certain M. Nuthall, homme actif et remuant, rompu à tout le manège des élections : il avait fait offrir ses services à M. Fox, qui le remercia, à cause de sa partialité pour le député Paterson; en conséquence de ce refus, il s'attacha à M. Pitt, qui le fit depuis solliciteur du trésor, et récompensa sa fidélité par beaucoup d'autres émolumens.

Comme j'étais sur la porte d'une auberge, où j'attendais le retour de sir Francis, ayant auprès de moi le jeune Fox, un drôle, armé d'un bâton, vint à nous, faisant mine de vouloir porter un coup à l'enfant, et criant : Point de Fox! Heureusement, quelqu'un qui se trouvait derrière lui, le renversa assez à temps pour que le coup ne pût porter. Sir Francis arrivait au moment même avec M. Nuthall, et l'on s'assura du coquin; mais comme on jugea sa brutalité suffisamment punie par la violence du coup qu'il avait reçu, et par les meurtrissures que lui avait causées sa chute, on le relâcha sur la parole qu'il donna de ne plus se mêler de l'élection.

L'effroi du jeune Fox fut si grand, qu'il en contracta une maladie, nommée *la Danse de Saint-Vit*, qui l'affectait avec violence à la moindre contradiction, et qui le fit souffrir pendant plusieurs années.

En retournant de Windsor à Hollwood, je pris à travers champ pour éviter Londres, et je me hâtai d'arriver, dans l'espérance de trouver bonne compagnie; je ne rencontrai, à ma grande surprise, que le docteur Francis, qui était devenu partie de la famille. J'avais depuis long-temps promis de faire une visite à Foote, qui occupait alors une des maisons de sir John Vanburgh, à Black-Heath. L'occasion me parut favorable, et je proposai au docteur de m'y accompagner le lendemain.

Il y consentit. Nous montâmes à cheval, et nous trouvâmes notre célèbre Aristophane en compagnie de M. Murphy et d'un auteur, nommé Clealand ; en attendant le dîner, notre hôte nous proposa d'aller voir la vente de la duchesse de Bolton, qui venait de mourir. On sait que le talent supérieur avec lequel elle jouait le rôle de Polly Peachum (1) l'avait élevée à ce haut rang. Je n'en étais que plus curieuse de voir le lieu de sa résidence.

Au moment de partir, il prit un scrupule au bon docteur. Un homme de sa robe paraître en public avec une actrice ! Il oubliait qu'il vivait chez moi, qu'il acceptait volontiers une place dans ma loge, à l'opéra, à la comédie, aux oratorio, etc. (2). Peu touchés de cette impertinence, nous laissâmes le timoré docteur remonter à cheval, et reprendre tristement le chemin d'Hollwood, en sacrifiant à son scru-

---

(1) Personnage de l'opéra du *Gueux*, de M. Gay.

(2) On a vu que le docteur avait même travaillé sans succès pour le théâtre : la pièce qu'il avait donnée sous le nom d'Eugénie, en 1752, était la traduction de la Cénie de madame de Graffigny.   (*Note du traducteur.*)

pule une bonne compagnie, un bon dîner qu'il aimait encore mieux, d'excellent vin de Bordeaux qu'il ne haïssait pas, et la société d'un homme que recherchaient tous ceux qui aimaient l'esprit et la gaieté.

LETTRE LXII.

29 avril 17 —.

A mon arrivée à Londres, je trouvai que M. Calcraft était parti pour Grantham, dans le dessein de sauver sa sœur des piéges d'un séducteur. M. Medlicote, dont je vous ai déjà parlé, s'était trouvé dans ce pays, et avait déployé tous ses charmes pour captiver le cœur de miss Calcraft. La jeune personne, assez vive, lasse du célibat, et persuadée qu'on voulait l'épouser, prêta l'oreille aux hommages du beau cavalier; l'erreur s'étant dissipée, elle écrivit à son frère pour l'informer de sa situation.

Mon héros se mit donc en campagne, dans la ferme résolution de venger l'outrage fait à l'honneur de sa famille. Mais le voyage lui donnant le temps de la réflexion, il pensa que ce serait une haute imprudence que de risquer sa vie pour les affaires d'autrui, et au lieu de demander raison au suborneur, il crut beaucoup plus sage de faire revenir sa sœur à Londres.

Malheureusement la même poste qui l'avertissait du danger de sa sœur, lui avait apporté une lettre de son frère, le capitaine Calcraft, qui faisait des recrues à Huntingdon. Dans une visite qu'il faisait chez le comte de......, grand joueur qui habitait dans le voisinage, il s'était laissé aller, et avait perdu, sur sa parole, 200 livres. Comme c'était une dette d'honneur, il l'avait acquittée avec l'argent du régiment; et pour remplacer cette somme, il s'était vu obligé de tirer sur son frère.

L'écuyer, importuné des sottises de sa famille, avait, avant de partir, envoyé la lettre protestée : c'était justement le soir du jour où j'avais fait la partie d'aller voir M. Foote, et la lettre était déjà à la poste. Un des commis, nommé Willis, vint sur-le-champ m'avertir de ce qui s'était passé. Tremblante pour le jeune homme qu'une pareille affaire allait traduire devant un conseil de guerre et perdre pour toujours, nous délibérâmes sur le parti qu'il y avait à prendre. Je n'avais point d'argent; mais il m'était plus aisé d'en emprunter que de parvenir à retirer de la poste la lettre de M. Calcraft.

Celui-ci avait pris pour armes les trois lions de lord Tyrawley; et la vaisselle du gouvernement, que le général Braddock avait laissée à nous et à nos enfans, ayant, outre les armes du roi, un levrier pour cimier, il l'avait ajouté à sa cotte d'armes d'emprunt. Heureusement je me rappelai que mistriss Jordan, ma marchande de modes, était parente du secrétaire de la poste. Après m'être pourvue d'argent, j'allai la trouver : je lui remis mon cachet, qui était à peu près le même que celui de M. Calcraft, lui donnai la somme nécessaire, et la priai d'engager son parent à substituer cette lettre au billet protesté; ce qu'elle fit, à ma grande satisfaction. Aussitôt que M. Calcraft avait été de sang-froid, il s'était repenti de ce qu'il avait fait, moins par affection pour son frère, que dans la crainte de la honte, qui n'eût pas manqué de rejaillir sur lui.

Miss Calcraft étant arrivée à Londres, il fallut songer à lui trouver un asile décent. Ce fut encore moi qui me chargeai de ce soin. Mistriss Jordan, à ma prière, voulut bien la prendre en pension, et bientôt après la plaça dans une honnête famille, à Essex. Malgré la tendresse qu'il affichait pour sa sœur, M. Calcraft aimait encore plus l'argent. Si je ne m'étais pas occupée de sa garde-robe, elle aurait fait une pauvre figure dans la famille d'une veuve qui avait équipage, jouissait d'un bon douaire, et qui, en la recevant, n'avait cherché qu'à se donner une société.

Au retour du courrier, M. Calcraft fut fort étonné de recevoir de son frère une lettre de remercîment. A la première lecture, il la crut ironique. Mais en faisant réflexion que le jeune homme le craignait trop pour se permettre une plaisanterie de cette nature, il conjectura la vérité : il vint sur-le-champ me trouver. Dans la première chaleur de sa reconnaissance, il me rendit l'argent avec mille actions de grâces, en m'appelant son dieu sauveur. J'avais trop de délicatesse pour prendre avantage d'une pareille circonstance, sans quoi il m'aurait, je crois, donné tout l'argent que je lui aurais demandé.

Mes affaires étaient cependant dans un tel embarras, que je n'osais m'en occuper, ne sachant si je pourrais jamais m'en tirer. Un bel attelage de chevaux, dont on m'avait fait présent, ajoutait encore à mes dépenses. M. Calcraft avait refusé d'en supporter les frais sous prétexte qu'il avait déjà beaucoup de chevaux à nourrir. Ces raisons, en me rendant nécessaire le revenu que je retirais du théâtre, me décidèrent à contracter un nouvel engagement avec M. Rich.

Durant l'hiver, Romeo et Juliette ayant été demandé par des personnes de qualité, lady Coventry (ci-devant miss Maria Gunning) (1), avec quelques autres dames de distinction, étaient dans une loge sur le théâtre. J'ai déjà parlé de la liaison que j'avais eue avec cette beauté célèbre, et de l'occasion qui y avait donné lieu. Mais je ne l'avais revue depuis qu'une seule fois, peu de jours avant son mariage, qu'elle m'avait fait l'honneur de passer chez moi pour une petite affaire d'argent.

---

(1) L'une des deux sœurs de ce nom que mistriss Bellamy avait connues en Irlande; elles étaient nièces du lord vicomte de Mayo. Clément de Genève confirme, dans ses Lettres, ce qu'a dit plus haut notre auteur de leurs charmes et de leur pauvreté. (*Note du traducteur.*)

Dans la scène où Juliette avale le poison, au moment le plus intéressant du monologue, je fus interrompue par un éclat de rire qui partait de sa loge. Le profond silence que gardaient les spectateurs attentifs rendit l'inconvenance encore plus frappante. Elle me déconcerta au point que je me vis obligée de demander la permission de me retirer un moment pour reprendre mes esprits. Le public, mécontent de l'interruption et de l'étourdie qui l'avait causée, à force de huées, contraignit les dames à sortir de leur loge.

Un spectateur voisin reprocha vivement à lady Coventry son impolitesse et son ingratitude, à quoi elle eut la bonté de répondre qu'elle ne pouvait me souffrir depuis qu'elle avait vu mistriss Cibber. Cette réponse lui attira une réplique mortifiante de l'interlocuteur, qui n'était autre que mon frère, le capitaine O'Hara. Ce dialogue ajouta à l'humiliation de la dame, et hâta son départ. Le feu lord Eglington, un des hommes les plus polis de son temps, qui s'était trouvé dans la loge avec elle, vint au foyer me faire des excuses; il m'assura qu'on n'avait pas eu l'intention de m'offenser, et que l'enfantillage d'une dame qui s'amusait à jouer avec une orange, avait excité ce rire déplacé. Je reçus cette justification, et j'achevai mon rôle avec plus d'applaudissement que jamais on ne m'en avait donné.

Le lendemain, mon frère vint me voir, et me rendit l'impertinent propos de la belle rieuse. Sur-le-champ, je sonnai l'intendant de la maison, et lui remettant dans les mains la reconnaissance qu'elle m'avait donnée, étant encore miss Gunning, de l'argent que je lui avais prêté avant son mariage, je lui ordonnai d'en aller chercher le paiement chez lord Coventry.

Milady était sortie à cheval; Quince attendit son retour et lui présenta le billet. Qu'est-ce, dit-elle avec un air dédaigneux; mistriss Bellamy, l'actrice? Oui, milady, répliqua mon homme, un peu piqué de pareils airs, et qui me voyait tous les jours traitée d'une manière toute différente par des dames fort au-dessus d'elle. Dites-lui, reprit milady, tournant sur le talon, de ne pas faire l'insolente, sans quoi je la ferai siffler. Après avoir encore répliqué un peu vivement, le pauvre Quince ne voyant pas grande apparence de succès dans sa commission, se retira; mais un valet le suivit de près, et lui dit qu'on enverrait incessamment l'argent demandé.

Je n'ai pas, je crois, besoin d'ajouter que j'avais parfaitement oublié ce billet, et que je n'y aurais jamais songé, s'il ne m'eût offert un moyen de punir l'impertinente. Il n'est pas inutile d'ajouter que jamais on ne me l'a remboursé.

M. Calcraft avait alors la goutte dans la tête, et son état réclamait toute mon attention. Quelque mépris qu'il m'inspirât, je ne pouvais être insensible à ses souffrances : c'était moi qui lui plaçais les cataplasmes sur les yeux. Je lui témoignais les mêmes soins, la même tendresse que si j'avais eu à me louer de lui.

LETTRE LXIII.

10 mai 17 —.

A peu près à la même époque, M. Dodsley, aussi intéressant par ses vertus privées que par ses talens littéraires, vint présenter à M. Rich une tragédie intitulée *Cléone*. Les situations en étaient fort touchantes ; des malheurs domestiques en faisaient le sujet, ce qui intéressait le public en sa faveur; mais le succès dépendait entièrement de l'héroïne, dont je devais jouer le rôle, ce qui, vu l'état actuel de notre troupe, était un double titre de recommandation, car Ross et Smith étaient plus avoués par Thalie que par Melpomène.

M. Garrick et mistriss Cibber avaient refusé la pièce, je ne sais pour quelle raison : elle avait pourtant son mérite. Les affections de la société privée trouvent plus aisément le chemin du cœur, que celles des têtes couronnées (1). Le langage en était simple ; je résolus d'y conformer mon action. C'était une tentative qui en valait la peine ; du moins elle était nouvelle, et devait me laisser le mérite de ne rien emprunter d'autrui.

Les soins que j'avais rendus à M. Calcraft avaient affecté ma santé et me faisaient désirer de différer la représentation ; mais quoique je n'aie jamais cherché à me faire valoir par de semblables caprices, la crainte seule qu'on pût m'en soupçonner me fit acquiescer aux vœux de l'auteur.

Les nombreux amis de M. Dodsley, et surtout les gens de lettres, assistèrent aux répétitions de sa pièce ; de ce nombre était lord Littleton, qui, malgré toute son amitié pour moi, laissa entendre à l'auteur que j'avais totalement pris à contre-sens le rôle important

---

(1) Ainsi n'en jugeaient pas les anciens, nos maîtres en tous les arts. Ils pensaient avec raison que le malheur augmente d'intensité par le contraste d'une haute fortune qui l'a précédé. Ils savaient que de grands intérêts fournissent aux passions plus d'aliment et de ressort que les petites combinaisons qui remplissent une vie bourgeoise. L'opinion contraire compte aujourd'hui peu de partisans.

(*Note du traducteur.*)

de sa tragédie. Le public avait été si accoutumé au bruit et au tumulte des folles de théâtre, que, d'après l'état de ma santé affaiblie par une indisposition réelle, on supposa que l'ouvrage n'aurait pas de succès.

Parmi ceux qui étaient venus voir notre dernière répétition, occasion où le théâtre était toujours fort encombré, j'aperçus avec surprise M. Metham. Comme nous ne nous étions pas revus depuis notre séparation, on jugera aisément que je n'étais pas à mon aise. Il ne justifia que trop mes craintes : armé d'une effronterie supérieure, s'il est possible, à celle de Cibber, lorsque dans le rôle de lord Foppington il approche d'Amanda, et prenant une prise de tabac de l'air le plus dégagé, il s'approcha de moi avec un mélange d'importance et de facilité, et vint me faire des complimens sur ma beauté, plus angélique, disait-il, que jamais. Puis, se tournant vers un ami : « Ne suis-je pas, dit-il, un heureux mortel, d'avoir eu les bonnes grâces des deux premières actrices (1), et en même temps des deux plus charmantes femmes de l'Europe ? »

---

(1) On a vu que M. Metham, après sa rupture avec mis-

La tournure de ce compliment, le lieu où il m'était adressé, le nombre des spectateurs, me causèrent une vive émotion : je fus sur le point de quitter la répétition et de m'en retourner chez moi sans autre cérémonie.

Cette ridicule aventure me déconcerta au point, que la supposition qu'avaient faite l'auteur et ses amis devint, à leurs yeux, une certitude. Lorsque je vins à répéter : *Tu ne tueras pas*, le docteur Johnson me saisit assez vivement par le bras, en disant : C'est un commandement (1), il faut y mettre plus d'emphase. Comme je ne connaissais pas alors personnellement cet homme célèbre, j'avoue que je fus un peu choquée de la véhémence avec laquelle il communiquait ses instructions.

Ces diverses scènes augmentèrent tellement mon indisposition, qu'on me conseilla de ne pas paraître le lendemain dans un rôle où

---

triss Bellamy, avait offert ses vœux à mademoiselle Lecouvreur. (*Note du traducteur.*)

(1) *Thou* SHALL *not murder.* C'est le mot *shall* qui implique le commandement, et c'est celui que le docteur recommandait à l'actrice de prononcer avec une intention bien marquée. (*Note du traducteur.*)

j'allais subir une si rude épreuve ; mais c'eût été jouer le public, qui m'avait trop honorée de ses bontés pour que je ne cherchasse pas à m'en rendre digne. Je me résignai donc à toutes les conséquences, bien résolue à jouer le rôle d'après ma manière de le sentir.

Le lendemain comme j'étais sur le point de m'habiller, M. Dodsley m'aborda avec toutes les alarmes d'un cœur paternel, et prétendit qu'au jugement de ses amis et au sien, je ne visais pas assez à l'effet dans la scène de folie. L'embarras d'un vésicatoire, que mon indisposition avait rendu nécessaire, joint à l'inquiétude inséparable d'un nouveau rôle, me fit répondre à cet estimable homme avec une vivacité qui me fit peine à moi-même. Comme actrice, lui dis-je, j'avais aussi une réputation à perdre; et quant à l'ouvrage, M. Garrick avait prévenu le jugement du public, en disant hautement la veille, au café Bedford, que la pièce n'irait pas, et qu'elle était la plus mauvaise qu'il eût jamais vue. Après ce compliment, je le laissai regrettant beaucoup, m'a-t-il dit depuis, de m'avoir choisie pour l'héroïne de sa pièce.

La simplicité de mon costume répondit à

celle que je me proposais de mettre dans mon jeu; je quittai même le panier, qui m'a toujours paru extrêmement incommode.

La nouveauté a quelquefois des charmes irrésistibles. Je réussis dans ces deux points au-delà de mes espérances; les applaudissemens furent universels, et je ne pus douter de mon triomphe quand j'entendis le docteur Johnson s'écrier: Je veux lui adresser des vers! Lorsque je parus pour débiter l'épilogue, le public me fit un accueil plus flatteur encore que celui que j'avais déjà éprouvé.

J'étais si fatiguée le soir que je ne pus me rendre dans l'appartement de M. Calcraft. Le docteur Francis l'avait informé de l'opinion publique exprimée à la répétition : et mon indisposition lui faisant craindre un mauvais succès, il regarda ce manque d'attention de ma part comme une preuve trop certaine de ma déconvenue. Il ne tint pas à son impatience; quoique malade encore, il parcourut la longue enfilade qui séparait nos appartemens, pour venir s'assurer lui-même du sort de Cléone. A peine venais-je de répondre à ses questions : *Assez bien,* que le docteur entrant hors d'haleine, lui apprit mon triomphe et les circonstances qui en rehaussaient l'éclat.

Le lendemain, je reçus les complimens de tous nos amis, et entr'autres de lord Littleton et de sir Charles Hanbury Williams : le premier me félicita de mon succès avec la plus grande chaleur, heureux, disait-il, de s'être trompé dans ses conjectures. M'adressant alors à sir Charles, je lui demandai s'il pensait qu'une folie violente eût produit le même effet. Sans me répondre, il me regarde avec des yeux fixes, et semble vouloir s'élancer sur moi. Lord Littleton qui s'en aperçoit, me tire en arrière, et M. Harris, qui était assis à côté de son ami sir Charles, le retient sur le sopha, pendant que je me dérobe à sa furie. Il était temps, car il avait déjà saisi un couteau qui se trouvait sur la table, et jurait qu'il allait m'en percer le cœur.

Ce fut là la première marque de folie que donna sir Charles. En entrant, il m'avait fait son compliment de la meilleure grâce du monde. Il ne survécut pas long-temps à cette scène ; et jusqu'à sa dernière heure, il persista dans le dessein de me tuer.

Les représentations de Cléone absorbèrent

une grande partie de la saison ; elles auraient duré plus long-temps encore, si ma santé m'eût permis de jouer ; mais la vérité avec laquelle j'entrais dans la passion de mon rôle, était telle, qu'elle m'ôtait quelquefois la faculté de parler, quoique j'eusse la voix forte et étendue. Mistriss Clive m'écrivit une lettre de félicitation, suffrage qui me flatta d'autant plus, que je ne pouvais douter de sa sincérité.

Mon temps était alors très-précieux. Outre les lettres que j'avais à copier, j'avais des correspondans dans toutes les parties du monde où nous avions alors des armées, sur le continent, en Écosse et en Irlande. Pour surcroît de fatigue, les médecins ayant ordonné à M. Calcraft d'aller aux eaux de Bath, pour fixer la goutte aux extrémités, j'étais obligée d'ouvrir toutes ses lettres particulières, et de lui en envoyer chaque fois la substance.

Le retour de sa santé fut celui de mes dégoûts, et je me promis bien d'insister, quand il reviendrait de Bath, sur un mariage public, et le paiement de toutes mes dettes.

Elles avaient pris un nouvel accroissement.

Le printemps précédent, les plaintes répétées qui arrivaient de l'armée d'Allemagne, sur la mauvaise qualité des habits, bas et souliers, qu'on fournissait aux soldats, m'avaient fait naître le désir de remédier à cette friponnerie. En conséquence, je pris les renseignemens nécessaires; et trouvant qu'une addition d'un sou pour les chemises, et de 3 sous et demi pour les bas et souliers, serait suffisante, j'étais convenue avec le fournisseur de lui passer ce prix additionnel pour tout ce qui serait envoyé, en Allemagne, aux régimens dont M. Calcraft était l'agent. La conséquence de ce beau zèle fut qu'au bout de huit mois, je me trouvai endettée de neuf cents livres (1).

Lord Granby, de retour d'Allemagne, outre mon billet de bénéfice, m'en donna un de cent livres, et M. Fox un pareil; ce fut là tout le fruit que je retirai de mon pa-

---

(1) L'auteur des Nuits anglaises attribue à mistriss Woffington un trait si semblable à celui-ci, qu'il y a lieu de croire qu'il a fait honneur à l'une de ces deux actrices de ce qui appartenait à l'autre. C'est une bizarrerie assez curieuse de leur destinée que cette rivalité prolongée au-delà du trépas. (*Note du traducteur.*)

triotisme ; si ce n'est l'honneur de voir les sentinelles du parc s'arrêter pour me voir passer.

Une fausse nouvelle de la mort de lord Granby, parvenue à sa femme pendant qu'elle était en couches, la conduisit au tombeau. Cette mort fut pour moi un coup très-sensible ; et ma douleur ne fit qu'augmenter, en apprenant que ce faux bruit avait eu pour cause la mort trop réelle de lord Down, tué lorsqu'il était en faction à la porte de la tente du général anglais. Parti en qualité de volontaire, il s'était obstiné, par je ne sais quel caprice, à remplir, ce jour-là, les fonctions de simple soldat. Lord Granby venait de lui envoyer son dîner, qu'il partageait avec son camarade, lorsqu'un boulet de canon vint le frapper.

LETTRE LXIV.

18 mai 17 —.

Lord Granby, de retour en Angleterre, vint nous voir, et me fit sa trésorière; ce que M. Fox comparait gaiement au boîteux qui mène l'aveugle. Mais la générosité du lord excédant de beaucoup sa bourse, je fus obligée de me démettre de ma charge.

Le soir de mon bénéfice, M. Fox, ayant été retenu par le duc de Cumberland, arriva tard au théâtre. Lady Caroline y était déjà. Il y avait foule; il dit à l'ouvreur qu'il avait oublié son billet; mais peu importait, dit-il gaiement, puisque c'était pour *son* bénéfice qu'on jouait, et en même temps il se fit ouvrir la loge de sa femme. Un méchant libelliste, qui voulait faire acheter son silence, prit occasion de cette saillie, ainsi que des rapports répandus contre moi par mistriss Woffington, pour insérer, dans une de ses feuilles, que j'étais le *capitaine du grand capitaine ;* et qu'on ne disposait qu'à ma recommandation, des commissions et des places dépendantes du département de la guerre.

Ce sarcasme, quoique peu fondé, m'affecta. Je n'avais jamais fait une demande indiscrète à M. Fox. Mais, comme il ne bougeait de notre maison, sans qu'il fût en mon pouvoir de rendre ses visites plus rares, je craignais que ses assiduités ne donnassent quelque couleur de vérité aux bruits de la calomnie, et surtout qu'ils ne pussent me nuire dans l'esprit d'une femme qui était l'honneur de son sexe, et une de mes plus zélées protectrices. J'en parlai à M. Fox, qui rit de mes terreurs. Il m'assura que son épouse avait trop de confiance en son affection, pour admettre de pareils doutes, et, en même temps, trop bonne opinion de moi, qu'elle croyait mariée, pour s'arrêter aux insinuations d'un misérable gagiste. Mais, en dépit de ces assurances, je crus m'apercevoir qu'après la publicité de l'épigramme dont je viens de parler, lady Caroline ne me recevait plus avec la même bienveillance.

En conséquence, pour prêter encore moins

le flanc aux bruits calomnieux, je m'excusai d'aller souvent à Hollwood, où un club politique se rassemblait chaque semaine. Ce club était composé des ducs de Cumberland, de Bedford et de Marlborough, de lord Ducie-Morton, de M. Fox, de M. Charles Townsend, etc. On y débattait les intérêts nationaux, et, sans la résolution que j'avais prise, j'y aurais acquis des connaissances supérieures à celles du reste des femmes.

Le duc de Grafton, qui nous honorait aussi fréquemment de ses visites à Hollwood, nous amusait des anecdotes de George II, dont je vous raconterai une ou deux. Durant la rébellion de 1745, on avait demandé la tragédie de Macbeth. La crise approchait; le duc de Cumberland commandait l'armée rebelle, et le sort de la maison de Brunswick dépendait d'un événement.

On peut s'imaginer aisément que le roi n'était pas très à son aise : par une suite de cette anxiété, craignant de laisser lire sur son visage l'agitation de son esprit, il se détermina à ne point paraître au spectacle ce soir-là, quoique la pièce eût été annoncée *par ordre.* Le duc de Grafton, alors lord-chambellan, et dans la plus haute faveur, sentit l'inconvenance d'une pareille démarche ; il parvint à ramener son maître, qui se rendit au spectacle, suivant sa première résolution, et parut, durant les deux premiers actes, absorbé dans ses réflexions.

Dans l'entr'acte, des dépêches furent rendues au roi. Elles lui annonçaient la victoire remportée par son fils à Culloden. Après les avoir parcourues rapidement, il se leva, dans son émotion, et, tenant le papier en l'air, poussa un cri de joie, qui fut suivi des applaudissemens de toute l'assemblée. On ordonna aux acteurs de se *désenchanter* (1), et d'entonner le *God save the King*. Cette scène de joie et de ravissement fut répétée si souvent, qu'il était une heure du matin, avant que le roi pût se retirer.

La première année de la même rébellion, la souscription ouverte pour le soutien du gouvernement ayant été remplie avec une admirable promptitude, le duc de Grafton complimenta son maître sur cette preuve non équivoque d'affection. « Mylord, répon-

---

(1) Allusion aux trois sorcières de Macbeth.

dit le roi dans son mauvais anglais, mon peuple est ma femme; elle me querelle, mais elle ne veut pas me laisser quereller par d'autres. »

Pendant que ces grands personnages occupent ma plume, permettez-moi de vous amuser un moment à mes dépens. Honorée de l'approbation du public, j'eus la vanité de vouloir y joindre le suffrage du roi. En conséquence, je priai le duc de Grafton de solliciter, auprès de Sa Majesté, l'honneur de paraître devant elle, dans un des rôles de mon emploi.

Le duc eut la complaisance de se prêter à ma faiblesse, et le roi, ayant beaucoup entendu parler de la manière dont notre inimitable Roscius jouait le rôle du *roi Lear* (1), consentit à honorer cette pièce de sa présence. Flattée d'avance des éloges que j'attendais, je me rapprochai, insensiblement, après ma

---

(1) Cette pièce de Shakespeare se joue telle qu'elle a été arrangée par Tate : malgré l'enthousiasme des Anglais pour leur poëte favori, on ne joue la plupart de ses pièces qu'avec des coupures et des changemens.

(*Note du traducteur.*)

première tirade, de la loge. Quelle fut ma mortification, lorsque lord-chambellan, ayant demandé au roi comment Sa Majesté trouvait *Cordelia*, j'eus la douleur d'entendre répondre : Hom ! hom ! pas mal ; mais son panier est bien large !

Ainsi, mon panier avait attiré les regards du roi, plus que ma personne ! Cette humiliation m'étourdit un peu, et je ne repris courage, que lorsque j'en vins à la belle prière que fait *Cordelia* pour son père détrôné. Je mis, dans ce morceau, tant de naturel et de sensibilité, que le roi en fut ému. Il me fit dire, par le lord chambellan, qu'il n'avait jamais été autant affecté des malheurs de *Lear*, qu'il l'était de la tendre piété de sa fille. Cette louange était toute pour *Cordelia*; il fallut s'en contenter, et paraître plus satisfaite que ma vanité ne l'était réellement.

Je vous demande grâce encore pour cette anecdote, où mon ami *Shuter* joue un rôle.

M. Lacy, un des propriétaires du Ranelagh, avait été engagé, par deux banquiers, à l'assister dans la direction du théâtre de Drury-lane. Mais M. Lacy, ayant formé le dessein d'obtenir une patente, en son propre nom, à l'exclusion des deux personnes qui l'employaient, s'avisa de cet expédient.

Jockey (1) de profession, il suivait constamment la chasse de Croydon, dont le lord-chambellan était le conducteur. Sa Grâce observait avec plaisir le train nombreux qui l'accompagnait, et remarquant que M. Lacy était un des plus assidus, il prit, un jour, occasion d'admirer le cheval que montait celui-ci. C'était l'amorce que le rusé cavalier présentait, et dès qu'il vit qu'elle avait fait son effet, il pria le duc d'accepter sa monture.

Le lord refusa d'abord, et parla de compensation, sur quoi M. Lacy l'informa que ses commettans étaient sur le point de rompre leurs engagemens, et qu'il lui serait obligé s'il voulait lui faire obtenir la patente en son propre et privé nom. Sa requête réussit : sous peu de jours, il devint seul directeur de Drury-

---

(1) Ce nom n'est pas pris ici dans le sens que nous lui donnons en France ; il s'applique aux amateurs enthousiastes de l'équitation, aux parieurs des courses, etc., etc.

(*Note du traducteur.*)

lane, et les deux personnes, qui avaient acheté de M. Fletwood, se virent obligées d'accepter des places de contrôleurs dans le théâtre qui précédemment leur appartenait. M. Lacy vendit ensuite la moitié de la patente à M. Garrick, qui devint le seul directeur ostensible, et dont le talent supérieur et les soins infatigables sauvèrent ce théâtre de sa ruine.

C'était Hollwood qui fournissait de renards la chasse de Croydon, et le duc, voyant que Shuter était souvent de la partie, me pria de l'inviter à dîner.

Shuter, très-gai et très-amusant, quand il croyait jouer le premier rôle, ne se trouvait pas là à son aise, et fut d'abord assez taciturne. Mais d'excellent bordeaux, que j'avais fait placer devant lui, faisant son effet, il reprit tout son babil, et même sa causticité.

* Dans le cours de la conversation, le duc vint à lui demander s'il aimait la chasse, ou s'il la courait seulement par raison de santé. Ni l'un, ni l'autre, mylord, répliqua vivement Shuter : je cours pour une patente, faisant allusion à l'anecdote. Le duc trouva

l'impromptu si gai, qu'il lui promit de le servir, même sous ce rapport, s'il y avait jamais jour à l'obliger. En attendant, il lui fit accepter, avant son départ, un fort beau présent, que Shuter ne manqua pas d'aller déposer aux pieds de Nancy Dawson, alors sa sultane favorite.

Mais revenons à ce qui me concerne. Mon séjour en ville eut pourtant un heureux résultat; il contribua à sauver M. Calcraft de sa ruine, et beaucoup d'individus d'une perte irréparable. Une société nombreuse s'était réunie à Hollwood. Fidèle à mon système, j'étais presque seule à Londres, à l'exception du portier, de mon cocher et de mon postillon, qui n'étaient pas même à la maison; et comme c'était un dimanche, les commis étaient aussi absens.

Le matin de ce jour fatal, je vis accourir près de mon lit ma femme de chambre avec l'air du désespoir, pâle, échevelée, et n'ayant pas la force de parler. Mais les cris: Au feu! que j'entendais venir de la rue, m'apprirent bientôt ce que son effroi ne lui permettait pas encore d'articuler.

Aussitôt je saute à bas du lit; et n'ayant

qu'un manteau-de-lit et des mules, car dans ma terreur j'avais jeté mon bonnet de nuit, je descends précipitamment les escaliers. Arrivée dans la cour, j'apprends que le feu a éclaté chez un boulanger en Channel-Row : un des côtés de cette petite rue était occupé par un magasin de bois et de charbon, et l'autre par un marchand de liqueurs. Ces deux maisons auraient fourni de nouveaux alimens à l'activité de la flamme.

Comme le feu était justement en face des bureaux où étaient déposés les comptes d'une foule de personnes, et que ces bureaux n'étaient séparés que par de minces cloisons, mes alarmes étaient excessives; car si l'incendie les eût atteints, tout était perdu. Les flammes redoublaient de violence; et, chassées par le vent vers notre maison, on s'attendait à chaque instant à les voir s'y attacher. Heureusement il me vint dans l'idée de faire enlever, par un vitrier accouru à notre secours, les chassis des fenêtres, non-seulement de notre maison, mais des trois voisines, dont les maîtres étaient, pour le moment, hors de la ville.

Ensuite je fis ramasser tous les porteurs

qu'on put se procurer, et transporter par eux les livres, premier objet de mes soins, au comptoir situé au-dessous. Nous rompîmes les coffres, où nous ne trouvâmes, en argent, que ce qui devait suffire aux paiemens du lendemain, jusqu'à ce qu'on eût reçu chez les banquiers. En peu de temps, la maison se trouva remplie de ceux qui, pour leur compte, ou pour celui de leurs parens, avaient quelque intérêt dans les bureaux. Le portier avait dépêché le cocher à Hollwood. Cependant je mis en sûreté tout ce qu'il me fut possible, et je sauvai tout ce qui était dans les bureaux. Enfin, on parvint à se rendre maître du feu, avant qu'il eût pu gagner l'autre côté de la rue.

Quand je fus sur le point de me retirer, le colonel Honeywood me témoigna ses craintes que je ne gagnasse un rhume. Ce fut le premier moment où je me rappelai ma situation. J'étais restée quatre heures dans l'état où l'effroi m'avait fait sauter du lit, au milieu de plus de cent spectateurs de tout rang, qui étaient venus m'assister dans cette malheureuse circonstance.

A peine étais-je habillée, que j'entendis la

voix de M. Calcraft, hurlant comme un furieux, qu'il était un homme perdu, ruiné. Mais quand il fut informé des soins que j'avais pris, et du succès qui les avait suivis, je fus encore une fois *sa chère libératrice;* et les louanges qu'il me prodigua étaient bien, en effet, la récompense la plus flatteuse pour un cœur désintéressé comme le mien.

Cependant mes embarras pécuniaires augmentant, je fus obligée de chercher des ressources chez quelques enfans d'Israël; je ne réussis que trop facilement à en trouver. M. Furtado me procura un honnête usurier qui m'avança 500 livres, à condition que je lui en paierais 100 par an pendant toute ma vie, sur l'annuité de 120 que M. Calcraft m'avait donnée. Mais ces clauses ne pouvant être exprimées dans le contrat, il me donna un écrit qui me permettait de racheter cet engagement, en payant les 500 livres; plus, 50 par forme de gratification.

Ma vanité reçut, dans le même temps, un petit échec, dont le récit vous fera peut-être sourire, mais qui pensa me coûter bien cher.

Les complimens ridicules que m'avait attirés quelquefois la beauté de ma main, flattaient mon amour-propre: je cherchais à les justifier, et à augmenter cette blancheur si admirée. Pour arriver à ce grand résultat, qui était alors, à mes yeux, de la plus haute importance, j'envoyai prendre, chez le parfumeur Warren, une paire de gants de poulet que je mis avant de me coucher, et je forçai ma femme de chambre à attacher mes mains au chevet du lit, pour accélérer l'effet de cette merveilleuse recette. Je m'endormis, persuadée que j'allais me réveiller avec les plus belles mains du monde. Mais au bout de deux heures, je m'aperçus, en m'éveillant, que j'avais perdu l'usage de la main droite.

Alarmée de cet accident, j'appelai ma femme de chambre pour me détacher. Mes craintes n'étaient que trop fondées: j'envoyai, sur-le-champ, chercher un chirurgien. Quand je lui eus raconté ce qui venait de m'arriver, et ce qui l'avait occasioné, il me dit, en riant, qu'il trouverait le moyen de me tranquilliser sur la blancheur de ma main. Il tint parole; car il m'appliqua un vésicatoire de moutarde, qui s'étendait depuis l'épaule jusqu'au bout du doigt; remède très-douloureux, qui me rougit si bien le bras, qu'obligée de porter des gants tout le reste de l'hiver, je ne pus ni montrer ni regarder ces belles mains dont j'étais si fière.

Vers le même temps, je fus honorée d'une visite de mon parent de Watford, M. Crawford. Je la devais au besoin où il était de 400 liv., pour compléter une somme destinée à faire une importante acquisition.

Je n'avais emprunté du juif que pour payer à M. Sparks une partie de la somme qu'il m'avait prêtée. Comme celui-ci ne l'était pas venu demander, je crus pouvoir en disposer. J'informai donc M. Crawford que, ne pouvant lui prêter que la moitié de ce qu'il désirait, je lui confierais une paire de boucles à diamans, sur laquelle il lui serait facile de trouver le surplus. Il se montra très-sensible à mes offres, prit l'argent et les boucles d'oreilles, me fit son billet de 400 livres, payables dans trois mois, et me quitta, avec promesse de revenir à cette échéance.

Il fut exact, en effet; mais ce fut pour m'apprendre qu'il ne pouvait me payer. Quant à mes boucles d'oreilles, M. Smith, de l'Echiquier, m'avancerait sur notre billet commun la somme nécessaire pour les retirer. Je n'avais aucun doute sur l'honnêteté ni sur la solvabilité de mon cousin. Il passait pour joindre de bonnes affaires à une fortune assurée, et je signai aveuglément le billet qu'il me présenta, sans même en lire le contenu. Il sortit, en disant qu'il allait revenir avec les boucles d'oreilles.

J'avais un engagement pour le reste du jour; je ne pensai plus à mes boucles. Mais peu de jours après, ayant fantaisie de les porter, j'envoyai à son logement, où j'appris que mon honnête parent, ayant de fort mauvaises affaires, était parti brusquement pour la France, et qu'il avait escroqué tous ses amis pour se soutenir, lui et sa famille, pendant son exil. Pour comble de malheur, quand M. Smith se présenta pour être payé, j'eus le chagrin de trouver que le billet portait 600 livres, au lieu de 100, pour lesquelles je me croyais engagée.

LETTRE LXV.

26 mai 17 —.

Je m'étais rendue très-utile à M. Fox, non-seulement en transcrivant ses lettres, mais en assistant aux séances de la chambre des communes, ma mémoire étant presque aussi extraordinaire que la sienne. Il commença à se plaindre de ne plus me voir à Hollwood, où il voulait d'ailleurs travailler à fixer Charles Townshend, vraie girouette, mais qui avait pour moi une considération particulière. Il n'en fallut pas davantage pour me décider à y reparaître. Quand on commençait à jouer, je me retirais; et comme j'étais la seule femme admise dans la société, ma situation n'était pas très-agréable.

Durant ces heures de solitude, j'avais tout le temps de me livrer à mes réflexions, dont le résultat était que j'étais loin d'être heureuse. Mais qui m'empêchait de l'être? Ce n'étaient pas mes dettes; je ne doutais point que M. Calcraft n'y satisfît. Quant à ma position, on me croyait mariée; et ce mariage était un événement que je regardais comme certain. Cependant la mélancolie me gagnait; et dans ces accès, je pleurais quelquefois des heures entières. Pour me distraire et me délasser à la fois, je résolus d'accepter une invitation que j'avais reçue de mistriss Child, laquelle était établie à Bruxelles avec son mari, et devait faire un petit voyage à Cologne. Je me proposais, en même temps, d'exécuter, au commencement de l'été, mon ancien projet d'aller faire une visite à Voltaire.

Deux événemens s'opposèrent à l'accomplissement de ce plan. Le premier ne m'intéressait pas personnellement; mais comme il fut très-désagréable pour la famille du secrétaire de la guerre et pour la nôtre, je participai aux désagrémens qu'il causa.

M. Fox étant allé passer quelque temps chez son frère, lord Ilchester, M. Calcraft se rendit à Holland-house, suivant son usage, pour demander, avant d'écrire à son patron, s'il y avait quelques lettres pour lui, ou quelque chose qu'on pût lui mander. Au moment où il entrait, il netnedit Fanning, intendant de M. Fox, dire à un homme qui avait l'air d'un fermier : Je suis sûr que ce n'est pas là l'écriture de mon maître ; mais voici quelqu'un qui peut vous l'assurer encore mieux que moi. En disant ces mots, il remit un bail entre les mains de M. Calcraft, qui le parcourut, et déclara que la signature n'était point celle de M. Fox. Je suis perdu ! s'écria le fermier; le coquin m'a volé ce que j'avais mis en réserve pour la dot de mes filles. En y regardant de plus près, M. Calcraft vit que le prétendu bail était une pièce fabriquée par un certain Ayliffe, pour attraper de l'argent.

M. Fox avait fait de cet Ayliffe un commissaire ambulant. Le revenu de cette place était plus que suffisant pour le soutenir, lui et sa famille; mais il avait adopté, pour supplément, la profession de vendre des terres : et comme on le supposait connaisseur en ce genre, M. Calcraft l'avait chargé de lui en acheter en Dorset-shire, et lui avait déjà remis onze mille livres pour cet objet.

Alarmé pour ses fonds, et toujours éveillé sur ses intérêts, il se mit aussitôt sur les traces de son voleur. Il le trouva à Salisbury, où il le fit arrêter comme fabricateur de faux contrats.

Ayliffe prit l'épouvante, rendit les onze mille livres, et fut ramené à Londres, par les officiers du juge Friedling, qui l'avaient poursuivi à la réquisition du fermier. Aussitôt, on dépêcha un exprès pour informer M. Fox de tout ce qui s'était passé : ce fut là la première nouvelle qu'il en eut : ce qui prouve l'injustice des reproches qui lui furent faits, en cette occasion, comme en beaucoup d'autres, où ses commis avaient tout le profit, et lui tout l'odieux.

Le malheureux une fois convaincu, voyant qu'il y allait du gibet, m'envoya sa femme pour me conjurer d'intercéder auprès de M. Fox. En même temps, il lui écrivit une lettre où il implorait son pardon, se reconnaissait le plus ingrat des hommes, et promettait que, s'il lui faisait obtenir sa grâce, toute sa vie serait employée à la mériter, et à réparer les crimes dont il s'était rendu coupable.

Mais, à la même heure, ce misérable écrivit à M. Pitt, alors ministre, pour l'informer que, s'il voulait le sauver, il lui révélerait telles manœuvres iniques de son dernier patron, qui paieraient sa grâce. M. Pitt, avec une noblesse qui fait honneur à sa mémoire, renvoya la lettre à M. Fox, qui se disposait à aller solliciter en faveur du prisonnier. Tant de bassesse l'indigna; le malheureux subit la peine de ses crimes.

Comme ma situation me mettait hors d'état de voyager, il fallut renoncer à mon excursion sur le continent. Le 4 septembre, je commençai à sentir les douleurs; et avant que le docteur Hunter pût être arrivé de Londres, une sage-femme de campagne m'aida à mettre au monde un fils, que M. Fox nomma Henri *Fox-Calcraft.*

J'étais accouchée depuis quatre ou cinq jours, lorsque M. Calcraft m'honora d'une visite, pour m'informer qu'il avait reçu une lettre de M. Davy, qui demandait le paiement de l'annuité que je lui avais cédée. Choquée de l'entendre me parler, si hors de propos, d'intérêts pécuniaires, je le priai de sortir sur-le-champ de ma chambre, de payer et d'exécuter son contrat. Je l'assurai même que je saurais l'y forcer, aussitôt que je serais en état de me lever; j'ajoutai que je n'ignorais pas les mensonges qu'il m'avait faits, en me faisant entendre que son patron désapprouvait notre mariage. Étourdi de ce reproche, il se hâta de me quitter, en murmurant contre ce qu'il appelait mon extravagance.

Quand il fut parti, je me plaignis à une dame qui m'était venue voir, et qui faisait profession d'être mon amie, de la grossièreté avec laquelle M. Calcraft venait, dans ma situation, me rompre la tête d'une pareille bagatelle, après tout ce que j'avais fait pour lui. Ma *bonne amie*, observant que j'étais plus animée qu'à mon ordinaire, et ayant des raisons particulières pour désirer de me voir sortir de ma situation actuelle, par la mort ou par le ressentiment, saisit une occasion si favorable à ses vues, et m'apprit que l'homme que je regardais comme mon mari ne pourrait probablement jamais l'être, puisqu'il s'était marié quelques années avant de me connaître. Sa femme était jeune; elle demeurait à Grantham, avec une tante nommée Moore.

Frappée, étourdie, d'une nouvelle si inattendue, je sautai à bas du lit, dans le dessein d'aller trouver l'imposteur, et de me venger de lui. Mais, avant d'atteindre la porte, je tombai sans connaissance. Carter, ma garde, qui demeurait avec moi depuis plusieurs années, aidée de l'obligeante personne qui venait de me mettre dans cet état, me replaça dans mon lit.

Quand je repris mes sens, je souffrais des douleurs si vives, surtout au côté, qu'il m'était impossible de parler et de respirer. On dépêcha sur-le-champ un exprès à M. Adair et au docteur Hunter. D'abord, ils furent d'avis que ma maladie provenait de l'ignorance de la femme qui m'avait accouchée; mais les gardes les détrompèrent, assurant que j'avais été assez bien pour leur permettre de me quitter, et de me laisser avec une dame qui m'était venue voir. Le délire où j'étais, et dont la pauvre Carter pensa devenir la victime, ne me permit pas de leur révéler la véritable cause de l'état où je me trouvais.

M. Calcraft était hors de lui. Chaque nuit paraissait devoir être la dernière de ma vie. Je ne respirais qu'autant qu'on m'ouvrait la veine. Il m'eût été impossible de rester couchée sans étouffer, et je m'appuyais alternativement sur l'épaule de chacune de mes gardes. M. Adair, malgré le nombre de ses malades, revenait chaque soir à Hollwood, pour tâcher de calmer les douleurs inexprimables que j'endurais.

Après avoir souffert, durant quelques semaines, plus que la nature humaine ne semble capable de le supporter, mon arrêt de mort fut prononcé pour une heure du matin. Une personne (1) de Londres, que j'attendais impatiemment, étant arrivée, et l'affaire que j'avais avec elle étant terminée, je me résignai, attendant l'heure de ma délivrance.

Calme et tranquille, ne tenant plus au monde, oubliant les injustices dont j'y avais été l'objet, je tombai dans un sommeil profond, pendant lequel j'eus un rêve qui semblait être le présage de tous les malheurs que j'ai éprouvés depuis. Il me semblait que, dégagée de tous les soins terrestres, j'étais devenue une habitante du séjour céleste. Mon emploi était d'allumer cinquante lampes. J'entrai en exercice, et les allumai de suite,

---

(1) Un prêtre irlandais catholique.

jusqu'à la dernière, que j'eus le malheur de briser. La peine que me fit cet accident, mit un terme au sommeil et au rêve ; et je m'éveillai dans une violente agitation.

LETTRE LXVI.

10 juin 17 —.

Je restai plusieurs semaines dans la cruelle situation où m'a laissée ma dernière lettre; après quoi, je fus transportée à la ville. Deux consultations par jour n'améliorèrent pas mon état. La Faculté me persécuta jusqu'à Noël : enfin ses doctes membres, désespérant de me procurer quelque soulagement, et honteux de prendre, sans fruit, tant d'argent, m'abandonnèrent à ma destinée. Mon humain et vigilant ami, M. Adair, continua pourtant ses assiduités; et voyant que les autres médecins ne m'avaient été d'aucun secours, il m'amena furtivement le docteur Lucas. Mais quoique le mérite de ce médecin fût incontestable, ses principes politiques étant fort différens des nôtres, son introduction dans notre maison fut trouvée répréhensible.

Le docteur découvrit bientôt la cause de

ma maladie, qui avait échappé à ses confrères. Il prononça que j'avais un abcès au poumon, ce dont l'événement prouva la vérité; il ajouta que, s'il venait à percer pendant que je serais assoupie, car je ne dormais pas, il devait me suffoquer.

Après m'avoir préparée, par les remèdes qu'il jugea convenables, il m'envoya aux bains chauds de Bristol, pour y passer les fêtes de Noël. Ces bains, à cette saison, ne sont fréquentés que par quelques misérables qu'on envoie là exhaler leur dernier souffle. J'avais entièrement perdu l'usage de mes membres, ne pouvant lever le bras jusqu'à la tête, et j'étais portée comme un enfant dans les bras d'un domestique. Durant le voyage, on m'avait défendu de faire plus de vingt milles par jour, et quoique nous fussions au cœur de l'hiver, j'étais obligée de laisser les glaces de ma chaise ouvertes. Comme j'étais fort connue sur la route, les maîtres et maîtresses d'auberge semblaient me faire leurs derniers adieux, et regretter la perte d'une de leurs meilleures pratiques.

Mistriss Sparks, femme de l'acteur de ce nom, avait quitté sa famille pour m'accompagner; des raisons de santé avaient forcé ma chère miss Meredith de faire un deuxième voyage en France. Mes deux gardes et ses domestiques me formaient un train considérable. Quand j'aurais dépensé, dans cette occasion, toute la fortune de M. Calcraft, je m'en serais mise peu en peine; car mon ressentiment contre lui subsistait dans toute sa force: je n'avais pas même voulu lui permettre de prendre congé de moi, ni souffrir qu'on prononçât son nom en ma présence.

Après une suite de pénibles journées, j'arrivai aux eaux, où les objets qui se présentèrent à mes regards, la triste perspective du lieu, le son funèbre de la cloche de Clifton, n'offrirent que de lugubres tableaux à mon imagination. Là, je fus confiée aux soins du docteur Ford, qui m'ordonna le vin de Porto et le punch. Accoutumée au vin trempé, l'usage de ces liqueurs, qui m'étaient inconnues, me fut désagréable. Mais j'avais été saignée si souvent, que mon état d'épuisement faisait craindre qu'il ne survînt une hydropisie, quand même je guérirais de mon autre maladie.

Enfin l'abcès creva pendant que je prenais l'air. Je retournai à mon logement, et le docteur Ford, aux soins duquel j'ai les plus grandes obligations, ayant été appelé, me fit conduire à la chambre de pompe, pour y recevoir la douche. Ensuite il me fit mettre dans un lit bien bassiné; on me donna à boire un peu d'eau-de-vie brûlée. Je n'avais pu me coucher depuis plus de quatre mois. Aussitôt que je fus au lit, le sommeil me prit, et je ne m'éveillai qu'au bout de dix-huit heures. Ce sommeil fut si calme, que ceux qui me gardaient furent plus d'une fois tentés de croire que je m'étais endormie pour toujours : souvent ils mirent un miroir sur ma bouche, pour s'assurer si je respirais encore; enfin ils commencèrent à se flatter que ce profond repos deviendrait un excellent remède, et serait le premier symptôme de ma guérison.

Mon rétablissement fut plus prompt, cependant, qu'on n'eût pu s'y attendre; car à mon réveil, je me trouvai en état, non-seulement de me tenir debout, mais même de faire quelques pas. La cause du mal une fois détruite, je repris des forces chaque jour, ce qui me détermina à quitter ma triste solitude, et à retourner à la ville. Mais résolue de ne pas rentrer chez M. Calcraft, j'écrivis à ma mère, pour la prier de me louer sa maison. C'était celle de la rue Brewer, qu'avait jadis occupée M. Calcraft.

Quoique affligée des circonstances qui me faisaient quitter Parliament-street, ma mère me répondit que la maison serait préparée pour me recevoir. Aussitôt que M. Calcraft fut instruit de mon dessein, il pensa perdre la tête. Il craignait, avec grande raison, que je ne fisse pas mystère des motifs que j'avais eus pour quitter sa demeure. La plupart de ceux qui l'employaient, n'avaient pris confiance en lui que par égard pour moi. Lord Tyrawley, malgré la froideur qui subsistait entre nous, ne pouvait manquer de s'intéresser à mon sort : mon frère était encore plus redoutable ; et toutes ces considérations avaient bien plus de poids, sur lui, que la tendresse.

D'ailleurs, il n'était pas indifférent pour lui que je présidasse à sa table, à raison de l'importance de mes liaisons, et du nombre de mes protectrices parmi les dames du premier rang. Mais ce qui le touchait encore plus, et motivait ses promesses réitérées de payer mes dettes, était l'attente où il était de la mort de mon amie miss Meredith. Cette jeune personne était abandonnée par les médecins, et comme on supposait qu'elle devait tester en ma faveur, il en concluait que ma fierté ne me permettrait pas d'avoir des obligations à quelqu'un que je détestais si cordialement, et faisait, sans ménagement, des promesses qu'il croyait bien n'être jamais dans la nécessité de remplir.

Il écrivit donc à mistriss Sparks, pour la prier de chercher l'occasion de me communiquer le contenu des lettres qu'il lui écrivait, et qui renfermaient les plus belles promesses du monde. Il n'ignorait pas que je n'avais vu que cette dame; et comme il avait avec elle des liaisons d'intérêt (1), il était bien sûr que rien ne transpirerait. Son nom seul me jeta dans une telle agitation, qu'elle craignit de le prononcer devant moi. Mais il devint si pressant à chaque lettre, qu'elle se hasarda enfin à m'entretenir sur ce sujet.

---

(1) M. Calcraft avait alors trois parts dans le théâtre, et l'on s'attendait qu'il achèterai la patente, lorsque M. Sparks eut la promesse d'être directeur.

Après diverses tentatives, elle parvint enfin à me lire une de ces lettres. M. Calcraft m'y conjurait, au nom de l'humanité, pour l'amour de mes enfans et de moi-même, de retourner auprès de lui. Il s'engageait par tout ce qu'il y a de plus sacré, à payer mes dettes en trois mois. Il finissait par protester de la violence de sa passion.

Déterminée par l'avis de M. Quin, qui avait toujours été mon oracle, mais que la générosité de son cœur égara en cette occasion, fatiguée de toutes ces importunités, à peine remise de mes eaux de Bristol, je retournai enfin dans l'odieuse maison, sous la condition expresse qu'il ne tenterait jamais de me voir ou de me parler seul, et qu'il serait exact à payer mes dettes, articles auxquels il se soumit sans objection.

LETTRE LXVII.

19 juin 17 —.

Vous allez me revoir encore faisant les honneurs de la table de M. Calcraft, et recevant à ce sujet les félicitations de mes nombreux amis. Quelque temps après mon rétablissement, la trésorerie nous redemanda l'argenterie du Gouvernement, que nous avait laissée l'infortuné général Braddock. Nous refusâmes : un procès s'ensuivit ; mais nous le gagnâmes ; et les lions, les licornes, etc., continuèrent de figurer sur notre table.

Je reçus alors la nouvelle de la mort de miss Meredith ; elle m'avait légué 500 liv., avec les 1,200 que je lui devais, ses bijoux, qui en valaient près de 2,000, et ses plus belles dentelles, qui étaient d'un grand prix. Ce legs était pour moi de la plus haute importance : n'étant pas engagée cet hiver au théâtre, je m'étais vue obligée d'emprunter sur mes diamans, pour faire face à mes dépenses personnelles, dans l'assurance que M. Calcraft tiendrait sa parole à l'expiration du terme qu'il avait pris.

Mais ces considérations étaient bien peu de chose, mises en balance avec la perte d'une amie inappréciable, que je pleurerai toujours. L'infortunée avait conçu un tendre sentiment pour le duc de Kingston : il parut quelque temps y répondre; mais il ne tarda pas à détruire toutes ses espérances de bonheur, par un autre attachement. Avec une constitution extrêmement délicate, et une sensibilité qui ne l'était pas moins, elle ne put, malgré toute la force de sa raison, surmonter une passion malheureuse.

Par son testament, elle laissa au duc une boîte d'or, dans le couvercle de laquelle était son portrait. J'étais chargée de la lui remettre; commission assez désagréable pour moi, car le duc avait fait profession d'être un de mes admirateurs. Je lui écrivis cependant, pour l'informer de son legs, et il vint le recevoir. En le lui présentant, je lui dis que j'aurais désiré qu'il y eût eu deux portraits, j'en aurais demandé un, afin de pouvoir conserver au moins la faible ressemblance d'une personne qui m'était si chère. Le duc, alors, prit tranquillement un canif, détacha le portrait du couvercle, et me le donna. Une preuve si choquante d'indifférence pour la mémoire d'une femme dont il avait, suivant toute apparence, abrégé les jours, m'affecta tellement, que je m'éloignai avec mépris, laissant le duc emporter sa boîte.

En reconnaissance des attentions que mistriss Sparks m'avait témoignées durant ma maladie, non-seulement je consentis à jouer dans la Fiancée en Deuil (the Mourning Bride), pour le bénéfice de son mari, mais je lui plaçai deux cents billets à une guinée. Comme je n'avais pas joué depuis que les papiers publics m'avaient tuée si souvent, l'affluence fut considérable; mais ce qui excita un étonnement général, fut que ma voix n'avait jamais eu plus d'éclat; du moins je pus juger, à la manière dont je fus applaudie, que le public était satisfait, et M. Sparks ne le fut pas moins des émolumens de la soirée.

Ma maison m'était devenue si odieuse, que je ne m'y trouvais que lorsque la société était très-nombreuse. J'aimais la musique à l'excès, ce qui me lia bientôt avec les plus habiles virtuoses. J'allais souvent chez Frasi (1), où je rencontrai un soir lady Saint-Léger, mère de feu mon aimable amie miss Saint-Léger, depuis femme du colonel Burton, dont je vous ai souvent parlé dans mes précédentes lettres. La plus jeune de ses sœurs, miss Kitty, était logée avec cette dame, qui, par le moyen de son douaire et d'une pension que lui avait fait obtenir lady Harrington, était en état de recevoir bonne compagnie.

C'était ce qu'on appelle en Irlande une femme comme il faut du second ordre : son caractère était inégal; on la voyait tantôt d'une hauteur insolente, tantôt d'une bourgeoisie triviale. Vous en jugerez par le trait que je vais vous citer. Son mari, juge d'Irlande, avait traité avec sévérité quelques pauvres malheureux accusés d'avoir exercé des brigandages dans le pays. Paul Liddy, capitaine des bandits, qui avait levé des contributions dans la partie de l'île où résidait le chevalier, avait eu l'insolence de lui écrire que s'il ne dépo-

---

(1) Célèbre chanteur de ce temps.

sait pas à jour nommé une certaine somme à l'endroit qu'il lui désignait, il mettrait le feu à sa maison, le tuerait, et enlèverait sa femme.

Bientôt après, grâce à la vigilance du chevalier, le capitaine fut pris, et mis aux fers dans la prison de Black-Dog. Lady Saint-Léger ne put résister à la tentation de voir un homme qui avait osé lui faire une pareille déclaration : elle se rendit à la prison, où la belle Monique Gall, courtisane que Liddy avait épousée, lui dit que celui-ci était trop indisposé pour voir personne ; sur quoi la dame, avec une insolence qui la rabaissait au-dessous de la malheureuse à laquelle elle parlait, lui demanda si elle était la maîtresse du misérable, ou sa femme. Madame, répondit l'autre naïvement, j'ai le malheur d'être sa femme ; l'honneur d'être sa maîtresse vous était réservé.

Telle était ma nouvelle connaissance, que j'invitai à venir à Hollwood, et qui profita de notre intimité, pour redire avec exagération, à M. Calcraft, tout ce que je lui confiais.

Aussitôt que ma compagnie m'eut quittée, je me disposai à mon voyage de Bruxelles.

Mais, avant de partir, je laissai une lettre pour M. Calcraft, où je lui rappelai la promesse qu'il m'avait faite de payer mes dettes, seule réparation qu'il pût me faire pour la bassesse de sa conduite. Quant à ma visite à Voltaire, la mort du marquis de Verneuil, en qui je perdis encore un excellent ami, vint y mettre obstacle. Le marquis s'occupait beaucoup de chimie, et même y avait acquis une certaine habileté. Dans une expérience dont il suivait les résultats, une explosion subite lui coûta la vie.

Arrivée à Bruxelles, je trouvai miss Child entourée de mes amis, et devenue l'objet particulier des attentions de l'électeur de Cologne. Elle me reçut de manière à me prouver combien ma visite lui faisait plaisir. Elle fit tout ce qui était en son pouvoir pour me rendre le séjour de la ville agréable, et m'amener insensiblement à oublier mes chagrins. Je me prêtai, de bonne grâce, aux vœux de mon amie ; pendant trois mois, je jouis de tous les plaisirs que m'offrait sa société. Mais le chagrin que je portais dans mon cœur empoisonnait tout; l'idée seule de retourner dans l'odieuse maison que j'avais fuie, me rendait la plus malheureuse de toutes les femmes.

De Bruxelles, dont je laisse aux voyageurs de profession le soin de vous décrire toutes les curiosités, je me rendis à Anvers, où je me proposais de prendre des renseignemens sur la fortune de M. Sykes, auprès de son frère, qui était établi dans cette ville. A mon arrivée, j'appris que M. Sykes, qui était tout à la fois, peintre, joaillier et bijoutier, s'était rendu à Paris, sur l'invitation du duc de Berry, qui voulait faire quelque changement dans sa galerie. Un grand personnage qui s'intéressait à un autre artiste, piqué de cette préférence, obtint une lettre-de-cachet contre lui. Un jour qu'il était dans un café, un exempt le prit à part, le fit monter dans une voiture qui l'attendait à la porte, et le conduisit à la Bastille : il n'eut que le temps de prier un de ses amis, qui se trouvait là, d'informer sa femme de sa disgrâce. Cet ami remplit ce triste devoir. La pauvre femme, après un long évanouissement, perdit la raison : et dans cette douloureuse situation, il était bien à craindre que ni le mari ni la femme ne revissent jamais leur famille.

J'appris également que les États-Généraux avaient pris possession des effets que M. Sykes avait laissés à la Haye, et qu'il m'avait légués. La perte d'un bien, dont j'ignorais la valeur, ne pouvait m'affecter vivement, je la supportai avec assez de courage.

———

LETTRE LXVIII.

28 juin 17 —.

Les beautés d'Anvers me déterminèrent à y faire quelque séjour; mais rien ne me frappa plus que la cathédrale. J'en admirais, un matin, la grandeur et la majesté, quand je vis une espèce de fantôme, enveloppé dans une large mante, et dont les yeux se fixaient sur moi. Mistriss Walker, qui m'accompagnait dans cette promenade, se rappelant l'aventure de sir Charles Hanbury-Williams, commençait à concevoir des craintes qui n'étaient pas déraisonnables.

L'inconnue demande à mon domestique si je n'étais pas mistriss Bellamy; sur la réponse affirmative de celui-ci, elle fond en pleurs, et pousse un cri. L'église était pleine; on se presse autour de nous: les regards s'arrêtent sur moi : mais le domestique qui m'accompagnait ayant observé au peuple que ce n'était qu'une mendiante, la foule se dissipa. Car, là comme ailleurs, la pauvreté est redoutée, et on la fuit comme une contagion.

Quand la foule fut dispersée, la personne qui avait causé tout ce tumulte attendait en silence que je lui parlasse la première. Je lui demandai qui elle était. Son nom, me dit-elle, était Biddy Kendal; elle était fille de mistriss Kendal, dont je fréquentais les assemblées à Dublin, et avec laquelle j'avais été fort liée. Je me la rappelai sur-le-champ, et lui demandai ce qu'était devenue sa sœur Betty. « Venez, ma chère, me dit-elle avec un » accent irlandais, et en me saisissant vive- » ment la main : venez la voir; j'espère que » nous la trouverons encore vivante, et que » votre vue ranimera ses yeux éteints dans les » larmes. » Elle me pria cependant de ne point venir en carrosse, désirant de n'être pas remarquée, et m'avouant, d'ailleurs, qu'une voiture ne pourrait arriver jusqu'à leur porte.

Nous sortîmes de l'église; après beaucoup de tours et de détours, nous arrivâmes à une chétive habitation, que je n'aurais jamais cru pouvoir exister dans l'enceinte de cette belle et opulente ville. Enfin, gravissant une espèce d'échelle, nous pénétrâmes dans cet asile de la misère. Jamais une scène pareille ne s'était présentée à mes yeux. Le premier objet qui les frappa, fut le cadavre d'un homme que cachait une seule couverture. Un peu plus loin, sur une misérable paillasse, était assise une femme maigre comme un squelette, qui se tordait les mains, dans l'excès du désespoir. Près d'elle, un enfant couché semblait lutter contre la mort; un autre, âgé de neuf à dix ans, et couvert de haillons, faisait chauffer quelque chose dans un pot de terre placé sur des cendres de tourbe; les larmes ruisselaient le long de ses joues.

Je restai, quelques momens, immobile de surprise et de compassion. De son côté, la femme semblait absorbée dans la douleur, et ne paraissait pas prendre garde à nous. Courage, Betty, lui dit alors sa sœur, voilà mistriss Bellamy qui vient vous voir. Sans répondre, elle ouvrit des yeux égarés, et retomba sans connaissance. J'avais eu la précaution d'envoyer mon domestique chercher quelques rafraîchissemens, dont l'effet fut aussi prompt qu'extraordinaire. Cette personne, que je croyais mourante, reprit ses sens, et, à ma grande surprise, parut presque aussi gaie que, peu de minutes avant, elle avait paru accablée de sa misère.

Sa sœur m'apprit alors que l'infortunée, ayant épousé un officier irlandais, avait fait naufrage avec son frère et son mari. Tous deux avaient péri. Ce malheur lui avait fait perdre tout ce qu'elle possédait : sa vie et celle de ses deux enfans avaient été sauvées par un matelot d'Anvers : c'était lui dont je voyais le cadavre. Cet homme, aussi humain que brave, les avait conduites à son habitation, où il avait dépensé jusqu'à son dernier sou pour les soutenir; mais, en se privant de son asile, il avait gagné un rhume, dont il était mort le matin même.

Biddy Kendal ajouta qu'une dame de qualité, lui ayant écrit de venir la joindre à Spa, où elle la prendrait comme demoiselle de compagnie, elle avait, en débarquant à Flessingue, trouvé une lettre qui lui apprenait la détresse de sa sœur. L'humanité et la voix du sang l'avaient conduite à Anvers, où, pour faire subsister cette malheureuse famille, elle avait tout sacrifié, tout vendu, il ne lui restait pas même des habits. Cet homme mort était pour elle un surcroît d'embarras. Elle ne savait à qui faire sa déclaration, et elle craignait qu'on ne la mît à la porte du misérable logis qu'elle occupait : elle se trouverait sur le pavé, dépourvue de toute ressource.

J'avais craint d'abord que le décédé ne fût le mari de mistriss Bramsted. Je consultai mon valet, qui m'avait déjà servie en Angleterre, et qui était devenu domestique de louage. Il me dit qu'il connaissait, dans les faubourgs, une personne chez qui l'on pourrait placer la famille. Quant au corps, il avait pour ami quelqu'un de la police, à qui il allait s'adresser pour le faire enterrer.

Lorsqu'il fut parti pour exécuter le plan convenu, je ne pus m'empêcher de remarquer que la reconnaissance ne paraissait pas la vertu favorite des deux sœurs. Elles semblaient insensibles au sort de leur bienfaiteur, et ne s'occupaient que de leurs intérêts, en véritables Irlandaises (1). Cette découverte me causa tant de dégoûts, que je les quittai aussitôt après le retour de mon

---

(1) On reconnaît ici la haine générale des Anglais contre.

domestique, qui avait arrêté la pension de toute la famille, à raison de douze ducats par mois.

Je partais, lorsque mistriss Bramsted me demanda si je me rappelais Sally French, jeune personne que j'avais beaucoup aimée dans son enfance. Elle se hâta d'ajouter qu'un officier, qui partait pour rejoindre son régiment en Flandre, avait déterminé cette jeune fille à quitter un oncle dont elle attendait tout. En passant par Anvers, il était allé voir une veuve de ses parentes, qui tenait un hôtel garni. Cette femme l'avait décidé à quitter sa compagne; ce qu'il avait fait un matin, en la prévenant, par une lettre, qu'elle ne devait plus compter sur lui. Depuis ce temps, miss French était en proie au plus sombre désespoir, refusait de prendre de la nourriture, et voulait expier sa faiblesse en hâtant la fin de sa vie.

Instruite de sa demeure, je me hâtai de me rendre auprès d'elle. Je la trouvai dans

---

les Irlandais, et l'on sait combien ces derniers ont de raisons de rétorquer ce reproche contre leurs oppresseurs.

(*Note du traducteur.*)

un appartement décent. Son aspect me frappa : c'était la plus belle personne que j'eusse jamais vue. Grande et bien faite, elle avait un air extrêmement noble et imposant. Elle me reconnut et vint à moi, en me disant, d'une voix affaiblie : Que vous êtes bonne, ma chère dame, de daigner venir voir la plus malheureuse créature qui soit sur terre ! Après avoir calmé ses premiers transports, je lui dis que je venais pour l'emmener. A cette nouvelle, un rayon de joie brilla sur ses joues décolorées. Elle sourit ; on eût cru voir le soleil perçant un brouillard de printemps. Ses comptes avec son hôtesse furent aisément réglés, et mon aimable fugitive fut bientôt prête à me suivre.

LETTRE LXIX.

5 juillet 17 —.

Après avoir satisfait aux émotions d'un cœur sensible, et aux mémoires exorbitans de la maîtresse de l'hôtel, qui me rançonna avec la dernière insolence, je me trouvai moi-même dans le plus grand embarras. Je n'avais plus que quelques ducats de reste ; et comme j'étais en deuil, tous mes bijoux consistaient en une montre et un *Agnus-Dei*, dont le diamant était de quelque valeur. Je résolus de m'en défaire, comptant en tirer un parti avantageux dans un pays si dévot ; mais mon compagnon de voyage s'y opposa, et me dit qu'il me procurerait sur mon billet, payable à vue en Angleterre, tout l'argent dont j'aurais besoin.

Ce secours vint très-à-propos, car ma jeune pupille fut bientôt si malade, que je fus obligée de retarder mon voyage : ses malheurs, ce brusque passage du désespoir à une délivrance inespérée, avaient affecté trop vivement une constitution si délicate; j'eus la douleur de la voir languir et s'éteindre par degrés. Cet incident me retint si long-temps à Anvers, que je fus forcée de différer encore le voyage de la Haye; d'ailleurs, une lettre d'Angleterre m'apprenait que le théâtre devait rouvrir en septembre.

Dans les dispositions où j'étais à l'égard de M. Calcraft, j'aurais voulu ne retourner jamais dans ma patrie. Ma maison m'était devenue si odieuse, que l'impulsion seule de l'amour maternel, avec la certitude de trouver mes affaires pécuniaires en règle, pouvait m'y déterminer. Enfin, je me décidai; mais l'indisposition de miss French, qui était devenue d'une affreuse maigreur, rendit notre marche plus lente.

A mon arrivée en Angleterre, je trouvai, à mon grand chagrin, que M. Calcraft, qui était alors à Marlborough, n'avait tenu aucune de ses promesses. Comptant sur sa parole, je n'avais pas cru nécessaire de mettre mes créanciers dans la confidence de mon voyage. La publication de mon nouvel engagement au théâtre, insérée dans les papiers publics, était plus que suffisante pour calmer leurs inquiétudes; mais il était mortifiant pour moi d'être réduite à user de pareils moyens.

Je crus devoir, en cette occasion, consulter ma constante amie de Sommerset-house, lady Tyrawley, qui me conseilla de quitter la maison si M. Calcraft ne payait pas mes dettes. A son retour, craignant une explication, il se dit malade, et mit tous ses soins à m'éluder; mais malgré ma répugnance à entrer dans de pareilles discussions avec un homme que je méprisais, et me croyant en droit de demander l'accomplissement d'une promesse qui à mes yeux était une dette sacrée, mon parti était pris irrévocablement; en conséquence, je descendis à son bureau, et avec une chaleur qu'il ne m'avait jamais vue, j'insistai sur ce qu'il remplît ses engagemens, lui reprochant son infidélité à les tenir, et lui laissant voir ma ferme détermination de quitter sur-le-champ la maison si j'éprouvais un refus.

Il objecta qu'il avait fait des pertes considérables, acheté deux terres, et avancé de fortes sommes pour lord Granby, ce qui l'avait épuisé. Il avait espéré que le legs de miss Meredith, montant à sept cents livres, sans les bijoux, m'aurait mise à l'aise. Je lui rappelai les douze cents livres qu'il fallait en déduire, et lui dis que je devais en outre environ trois mille livres, ce dont Clifford, au reste, lui ferait un meilleur compte que moi. Je conclus en lui déclarant que j'entendais que ces dettes fussent payées.

Il secoua la tête, en observant que la somme était exorbitante; mais si je consentais à en retarder le paiement jusqu'à mon bénéfice, il me tirerait d'embarras, sur ma promesse de ne plus faire de dettes. Je répondis que je ne voulais pas qu'on me fît de condition; mais que s'il voulait me débarrasser de la charge de son frère et de sa sœur, j'y consentirais. Il devait savoir que la rente qu'il me passait pour cet objet, était insuffisante; il était honteux pour lui de restreindre à sa paie les dépenses d'un jeune homme placé dans un régiment aussi coûteux que celui des gardes; et à une pension de 50 liv., celles d'une jeune personne obligée de paraître décemment. Je lui remis le mémoire du vin, article qui n'entrait pas dans ceux que je devais payer. Sa réponse fut une traite sur son banquier, que j'eus soin de faire acquitter dès ce jour même. Cette opération me donna un peu de calme. Mais comme le maître n'en était pas moins méprisable à mes yeux, la maison ne m'en fut pas moins odieuse.

A la même époque, lady Caroline Keppel tomba dangereusement malade, ce qui alarma lady Caroline Fox, ainsi que toute la famille. Les médecins envoyèrent, comme moi, cette jeune personne à Bristol pour y mourir; mais elle échappa presque aussi miraculeusement que je l'avais fait. M. Adair, qui, depuis, eut le bonheur de voir lady Caroline sa femme, déclara, en cette occasion, qu'il nous croyait toutes deux immortelles. Hélas! il devait bientôt éprouver que son épouse ne l'était pas. Avant d'être bien rétablie, pressée par sa sœur, lady Tavistock, de l'accompagner en Portugal, les soins tendres et assidus qu'elle rendit à celle-ci, lui coûtèrent la vie, au grand regret de tous ceux qui avaient le bonheur de la connaître.

La perspective que m'offrait, cette année, le théâtre, n'avait rien de très-brillant. La plupart des dames qui m'avaient honorée de leurs bontés, étaient malades, absentes ou mortes; ce qui changeait de beaucoup ma situation. Mes liaisons politiques ne me promettaient pas plus de satisfaction. M. Fox fit la faute d'accepter les sceaux; poste où il devait avoir trop d'entraves pour faire le bien. On eut beaucoup de peine à l'y déterminer. Son acceptation fut accompagnée d'une circonstance singulière. Il se vit trois fois ministre, et trois fois simple particulier, dans l'espace de vingt-quatre heures.

Sa perte fut vivement sentie par le département de la guerre. Aucun secrétaire d'État ne s'était acquitté de ses fonctions aussi honorablement, ni avec autant de satisfaction pour le public. Son attention infatigable descendait jusque dans les plus petits détails. Jamais un officier n'était obligé de paraître deux fois à son audience; et il savait, dès la première, si sa demande était de nature à réussir ou non.

Il est vrai, et c'est une réflexion qui se sera naturellement présentée; il est vrai, dis-je, qu'un homme d'un génie aussi élevé, et d'un sens aussi juste que l'était M. Fox, ne pouvait guère se trouver heureux dans une situation où il n'avait pour second qu'un homme dont les talens se bornaient à savoir donner à dîner. Mais une fois qu'il eut cédé à des suggestions dangereuses, il ne lui fut plus possible de revenir sur ses pas : et chaque jour il eut à réparer les bévues de son agent.

La nouvelle administration où il entrait ne fut pas heureuse. Une suite d'événemens imprévus, le départ de la flotte, et la fatale catastrophe qui donna à M. Pitt une si belle occasion de faire briller son éloquence; tout contribua à son discrédit.

L'ambition de M. Calcraft fut fort trompée, lorsqu'il vit qu'il n'avait pas été nommé secrétaire de son patron. Le nouveau ministre donna cette place à son neveu, M. Digby. Ce chagrin affaiblit beaucoup les liens de la reconnaissance qu'il devait, à tant de titres, conserver pour M. Fox. Il ne put dissimuler son mécontentement. J'eus beau lui faire sentir combien il était peu propre à siéger au parlement : il s'était trop flatté de figurer dans la Chapelle de Saint-Étienne, pour écouter mes représentations. Pour éluder le règlement qui exclut du parlement les premiers commis des secrétaires d'État, il s'était proposé de faire passer l'agence des régimens à ses deux principaux commis, en se réservant la plus grande partie des émolumens.

Ses prétentions me firent pitié. Sans doute, lui dis-je, à votre entrée dans la chambre, vous ne serez pas long-temps à savoir de quel côté vous aurez à siéger ; ou plutôt, vous ne serez guère propre qu'à dire oui ou non. Il parut choqué de ma manière de le juger, et me répondit qu'il était encore assez jeune pour apprendre ; qu'il avait été assez long-temps dans la dépendance, et qu'il ne voulait plus être l'esclave de personne. Fatiguée de tant d'insolence et d'absurdité, je lui dis que j'étais fâchée de prendre tant de peine pour l'empêcher de paraître un monstre d'ingratitude. S'il réussissait dans ses projets, je lui garantissais le mépris et l'indignation de tout être raisonnable. Il fut frappé de ma vivacité et de l'expression de mépris que j'avais mise dans toute mon action, et parut, pour le moment, renoncer à ses grands projets. Mais sa conduite prouva, depuis, que cette prétendue déférence à mon opinion n'était qu'un masque qu'il avait pris pour me déguiser ses véritables desseins, et pour se débarrasser de ce qu'il appelait mes jérémiades.

LETTRE LXX.

11 juillet 17 —.

Tout conspirait à rendre ma situation plus pénible ; et ces constantes agitations d'esprit prirent tellement sur ma santé, que je parus rarement sur le théâtre. La mort de miss French, qui expira à table sous mes yeux, quoique prévue depuis long-temps, m'affecta beaucoup. J'ai appris depuis, que le misérable dont la trahison l'avait ainsi fait périr dans sa fleur, avait été chassé pour cause de poltronerie. Il n'y a que des lâches qui puissent traiter avec tant d'inhumanité un être faible et sans défense, une femme sensible et confiante.

Les mauvais succès des affaires publiques vinrent ajouter à mes chagrins domestiques. M. Fox devint l'objet des calomnies les plus grossières, et fut responsable des fautes d'autrui. Il avait été jugé nécessaire d'engager des troupes étrangères pour la défense du royaume. C'était un beau champ pour l'éloquence d'un orateur, qui, entre autres expressions hasardées, se permit celle-ci : « Puisse la motion devenir une meule de moulin, qui, suspendue au cou de celui qui l'a faite, l'entraîne dans l'abîme. »

Enfin, abreuvé de dégoûts, de contradictions, de calomnies, M. Fox donna sa démission. S'il lui eût été permis d'agir seul, et par ses propres lumières, je ne doute pas qu'il n'eût continué à tenir le gouvernail avec succès.

M. Pitt ne manqua pas d'adopter le plan qui avait valu tant de censures à son prédécesseur. *C'était en Allemagne qu'il fallait conquérir l'Amérique.* Lorsqu'il en fit la motion dans la chambre, M. Fox se leva, et dit : « Je suis charmé de voir l'honorable membre rétracter l'opinion qu'il a soutenue jusqu'à ce jour : je fais des vœux sincères, pour que ce qui devait être à mon col une meule de moulin, devienne un diamant (1) aussi précieux que celui qui porte son nom, et qu'il pare le chapeau de M. Pitt. » L'air et le ton

---

(1) Diamant connu sous le nom du *Pitt*.

ajoutèrent infiniment au mérite de la pensée. Elle faisait sentir la versatilité du *credo* politique de M. Pitt, et l'uniformité du système de M. Fox, qui avait été invariablement dirigé vers le bien public, comme l'aiguille aimantée vers le nord.

J'étais aussi lasse de mes liaisons politiques, que de mes engagemens au théâtre. Vers la fin de la saison, je me proposai de passer sur le continent, ne doutant pas que M. Calcraft ne payât mes dettes. Mon attente, en ce point, fut cruellement trompée. Dès que l'hiver fut passé, M. Calcraft se rendit chez lord Tyrawley, lui apprit qu'une perte considérable, qu'il venait d'essuyer, le mettait hors d'état de se charger, pour le moment, de mes dettes, et le pria de m'engager à patienter jusqu'à l'hiver suivant. Il offrit, en même temps, de signer avec moi un billet à Sparks, pour les 400 livres que je lui devais.

Je fus obligée d'accéder à cette dernière proposition, et je souscrivis avec lui le billet pour Sparks, qui n'a jamais été payé.

J'empruntai deux mille livres, sur mes bijoux, à Bibby, prêteur sur gages, qui demeurait dans la rue Stanhope, Clare-Market, et joignant cette somme à l'argent que j'avais tiré de mes bénéfices, je satisfis mes créanciers, autant qu'il me fut possible, ne réservant que 200 livres pour mon voyage de la Haye. Plus la société devenait désagréable pour moi, plus je sentais le besoin de quitter le royaume. J'étais si abattue, que la conversation même avait perdu pour moi tous ses charmes. Je dissimulais cependant la cause de mes chagrins, comme si j'eusse été coupable de la perfidie dont j'étais la victime, et que mes malheurs eussent été l'effet de ma propre imprudence, et non de la duplicité d'un autre.

Mon voyage de Hollande, pendant lequel il ne m'arriva rien d'intéressant, se borna à une course de deux mois. A mon retour en Angleterre, je fus invitée à m'engager encore avec M. Rich. Mais Barry étant allé en Irlande, je ne voulus pas hasarder ma réputation, en jouant dans une salle vide de spectateurs. Ainsi, persuadée que M. Calcraft paierait mes dettes, je me refusai à tout engagement. Ma santé était parfaitement rétablie; mais j'avais conservé une mélancolie que rien ne pouvait distraire. J'appelai la dissipation à mon secours; cette ressource ne me réussit pas. La plaie était au cœur, et l'espérance seule eût pu la cicatriser.

Bientôt M. Woodward me proposa de rejoindre Barry, à Dublin, au théâtre de Crow-street, auquel tous deux étaient intéressés. Il avait été assez peu sage pour quitter Garrick, à l'occasion d'un léger différent, et pour exposer une fortune de onze mille livres dans une entreprise de théâtre, en société avec Barry, qui n'avait pas un schelling à lui, et qui était accablé de dettes. Pour commencer à jeter son argent par les fenêtres, il se proposait de faire bâtir un nouveau théâtre.

M. Mossop venait d'en élever un autre, en concurrence avec le leur; et d'après l'accueil que j'avais reçu à Dublin, dans ma première jeunesse, il était naturel de supposer que mes succès sur les théâtres de Londres devaient me rendre une acquisition précieuse pour celui des deux auquel je m'engagerais. Je répondis à M. Woodward, qui m'avait écrit à ce sujet, que je ne pouvais, si long-temps d'avance, me décider sur ses propositions; mais que, si je me déterminais à passer en Irlande, je lui donnerais la préférence.

LETTRE LXXI.

18 juillet 17 —.

A cette époque, la célèbre madame Bruna vint en Angleterre pour tâcher de recouvrer une terre qui avait été confisquée sur son grand-père, sous le règne du roi Guillaume. Sa voix avait captivé le cœur du marquis de Abria, ambassadeur d'Espagne, qui avait remplacé le général Wall; et comme ce ministre venait familièrement chez moi, et connaissait ma passion pour la musique, il me présenta cette dame. Ses talens et mon admiration établirent bientôt une sorte d'intimité entre nous; madame Bruna me donnait obligeamment tous les momens dont elle pouvait disposer.

Shakespeare dit qu'il n'y a point d'être si dur, si insensible, si farouche dont la musique ne finisse par changer la nature. Calcraft était une exception à cette règle. Telle était son aversion pour l'harmonie, qu'aux premiers accords qui frappaient son oreille, il se hâtait de sortir. Cette raison, jointe à mon goût pour la musique, me détermina à donner souvent des concerts, auxquels des dames du premier rang me faisaient l'honneur d'assister. Ma nouvelle amie s'était fait une si grande réputation, que toutes les fois qu'elle chantait, soit chez l'ambassadeur, soit chez moi, la foule venait pour l'entendre. Je n'étais à la maison que lorsque j'avais du monde, de sorte que M. Calcraft et moi nous ne nous rencontrions presque jamais, excepté de temps en temps à dîner.

Le jour du nouvel an, j'avais toujours concert et bal. Cette année, M. Calcraft, en considération de ce que je n'avais pas d'engagement pour le théâtre, m'envoya cent guinées par son homme d'affaires. Cet excès de générosité me surprit beaucoup, et quoique cette somme fût fort au-dessous des dépenses du jour, puisque j'avais les premiers virtuoses, une société nombreuse et brillante, y compris les ministres étrangers, je jugeai à propos de l'accepter. L'infortuné comte de Bathmore, ministre de Danemarck, ouvrit la foule avec la comtesse d'Arrington;

les trois filles de cette dame, qu'on eût prises pour les trois Grâces, suivirent leur aimable mère.

La nuit se passa avec une gaieté qui était due en grande partie à l'absence du maître de la maison. Il avait, comme je l'ai su postérieurement, formé, depuis quelque temps, des liaisons avec une femme qui avait été mon intime amie. Ma femme de chambre m'avait bien donné à entendre que M. Calcraft avait de nouveaux engagemens, et ne manquait pas de répéter avec exagération tout ce que je disais de lui. Mais, comme ses amours ne me donnaient aucun souci, j'avais toujours fait la sourde oreille.

Après le bal, quand je fus retirée dans mon appartement, Clifford, pour qui son secret était un poids insupportable, vint me faire son compliment sur le cadeau des cent guinées, ajoutant que son maître avait eu bien peur que la fête n'eût pas lieu à l'ordinaire, ce qui lui aurait fait manquer son rendez-vous avec mon amie, madame une telle. Ma supposition ne me parut d'abord que ridicule; mais, comme la dame en question était mariée, je commençai à l'envisager d'un autre œil.

Enfin, ma femme de chambre m'apprit qu'il me serait facile de me convaincre, par moi-même, de la vérité de ce qu'elle avançait; elle connaissait le lieu du rendez-vous, et offrait de m'y accompagner. M. Calcraft ne m'inspirait pas assez d'intérêt pour que je ne lui permisse pas de grand cœur de porter ses vœux où il voulait. Mais une femme qui avait eu toute ma confiance, et que j'avais rendue maîtresse de tout ce que je possédais ! C'était là une perfidie à laquelle je ne pouvais m'accoutumer. Je vis alors d'où partaient tant de propos répétés à mon désavantage. La suite des engagemens que j'avais alors me fit oublier quelque temps les informations que je venais de recevoir.

Un soir cependant, Clifford vint me trouver, et me dit que si je voulais me rendre à une certaine maison, en Leicester-Square, je pourrais être le témoin oculaire de tout ce qui s'y passerait : je me laissai conduire ; mes yeux me convainquirent que ma bonne amie était la plus indigne de toutes les femmes.

M. Calcraft, dans la crainte d'un éclat qui pouvait l'exposer au ressentiment d'un époux outragé, revint à la maison, pour m'engager au silence. Mais j'étais déjà partie, pour me rendre chez madame Bruna, méprisant trop la dame et son galant, pour m'occuper d'eux. La honte, l'avarice, portèrent l'amant à m'éviter pendant quelques jours, ce qui était loin de me déplaire, dans la résolution où j'étais de sortir de sa maison.

Malgré ce qui était arrivé, je ne doutais pas qu'il ne tînt la promesse qu'il m'avait si souvent faite, et si solennellement répétée à lady Tyrawley. Durant les trois derniers mois de ma résidence dans la rue du Parlement, nous ne nous rencontrâmes pas plus de deux fois. A l'expiration du terme, j'allai trouver ma respectable amie à Sommerset-house. Depuis que je lui avais fait confidence de ma situation réelle, elle avait redoublé d'intérêt pour moi. Trompée par le résultat d'une liaison forcée, avec un homme que je ne pouvais aimer ni estimer, je lui avais paru un objet digne de toute sa compassion. Voyant que l'incertitude de mon sort me rendait réellement malheureuse, elle me conseilla de ne pas différer une explication nécessaire, et pour peu que M. Calcraft usât de tergiversation, de sortir sur-le-champ de sa maison.

Quoique la prudence me fît sentir qu'il n'était pas sage de le quitter, jusqu'à ce qu'il eût rempli ses engagemens, je résolus de partir dès le lendemain pour Bristol, s'il faisait la moindre difficulté. De retour de chez lady Tyrawley, je cachetai les reçus de Maisonneuve, Deard et Lazarus, qui m'avaient vendu mes bijoux. Ils montaient à six mille livres, sans compter ceux que m'avait légués miss Meredith, et dont je ne pouvais me défaire. En même temps Clifford eut ordre de commander une chaise à quatre chevaux pour six heures du matin, et de préparer tout ce qui m'était nécessaire pour le voyage.

Il était très-rare que M. Calcraft et moi nous dinassions seuls : heureusement nous nous trouvâmes ce jour-là tête-à-tête. Mistriss Walker, prévenue de mes intentions, s'était absentée à dessein; elle s'était préparée, comme moi, pour le voyage. Nous ne nous flattions ni l'une ni l'autre que les espérances de lady Tyrawley se réalisassent, ni que M. Calcraft tînt sa parole.

L'espèce d'humiliation qu'on éprouve toujours à demander quelque chose, ajoutait à la répugnance que j'ai naturellement à discuter des intérêts pécuniaires; tous ces sentimens m'avaient donné un air de gravité qui le frappa. Il me demanda si j'étais indisposée, et de quelle nature était ma maladie? De la plus cruelle, répondis-je, qui puisse peser sur une ame délicate; je suis accablée de dettes, et trompée sans espoir de réparation.

Sa réponse fut un long commentaire sur ce qu'il appelait mon extravagance. Mes veilles, ma dissipation, ajouta-t-il, altéraient ma santé et causaient mon abattement; par rapport à mes dettes, il aurait voulu se convaincre que j'avais quelque égard pour lui, avant de faire le sacrifice d'une si forte somme.

Je répliquai que les termes où nous avions été depuis que j'avais découvert sa lâche trahison, lui ôtaient tout droit de censurer ma conduite, et que je n'avais aucun compte à lui rendre. Ce que j'exigeais de lui était l'accomplissement d'une promesse que je regardais comme une dette, promesse qui n'en eût pas moins été obligatoire pour lui, quand mes dettes n'eussent pas été contractées pour défrayer sa maison, et qui devenait la plus sacrée des obligations, puisqu'il n'ignorait pas que je m'étais endettée pour lui. Enfin, j'exigeai une réponse prompte et décisive.

Elle fut négative.

Alors, sans rien perdre de mon sang-froid, et rassemblant dans un sourire amer tout le mépris qu'il m'inspirait, je lui demandai s'il voulait me prêter une somme de deux mille quatre cents livres pour retirer mes diamans qui étaient en gage. J'articulai cette somme, parce que les intérêts s'étaient accumulés, et que je n'avais pas d'argent pour faire le voyage de Bristol. Il ne fit point d'objection sur l'avance des deux mille livres; mais il chicana encore sur les quatre cents. Enfin, après avoir vu les reçus du joaillier, qui constataient la valeur des bijoux, il remit à son commis Willis toute la somme.

Cette première opération faite, j'exigeai qu'il disposât le plus tôt possible de ces articles, qu'il se payât de ses avances, et me rendît le surplus pour satisfaire mes créanciers. Il me remit près d'une centaine de livres, et parut s'applaudir d'avoir entre les mains un dépôt qui valait trois fois la somme qu'il m'avançait; il était surtout flatté de m'avoir satisfaite à si bon marché.

La chaise fut devant la porte à l'heure convenue. Comme ma fille devait retourner le même soir à Camden-house, où elle était en pension, M. Calcraft pouvait croire que la voiture n'avait pas d'autre destination; mais à la vue de quatre chevaux et d'une malle sur le derrière de la voiture, il observa que ces préparatifs n'étaient point nécessaires pour une si petite course. Je lui répondis qu'il n'était pas question de course, mais d'un grand voyage, puisque je me proposais de coucher le soir même à Reading; comme les chevaux m'appartenaient, j'avais apparemment le droit d'en user à ma volonté. A ces mots, sa carnation vive et animée fit place à une pâleur mortelle: il se remit pourtant, me donna la main, et me conduisit à ma voiture, avec une apparence de calme et d'indifférence. Je lui fis alors mes adieux; j'espérais, ajoutai-je, que ce serait pour jamais.

Quand je fus dans la chaise, j'éprouvai une

sensation pareille à celle d'un malheureux soustrait tout-à-coup à un châtiment qu'il eût été près de subir; quoiqu'accablée de dettes, et sans perspective consolante, je n'ai de ma vie goûté une joie aussi pure, aussi exempte de toute amertume. Quand je pus recueillir mes pensées, la seule idée de me séparer de ma fille vint troubler mon bonheur; mais mon retour étant prochain, j'espérais la revoir à sa pension, loin des yeux de son père.

A Salt-Hill, je rencontrai M. Fox, à qui je fis part de tout ce qui s'était passé. Il me blâma d'avoir quitté la maison avant d'être entièrement libre, et me pressa de retourner. M. Calcraft avait donné à entendre que j'avais eu du goût pour une autre personne; et, ajoutait M. Fox, un départ si brusque ne fera que fortifier ses soupçons. Fière du témoignage de ma conscience, un bruit aussi peu fondé augmenta mon ressentiment contre celui qui l'avait inventé. Je jurai de ne jamais revoir un homme qui était assez lâche pour ajouter la calomnie à des torts irréparables; et cela dans la seule vue de se dispenser de payer une dette sacrée aux yeux de la justice et de l'honneur.

A mon arrivée à Bristol, je reçus de M. Mossop une lettre qui contenait des offres très-avantageuses. Je l'informai, dans ma réponse, de la promesse que j'avais faite à M. Woodward, laquelle m'obligeait de donner à celui-ci la préférence. Bientôt après j'écrivis à MM. Woodward et Barry, pour leur déclarer que les seules conditions auxquelles je pusse m'engager avec eux, étaient une somme de mille guinées pour la saison, et deux bénéfices. Ne recevant d'eux aucune réponse, je m'engageai aux mêmes conditions avec M. Mossop, qui me donna pour caution M. Beresford.

De retour à Londres, Mossop s'estima si heureux de l'acquisition qu'il avait faite pour son théâtre, qu'il en parla partout. La nouvelle parvint bientôt à M. Calcraft; il en fut alarmé, et écrivit, à Bath, au lord Tyrawley, le priant de se transporter à Bristol, et de m'engager à retourner auprès de lui : il alla même jusqu'à m'offrir carte blanche. Mon bon ami Quin et le général Honeywood accompagnèrent le lord dans cette visite.

Mylord employa tous les argumens possibles pour me décider à accepter ses propositions. M. Quin, mon second père, mon plus ancien ami, dont l'influence sur mon esprit n'avait rien perdu de sa force, y joignit ses instances; mais je fus inflexible. Je n'eus pas d'occasion de faire connaître à lord Tyrawley la cause réelle de cette obstination apparente; mais j'avais avec M. Mossop un dédit de deux mille livres, et j'étais bien persuadée qu'il ne fallait pas s'attendre qu'un homme à qui l'avarice avait fait enfreindre mille fois les promesses les plus solennelles, voulût jamais s'engager à payer, en outre, une si forte somme.

Quand il aurait consenti à m'abandonner toute sa fortune, je ne l'eusse pas acceptée, ou, du moins, me semble-t-il que ma tendresse seule pour mes enfans aurait pu m'y déterminer. La passion à laquelle il attribuait les mensonges dont il avait fait usage pour m'obtenir, était, sans doute, une bien mauvaise excuse; mais enfin c'en était une, tandis qu'il n'y avait pas même de prétexte qui pût pallier la bassesse, la mauvaise foi répétée avec laquelle il s'était refusé à payer mes dettes. Nulles offres de sa part, nuls avantages ne pouvaient compenser tant d'injures. Je refusai des propositions que je n'eusse pu accepter sans rougir.

Avant de me quitter, M. Quin paria cent guinées que je n'irais pas en Irlande. Il perdit, et me les envoya sans que j'eusse besoin de le lui rappeler; mais ce qui était plus précieux pour moi, sa lettre contenait les assurances d'une inaltérable amitié. En effet, elle ne finit qu'avec sa vie.

LETTRE LXXII.

25 juillet 17 —.

Mon voyage de Bristol à Chester, par des chemins de traverse fort mauvais que je fus obligée de suivre, fut peu agréable. Je trouvai à Chester mes domestiques, mes effets, mon argenterie, tout ce que j'espérais y trouver, excepté l'argent qu'avait dû me produire le reste de mes bijoux. M. Calcraft m'écrivit; mais il ne me dit pas un mot de la seule chose qui eût pu me faire trouver sa lettre agréable. Je donne ici la copie de cette curieuse épître, vrai modèle de style amoureux :

« Christ! Jésus-Dieu! pourquoi me tenez-
» vous dans cette inquiétude? Si vous ne
» voulez pas m'écrire, dites-le moi, et ne me
» rendez pas complètement malheureux. J'ai
» reçu une lettre de mylord, et j'ai vu celle
» que vous avez écrite à votre femme de

» chambre, qui m'apprend que vous êtes
» inébranlable dans votre résolution. Je hais
» Hollwood et tous les lieux qui peuvent me
» rappeler combien j'ai été heureux dans
» votre société. Caroline a presque brisé mon
» cœur, en me montrant l'aimable lettre qui
» accompagnait vos présens. Tout le monde
» est heureux, excepté moi; mais le cha-
» grin et la goutte vous auront bientôt dé-
» livrée de l'homme que vous haïssez. J'ai
» donné ordre qu'on vous envoyât votre ar-
» genterie, votre nouvelle chaise à porteurs,
» et vos livres. Je vous fais passer un parche-
» min que j'ai trouvé, et que je suppose être un
» double de votre annuité; mais comptez que
» je ne regarderai pas cette rente comme suf-
» fisante pour vous. Pour l'amour de Dieu,
» écrivez-moi, et soyez sûre que tant que je
» respirerai, je serai

» Votre affectionné

» John CALCRAFT. »

Le parchemin dont il est ici question, était l'écrit que m'avait donné M. Davy (celui qui m'avait prêté les cinq cents livres), pour constater que je n'avais vendu l'annuité que conditionnellement. L'effronterie avec laquelle M. Calcraft prétendait ignorer un arrangement dont il m'avait fait des reproches, augmenta, s'il eût été possible, mon mécontentement et le mépris que j'avais pour lui.

Malheureusement, je concentrai ces sentimens dans mon cœur, et je ne les fis connaître, non plus que les offenses qui y avaient donné lieu, à personne autre que lady Tyrawley, tandis que mon ancienne amie, qui m'avait succédé dans l'affection de M. Calcraft, répandait partout mille faussetés contre moi. Avec de l'esprit et de l'imagination, elle savait revêtir ses mensonges d'une vraisemblance qui y faisait ajouter foi : mon silence, d'ailleurs, lui donnait sur moi un grand avantage. Mon extravagance devint le sujet d'une foule de calomnies ; on en inventa de plus graves : le bruit se répandit que j'avais pris du goût pour un homme que je connaissais à peine, et que c'était pour sacrifier à cette nouvelle passion que j'avais quitté M. Calcraft. Cette supposition n'était pas trop probable; car, en ce cas, au lieu de m'en aller si loin, je serais apparemment restée à Londres, où demeurait cet amant supposé; mais la calomnie ne raisonne pas, et ainsi font, la plupart du temps, ceux qui l'écoutent.

Loin de se livrer alors à quelque tendre penchant, mon ame, fatiguée de tant de dégoûts et d'ennuis, répugnait à tout engagement, non que je crusse devoir me l'interdire par la considération des liens qui m'avaient unie à M. Calcraft; sa duplicité les avait tous rompus. Si j'avais pu partager quelque sentiment de cette nature, il m'eût été facile de sortir de tout embarras; plusieurs concurrens sollicitaient mes bonnes grâces; et dans le nombre était un des hommes les plus généreux et les plus considérables du royaume.

Ce qui prouve évidemment que ma séparation d'avec M. Calcraft n'avait point eu pour cause, comme l'ont dit mes ennemis, la manière dont je m'étais conduite avec lui, c'est le style de toutes ses lettres; celles même qu'il m'écrivit dans les momens où il semblait devoir être le plus irrité, et par conséquent le plus disposé à me faire de pareils reproches, s'il en eût eu sujet, ne sont toutes remplies que de témoignages de tendresse et d'affection. Jugez-en par une des dernières que j'ai reçues de lui : elle prouve bien positivement que ma conduite, malgré les imprudences dont je me reconnais coupable, n'a jamais dû ni mériter ses reproches, ni altérer l'attachement qu'il avait pour moi; en voici la copie :

17 janvier 1761.

« Ma très-chère Georgina,

» Il arrive d'Irlande courrier sur courrier,
» et pas une lettre de vous ! Pourquoi ne
» m'écrivez-vous pas, et bien longuement ?
» Je ne suis jamais si content que lorsque je
» reçois bien des détails de ce qui vous con-
» cerne, et jamais si affligé que lorsque je
» n'en ai point. Les enfans se portent bien;
» ils sont charmans. J'ai été cette semaine avec
» mon frère au scrutin, pour assurer son élec-
» tion, qui, j'espère, passera sans opposition.
» Ecrivez-moi, je vous en prie; vous ne sa-
» vez pas combien de peine me fait votre né-
» gligence.

» A vous, et pour toujours.

» J. C. »

Le paquebot n'était pas prêt à faire voile de Park-Gate, et de peur de perdre le dédit porté par mon traité, si je n'étais pas à temps à Dublin, je partis pour Holy-Head. Dans ce voyage, que je fis seule, j'eus tout le temps de me livrer à ma mélancolie. Je portais envie au sort de mes propres domestiques : gais et tranquilles, on lisait sur leur maintien la sérénité de leur conscience, tandis que mon ame était en proie à la tristesse et à l'amertume. Je réfléchissais avec douleur, non-seulement sur ma position, mais sur l'ingratitude, sur la perfidie d'un homme qui, tout en affectant de me regretter, inventait et faisait circuler sur mon compte les propos les plus injurieux et les moins vraisemblables.

On disait, entre autres choses, que j'étais devenue sensible aux soins d'un certain comte, avec la femme duquel j'avais l'honneur d'être fort liée ; circonstance qui, si j'avais eu quelque penchant à la galanterie, eût suffi, ainsi que la laideur du comte, à faire de lui le dernier homme que j'eusse voulu choisir pour mon amant. Mes ennemis n'eurent pas honte d'engager un famélique écrivain, qui déshonore la marine dont il fait partie, à me maltraiter dans une mauvaise pasquinade.

Dans ce voyage de Head, quelque tristes que fussent mes journées, mes soirées n'étaient pas sans agrément. Dans toutes les auberges se trouvait quelqu'un qui jouait de la harpe, instrument favori des Gallois. Leurs airs semblaient avoir été faits exprès pour répondre à la triste disposition de mon imagination. Quand j'arrivai au bac de Conway, le vent était si fort, qu'il fut impossible de traverser. Je fus obligée de passer la nuit dans la maison des pontonniers.

Il me fallut souper dans la même pièce que toutes les personnes qui, comme moi, avaient été forcées de rester à cette auberge. Il n'y avait, au rez-de-chaussée, qu'une chambre qui, comme celle de Cobler, servait à la fois de parloir, de cuisine et de salon. Seulement, le lieu où nous nous tînmes était séparé de la cuisine par un rideau. Ces deux pièces étaient assez remplies. Outre ma suite, qui consistait en deux postillons, un guide, deux laquais et trois femmes, il se trouvait nombreuse compagnie. Rien, dans la maison, ne me promettait un fort bon gîte. Mais je fus très-agréablement surprise de trouver un des meilleurs soupers que j'aie jamais vu dans une auberge. J'eus, de plus, une petite chambre très-propre, un fort bon lit, et toutes les commodités qu'on eût pu désirer dans une des meilleures auberges de la route; le tout à si bas prix, que je ne peux pas comprendre comment les gens de la maison purent y faire quelque profit.

Je trouvai à Holy-Head le paquebot prêt à partir. Beaucoup de gens avaient attendu pour s'y embarquer. Cependant très-peu voulurent s'y hasarder, parce que la mer était fort orageuse: mais je faisais si peu de cas de la vie, que je m'inquiétais peu de l'état de la mer. J'allai donc à bord, où, pour me faire honneur, on me plaça dans ce qu'on appelle la chambre du conseil. Il résulta de cette distinction, que je fus un peu plus incommodée que je n'aurais été. Nous essuyâmes une tempête qui dura quatre jours, pendant lesquels je souffris des douleurs extrêmes. Ce qui augmentait mon mal, c'est que je n'avais rien à boire que de l'eau. La traversée se fait ordinairement en quelques heures, et j'avais cru inutile de faire des provisions.

Nous débarquâmes à Dunlarni. J'étais si affaiblie par mes souffrances, qu'on fut obligé de me porter à terre. On avait envoyé de Dublin une voiture pour me conduire près le collége Green, à la demeure de mistriss Molloy, avec qui j'avais autrefois été fort liée. Comme il m'eût fallu, pour défaire mes malles, plus de temps que je n'en voulais perdre, je partis sans même changer de linge. On peut présumer que, dans l'état de tristesse où j'étais, et après quatre jours d'une situation aussi pénible, je ne faisais pas une fort brillante figure.

Depuis long-temps annoncée, j'étais attendue à tout moment. La curiosité avait engagé plusieurs étudians du collége à épier mon arrivée. Je les trouvai rassemblés devant la porte de la maison où je devais loger, et s'attendant probablement à voir une merveille. Rien moins, selon eux, qu'une beauté parfaite ne pouvait avoir fait le sujet de tant de conversations, ni fourni matière à tant de vers qu'avaient faits à ma louange leurs prédécesseurs.

Une des femmes qui me servaient était assez belle; elle attira d'abord leurs regards.

Mais, comme elle n'avait pas cette tournure élégante qui distingue une femme du bon ton, leur erreur ne fut pas longue. Enfin, je sortis de la voiture. Ils purent contempler ce prodige si long-temps annoncé. Quel spectacle! et combien il différait de celui que s'était figuré leur imagination abusée! Songez à ce que dut leur paraître une pauvre petite créature bien sale, bien faible, bien jaune, courbée par la fatigue; en un mot, à tous égards, le contraire de quelqu'un qui eût eu à la beauté les moindres prétentions : telle je me montrai à la foule des spectateurs. Surpris et confondus, ils se séparèrent sur-le-champ; et sans m'importuner de leur admiration, me laissèrent la liberté de me traîner vers la maison.

Je passai la soirée à l'hôtel du Parlement, où se trouvaient plusieurs des anciens du collége, ainsi que le prévôt. Il en vint d'autres pour voir le monstre qui, le matin, avait tant déplu aux curieux. Mais, grâce à un habillement simple et propre, dont j'avais eu le temps de me revêtir, je parus moins hideuse qu'on n'avait dû me représenter.

Le lendemain, M. Mossop vint me féliciter de mon arrivée. Il avait craint pour moi, à cause de la tempête. Il m'apprit que M. Woodward était retenu à Cork, par la fièvre; mais qu'aussitôt qu'il avait entendu parler de mon engagement, il avait envoyé à M. Barry la lettre par laquelle je promettais de lui donner la préférence. Celui-ci avait eu la malhonnêteté de l'afficher dans un des cafés les plus fréquentés de Dublin. Je dois ajouter ici que M. Calcraft, instruit de ce procédé, envoya demander à Barry 400 livres qu'il lui avait prêtées quelques années auparavant. M. Barry ne pouvant pas les payer, Woodward fut obligé de les lui avancer, et fut ainsi puni de l'indiscrétion qu'il avait commise en envoyant ma lettre.

J'avais fait repartir de Holy-Head pour Londres, mes gens et mes chevaux, pour éviter l'embarras de les amener à Dublin. Ne trouvant pas d'appartemens commodes, je pris une maison meublée dans Frédéric-street : et comme le théâtre ne s'ouvrit pas immédiatement après mon arrivée, j'eus le temps de voir plusieurs dames qui m'honoraient de leur souvenir et de leur amitié. Mon ancien ami, M. Crump, avec qui j'avais continué à traiter pour des toiles d'Irlande, après que ma mère avait cessé de s'occuper de cet article, vint me saluer et m'offrir ses services. Comme il négociait sur toute espèce de marchandises, je lui demandai du vin et d'autres objets dont j'avais besoin. Il avait fait une association de commerce avec un nommé Hosea Coates : ce dernier était un homme grossier, turbulent et fort attaché au théâtre de Crow-street, dans lequel il avait plusieurs portions d'intérêt; en conséquence, il craignait fort de me voir réussir.

A l'ouverture des théâtres, les dames de Dublin se partagèrent en différens partis, se faisant un point d'honneur de soutenir de tout leur crédit le théâtre auquel elles s'étaient respectivement intéressées. Ladys Kyldare, Brandon, Leinster, Powerscourt, miss Caufield, lady Lumm, plusieurs autres personnes de rang, se déclarèrent en faveur de M. Mossop et de moi. Dans la vérité, j'attribue à leur bienveillance une grande partie du succès que nous eûmes, la troupe de Crow-street étant infiniment plus forte que la nôtre. Elle était composée de Barry, de Woodward, d'Abbington et de Fitz-Henry, et de quelques bons acteurs du second ordre. Parmi ceux-ci, je dois comprendre mistriss Dancer, qu'alors on était bien loin de regarder comme une actrice distinguée.

Quant à la nôtre, elle me rappelait le régiment, en haillons, de sir John Falstaff (1), dont il avait dérobé une partie aux gibets. Cependant, au bout de quelque temps, nous fûmes renforcés par M. Brown, qui avait du mérite dans la comédie; et par M. Digges, qui était très-aimé à Dublin, surtout parmi les dames. Comme ce dernier jouera un rôle important dans la suite de mon histoire, il est à propos que je vous en fasse le portrait. Il a des talens, une taille avantageuse et une belle figure; et il a l'art de persuader aux gens avec lesquels il traite, qu'il est le meilleur des hommes. Par mes rapports avec la famille Delawar, j'avais appris qu'il avait été maltraité par son oncle, et son sort m'avait intéressée. Mais comme il avait la réputation d'un homme à bonnes fortunes, je refusai de recevoir ses visites.

Je débutai dans Belvidera; mais je ne fus

---

(1) Personnage de Shakespeare.

pas, à beaucoup près, reçue comme je l'avais été jadis. J'en fus très-offensée, ne faisant pas réflexion qu'autrefois je n'avais pas eu de concurrence à craindre, et qu'à présent il me fallait lutter contre une troupe dont les moyens auraient fait honneur à un théâtre de Londres. Cependant nous fîmes plus que partager les suffrages du public.

M. Mossop remit au théâtre l'Orphelin de la Chine, qui avait réussi à Drury-lane, l'hiver précédent. Les habits avec lesquels nous devions jouer, lui et moi, vinrent de Londres. Mais nous étions fort embarrassés pour faire faire ceux des autres personnages. Le directeur avait eu une querelle avec Tracey, le tailleur, et nous n'avions pas plus de crédit que d'argent. Cependant, il était essentiel que notre représentation eût lieu avant celle que l'autre troupe devait faire de la même pièce, sans quoi nous avions peu d'espoir de soutenir la concurrence. Nos rivaux avaient commandé à Londres leurs costumes, leurs décorations, et on avait célébré, avec ostentation, dans tous les journaux, ces magnifiques préparatifs.

Enfin, j'obtins de Tracey, non-seulement

qu'il fît les habits, mais même qu'il en fournit les matériaux. Nous faisions trois répétitions par jour. Nous prîmes tant de soins, nous nous donnâmes tant de peines, qu'en moins d'une semaine nous fûmes prêts. Nous devançâmes ainsi les acteurs de Crow-street, et nous eûmes huit belles représentations, avant que leurs costumes si vantés fussent arrivés. Notre célérité fut très-préjudiciable aux entrepreneurs de ce théâtre, qui ne purent se couvrir des frais considérables qu'ils avaient faits pour cette pièce.

M. Digges, qui se proposait de faire ma conquête, soupirait respectueusement pour moi, et couvrait de tant d'égards sa vanité, que je crus avoir été trompée dans le portrait qu'on m'avait fait de lui. Enfin, présenté par une femme de mes amies, il trouva moyen de me faire recevoir ses visites. Il était aimable et amusant; on ne pouvait guère ne pas se plaire dans sa société. Il affecta, d'abord, de contraindre ses sentimens; mais, au bout de quelque temps, étant tombé malade, ou feignant de l'être, il m'écrivit, pour me déclarer que son amour pour moi était la cause de cette indisposition. Poussée par une fatalité irrésistible, je lus ses lettres ; bientôt après, survint une circonstance qui accéléra l'accomplissement de ses désirs.

LETTRE LXXIII.

31 juillet 17 —.

Mon mémoire pour le vin et les autres articles que j'avais demandés à M. Crump, montait à 400 liv., dont j'avais payé la moitié. Je me proposais de solder le surplus, lors de mon bénéfice : car, quoique je reçusse cinquante guinées par semaine ma négligence et le gaspillage de mes domestiques étaient cause que je n'avais jamais une guinée devant moi. Je fus fort étonnée d'apprendre que M. Crump avait fait banqueroute, que Coates avait pris possession de ses effets, de ses livres, etc.

On avait demandé Coriolan. M. Mossop avait l'espoir d'une souscription pour six représentations, ce qui devait le mettre en état de payer les acteurs. Aucun, excepté moi, n'était régulièrement payé, quoique, à dire vrai, je ne puisse comprendre ce que ce directeur faisait de son argent. Allant un jour, comme à l'ordinaire, à la répétition, je remarquai un homme de mauvaise mine qui marchait à côté de ma chaise. Chemin faisant, j'allai faire une visite : cet homme me suivait toujours. Ne supposant pas que sa présence pût m'annoncer quelque danger, j'attribuai son importunité à la beauté de ma chaise, qui réellement attirait tous les regards.

J'avais du monde à dîner, ce qui me fit partir pour le théâtre plus tard que je ne faisais ordinairement. Lorsque mes porteurs entrèrent dans Damask-street, l'homme qui le matin m'avait suivie, frappa à la glace du devant de ma chaise; lorsque je l'eus ouverte, il me montra un papier. Je lui demandai ce qu'il voulait : c'était, me dit-il, un mandat d'arrêt, pour les 200 liv. que je devais à Coates, comme successeur de Crump. Il insista pour que je le suivisse à l'instant. Je lui dis que, s'il voulait venir avec moi jusqu'au théâtre, je lui donnerais la somme réclamée, et que, de plus, je lui ferais un beau présent pour sa complaisance. Mais il refusa d'y consentir, le demandeur lui ayant, dit-il, donné expressément des ordres contraires.

Je fis donc de nécessité vertu, et j'accompagnai l'homme dans Skinner-Row. En y arrivant, j'envoyai chercher Coates; mais on ne le trouva point. L'officier me dit alors franchement que l'on ne m'avait arrêtée à cette heure, que pour m'empêcher de jouer ce jour-là. On lui avait particulièrement recommandé de ne me pas faire arrêter le matin, sachant bien que, si on me laissait le temps, je paierais la dette, et qu'ainsi le projet échouerait. Il était deux heures du matin avant qu'on eût pu trouver le créancier; et comme il avait donné des ordres positifs pour qu'on n'arrangeât point l'affaire sans lui, je fus obligée d'attendre qu'il lui plût de venir. Mistriss Molloy et miss Ly'll vinrent me voir dans l'intervalle. Jamais, je crois, si bonne compagnie ne s'était réunie dans la maison de l'officier.

Cependant mistriss Usher, pour me remplacer au théâtre, avait été obligée de lire mon rôle. Aussitôt que la pièce fut finie, M. Mossop vint me trouver : je craignais beaucoup qu'il ne donnât à Coates quelques coups de bâton ; c'était ce que celui-ci semblait désirer. Je n'avais jamais vu d'homme ni plus grossier, ni plus impertinent. Il eut l'impudence de nous dire qu'il savait bien qu'il nous eût été facile d'avoir son argent ; mais qu'il avait voulu m'empêcher de jouer ce jour-là. Tous les procédés sont bons, ajouta-t-il, lorsque l'intérêt est de la partie.

Quand M. Digges me vit dans cette position, il devint furieux : dans son premier mouvement il infligea à Coates une sévère punition ; ce qui, joint à d'autres embarras qui lui survinrent, l'obligea de quitter Dublin. Avant son départ, il m'écrivit demandant instamment à me parler; j'y consentis. Dans cette entrevue, il me pressa de former avec lui une liaison sérieuse : les qualités de sa personne, la situation où je le voyais, la pitié, la reconnaissance obtinrent mon aveu. Notre union, quoique non-obligatoire pour lui, d'après les lois du pays, à l'égard d'une personne de ma secte, était cependant valide sous tous les autres rapports ; et le résultat en fut qu'elle nous rendit l'un et l'autre fort malheureux, pendant deux ans qu'elle dura.

Il était décidé que je ne serais heureuse dans aucun de mes attachemens ; je ne sais à quoi attribuer cette singularité; mais Shakespeare n'a-t-il pas dit :

« Parcourez les livres, consultez et l'his-
» toire et la fable; partout vous verrez l'a-
» mour véritable être malheureux. Tantôt
» il souffre d'une opposition de caractère;
» tantôt il est affligé par une disproportion
» d'âge, ou contrarié par des parens qui ont
» fait un autre choix. Est-il formé par une
» heureuse sympathie? la guerre, les ma-
» ladies, la mort, l'assiégent et le menacent.
» Son bonheur passe comme un son fugitif;
» il est léger comme l'ombre, rapide comme
» un songe; il disparaît comme l'éclair qui
» brille au milieu d'une nuit obscure (1). »

Je reçus, vers cette époque, de M. l'alderman Cracroft, mon procureur à Londres, une lettre par laquelle il m'apprenait que le procureur de M. Davy avait ordre de me poursuivre pour les arrérages échus de ma pension, à moins que je ne lui donnasse un pouvoir pour le mettre en état de les demander légalement à M. Calcraft, qui avait refusé de les payer. Comme je n'avais point douté qu'ils

---

(1) Songe d'une nuit d'été, acte I, scène I.

ne fussent régulièrement servis, je fus doublement irritée de la bassesse avec laquelle, dans sa lettre, il affectait d'ignorer cette affaire. Je signai donc, sur-le-champ, le pouvoir que m'envoyait mon procureur, et je l'envoyai à Londres par le premier courrier. J'appris ensuite que M. Calcraft, s'étant permis de traiter fort cavalièrement la personne qui s'était présentée pour lui faire la demande de cet argent, avait été arrêté. Offensé d'un procédé si injurieux pour un homme de son importance, il avait porté la cause à la chancellerie, où elle est restée pendante jusqu'à la mort de M. Davy, qui était trop riche et trop paresseux pour suivre le procès.

Je restai à Dublin jusqu'au milieu de l'été. M. Mossop, ne pouvant alors me donner tout ce qu'il s'était engagé à me payer, je fus obligée, avant de quitter l'Irlande, d'emprunter 400 livres. En débarquant en Angleterre, je tombai si malade à Chester, que je fus forcée d'y rester pendant plusieurs jours. Deux dames qui, dans la traversée, avaient eu pour moi beaucoup d'attentions, eurent la complaisance de retarder leur voyage, et de m'attendre pour que nous pussions aller ensemble à Londres.

Lorsque je fus convalescente, elles m'engagèrent à aller au concert. J'y trouvai M. Crump. Je ne l'avais ni vu, ni entendu nommer depuis que j'avais été arrêtée pour ce que je lui devais. Supposant naturellement qu'il avait eu connaissance de cette affaire, et qu'il y avait consenti, je fus surprise de le voir m'aborder avec sa familiarité ordinaire, et je ne pus m'empêcher de lui témoigner mon étonnement. Une explication s'ensuivit, après laquelle il sortit brusquement de la chambre, et partit, à ce que j'ai su depuis, pour Dublin, où il comptait se venger de Coates. Mais il n'y réussit point : celui-ci ayant eu quelque avis de son dessein, chercha à éviter sa colère, et partit pour l'Angleterre. Peu de temps après, M. Crump, qui déjà avait eu quelques symptômes d'égarement, devint fou et mourut.

Je n'étais pas encore bien rétablie, quand j'arrivai à Londres. J'allai y reprendre mon ancien logement à Chelsea : de-là, j'écrivis à M. Cracroft, pour lui annoncer que je le verrais dans quelques jours. Je lui devais une somme considérable ; et il m'avait témoigné dans ses lettres quelque mécontentement de ce que j'avais quitté le royaume sans l'en avertir. Ma négligence était d'autant moins pardonnable, que j'étais fort liée avec sa femme et sa famille.

Lorsque je vis l'alderman, il me demanda si j'avais quelque engagement pour le théâtre. Je lui répondis que non, ajoutant que je ne pouvais songer à en prendre un, jusqu'à ce que mes affaires fussent arrangées. C'était, me dit-il, une opération difficile, parce que je devais beaucoup plus que je ne paraissais le croire. Je n'avais point douté que M. Calcraft n'eût appliqué au paiement d'une partie de mes dettes le produit du reste de mes bijoux, article que j'avais cru pouvoir monter à environ 4000 livres. La main-d'œuvre de la plupart était si curieuse, que la vente en devait être facile et avantageuse. Il y avait, entre autres, un moulin à vent qui, une fois monté, tournait pendant trois heures, et un bonnet monté avec une rare élégance.

Quelle fut ma surprise, lorsque j'appris de l'alderman, que ces bijoux avaient été remis à M. Jeffries, armurier dans le Strand, qui, par ordre de M. Calcraft, les avait défaits, et que leur vente n'avait produit en argent que 1100 livres ! Comme j'avais acheté ces articles à des hommes distingués dans ce genre de commerce, et remis à M. Calcraft les reçus des vendeurs, qui se montaient à plus de 6000 livres, je ne pouvais rien concevoir à ce résultat. Je priai M. Cracroft d'écrire à ce sujet à M. Calcraft.

L'alderman me dit ensuite qu'il avait reçu de Clifford (qui m'avait quittée pour se marier) un état de mes dettes, et qu'elles se montaient à 10,300 livres. Le courage, alors, me manqua tout-à-fait : je n'avais rien à espérer de M. Calcraft qui, dans cette occasion, s'était montré non-seulement cruel, mais malhonnête. M. Cracroft me fit entendre que je pourrais profiter d'une loi en faveur des créanciers insolvables, que l'on discutait alors. Jamais, je l'avoue, je ne m'étais encore trouvée si humiliée. La seule supposition d'une pareille mesure me fit tant de peine, que je fus quelques instans sans pouvoir parler.

Je répondis enfin que j'étais incapable de ce procédé. Ce serait de ma part une fraude insigne, mes dettes ne provenant que de mon extravagance, et ne ressemblant en rien à celles d'honnêtes marchands qui ont éprouvé des malheurs. J'étais déterminée, ajoutai-je, à me mettre à la discrétion de mes créanciers. S'ils voulaient me donner du temps, je pouvais les satisfaire, en leur abandonnant la totalité de mon traitement, et ne me réservant pour vivre que mon bénéfice.

L'alderman applaudit beaucoup à cette résolution. Il ne m'avait, dit-il, indiqué ce recours que pour sonder ma probité; et puisque je dédaignais si généreusement de me libérer par une voie injuste, il allait dresser pour moi un sauf-conduit, qu'il signerait le premier, et ferait signer aux autres créanciers. Il ne doutait pas même qu'ils ne vinssent à mon secours. Il tint sa promesse, et m'avança quelque argent pour les besoins du moment.

M. Rich me reçut à bras ouverts. Mon engagement fut bientôt signé, et je fus tranquille à cet égard. Mon sauf-conduit fut signé de même par tous mes créanciers, excepté par une personne qui déclara qu'elle ne ferait aucune poursuite pour le recouvrement de sa dette; mais qu'ayant promis solennellement de ne jamais signer aucun papier quelconque, elle ne pouvait mettre son nom à cet acte.

M. Digges était allé dans le pays de Galles, pour y attendre mon retour; y ayant, pour lui, quelque inconvénient à passer en Irlande, il n'avait pu venir m'y chercher. Il m'attendait près de Holy-Head, ne sachant pas que je fusse passée par Chester. On lui dit un jour, qu'un seigneur, qui se rendait à Londres, avait traversé la ville avec une actrice. La dame, ajoutait-on, était une petite femme brune, qui semblait faire ce voyage contre son gré. M. Digges en conclut que ce devait être moi. En vrai chevalier errant, il courut après les voyageurs, pour arracher sa dulcinée des mains de son ravisseur. Il ne les joignit qu'à Holywel, où on lui dit qu'ils étaient couchés; mais ses craintes diminuèrent quand on ajouta qu'ils occupaient des appartemens séparés. Il attendit avec impatience le moment de leur lever, et découvrit alors que la personne qui lui avait donné tant d'alarmes, n'était autre que lord Ferrers. Celui-ci avait été en Irlande pour empêcher sa sœur, qui avait pris la fuite, de monter sur le théâtre, comme elle en avait le projet; et il revenait avec elle à Londres. Le portrait qu'on avait fait de la dame à M. Digges me ressemblant dans tous les détails, sa méprise était très-naturelle. Heureux de voir qu'il s'était trompé, il partit sur-le-champ pour Londres.

Faisant, un soir, une visite chez mistriss Saint-Léger, j'aperçus aux bras d'une dame mes brasselets : je ne pouvais m'y tromper, ils étaient ornés des lettres G. A. B., formées, d'un côté, en diamans, et de l'autre, en bleu d'émail, et entourées de brillans. Le joaillier Maisonneuve me les avait fait payer 240 liv. Comme M. Cracroft m'avait dit que tous mes bijoux avaient été démontés, je ne pus m'empêcher de faire observer à la dame qu'elle me faisait trop d'honneur de se parer de mon chiffre. Je sus alors que M. Calcraft lui avait fait présent des brasselets; j'appris aussi qu'il avait donné à l'amie dont j'ai parlé plus haut, mes plus belles boucles d'oreilles, qui, chez le même bijoutier, m'avait coûté cinq cent soixante-dix livres. Il lui avait donné de même plusieurs autres articles, entre autres un anneau à œillet de diamant, pierre sans égale dans son genre.

Je compris alors pourquoi on prétendait

avoir envoyé chez un ouvrier ces pierreries, pour les démonter : on sait assez que les prêteurs sur gages ne prêtent jamais sur les diamans leur valeur totale, parce que la mode, qui en varie souvent la forme, en change le prix. Il est donc certain que Bibby ne m'aurait pas avancé deux mille livres sur des bijoux qui n'eussent depuis été vendus que onze cents. Sitôt que j'eus fait cette découverte, je fis intenter contre M. Calcraft une demande pour la valeur totale de ces objets. Ce procès fut terminé à l'amiable au mois de mars suivant ; mais la transaction ne détruisit pas l'intention que M. Calcraft avait eue de me frauder. Une pareille bassesse ne justifie-t-elle pas tout le mépris avec lequel je vous ai parlé de celui qui en fut capable ? Sa fausseté, sa vile avarice motivent assez la haine qu'il m'avait inspirée, et personne apparemment ne me blâmera d'avoir rompu toute liaison avec un homme qu'il m'était impossible de ne pas détester.

LETTRE LXXIV.

6 août 17 —.

Lorsque la saison des spectacles fut arrivée, je pris une maison dans Jermyn-street. Un événement politique très-heureux (1) me fournit les moyens d'y vivre avec une élégance peu inférieure à celle dont j'avais contracté l'habitude. M. Digges s'était endetté tant en Angleterre qu'en Écosse, pour une femme avec laquelle il avait eu une longue liaison. Cette circonstance, jointe à ce que nous habitions séparément l'un de l'autre, doublait nos dépenses; ce genre de vie m'attirait d'ailleurs des sollicitations auxquelles est naturellement exposée toute femme que l'on suppose un peu légère. Je m'étais attiré

---

(1) Mistriss Bellamy ne nous dit point quelle fut cette circonstance; on voit par la suite qu'il est question d'une coalition ministérielle, qui tenait chez elle ses assemblées, et qui probablement défrayait sa maison.

(*Note du traducteur.*)

une grande partie de ces importunités, en ne publiant pas les détails de la perfidie de M. Calcraft; si je les avais révélés, les gens sensés et délicats auraient vu avec intérêt ma position.

Parmi les concurrens qui sollicitaient mes bonnes grâces, en était un qui m'offrit dix mille livres pour être reçu comme amant préféré. Il a fait depuis un heureux mariage, et je m'abstiendrai de le nommer, mais plusieurs personnes peuvent encore certifier le fait; et je proteste, malgré tout ce qu'a pu débiter la calomnie, que jamais, tant qu'a subsisté mon union avec M. Digges, je ne me suis écartée, même en pensée, de ce que je croyais lui devoir.

Tandis qu'on arrangeait ma maison dans Jermyn-street, je couchais encore à Chelsea; mais j'étais tous les jours à la ville. Le salon et la principale chambre à coucher n'étaient pas encore finis, lorsque le garçon du tapissier me vola neuf aunes de damas, une assez grande quantité d'indienne, et quelques belles porcelaines de Saxe, qui étaient dans la maison. Son maître soupçonnait depuis long-temps sa fidélité; en conséquence on obtint un ordre pour faire chez lui perquisition:

on y trouva tous mes effets, qui étaient très-faciles à reconnaître, mais rien qui eût appartenu au maître tapissier.

Celui-ci était un homme très-violent; il vint le soir à Chelsea, pendant que j'étais sortie, et, par ses menaces, effraya tellement ma femme de chambre, qu'il la détermina à aller chez le juge prêter serment pour les objets qu'on avait trouvés; elle le fit, et s'obligea, sous peine d'une amende de quarante livres, à poursuivre le procès. Mais, comme le coupable avait une nombreuse famille, son sort me toucha tellement, que j'empêchai ma femme de chambre de paraître pour déposer contre lui : j'ouvris une souscription pour le paiement de l'amende, et j'en retirai, je crois, trente livres.

La dénonciatrice n'ayant pas paru, le voleur fut déchargé d'accusation, et le même soir il vint se présenter chez moi. Supposant qu'il ne voulait que me remercier de mon indulgence, et me souciant peu de recevoir ses actions de grâces, je chargeai le domestique qui me l'avait annoncé de lui répondre que j'étais occupée, et que je ne pouvais le recevoir; sur quoi il me fit dire qu'il fallait qu'il me vît, ou que je pourrais m'en repentir ; que j'avais *composé* pour *félonie*, et que d'ici à quelques heures je pourrais être appelée en jugement pour ce fait.

Choquée de l'impertinence, mais ne connaissant point les lois, je ne comprenais rien à cette menace. Il me fallut recourir à quelque homme instruit : je crus ne pouvoir mieux faire que de consulter mon cousin Crawford, qui, ayant profité de la loi en faveur des débiteurs insolvables, avait repris ses affaires. Je l'envoyai chercher, et en attendant, le misérable ingrat resta à un cabaret voisin. Lorsque M. Crawford fut venu, le coquin demanda effrontément cinquante livres, et exigea qu'on les lui donnât sur-le-champ ; sans quoi, dit-il, il allait faire informer contre moi. Mon cher cousin m'ayant dit qu'il n'y avait rien à répondre, je payai la somme exigée.

Je fus ainsi la victime de mon humanité pour un scélérat, qui aurait mérité de recevoir pour son ingratitude la peine qu'il avait encourue pour son vol. Cet exemple prouve que, malgré le sentiment qui nous porte à la clémence, c'est un devoir public que de poursuivre ceux qui ont enfreint les lois : dans ces cas, l'indulgence est une faiblesse, et non une vertu. Nous croyons ne remettre au coupable que notre injure privée; mais nous sacrifions à une fausse délicatesse les intérêts de la société, en soustrayant un scélérat à sa juste vengeance.

Le théâtre ne s'étant pas ouvert aussitôt qu'on l'avait cru, j'eus le temps de voir et de recevoir chez moi ce qu'on appelle ordinairement des amis, de ces gens qui vous recherchent tant que votre société les amuse, tant que la mode vous favorise, et qui vous abandonnent aussitôt que l'adversité vous enveloppe de son ombre. Loin de vous suivre alors, ils joignent leurs voix à celles qui s'élèvent contre vous; ils vous imputent des torts, pour se dispenser de vous offrir des services. Depuis que l'infortune m'a visitée, j'ai souvent éprouvé que les gens, auxquels je supposais le plus d'ame et de délicatesse, étaient aussi prêts que la foule inconsidérée, à éviter la personne à laquelle ils avaient témoigné jadis le plus d'égards, et offert le plus d'hommages. Je peux assurer, avec vérité, que, de toutes les personnes que j'ai été à même d'obliger, je n'ai trouvé de reconnaissant qu'un seul homme, dont j'aurai occasion de vous parler. Et combien, au contraire, ne pourrais-je pas vous citer d'exemples d'ingratitude, dont le récit ne ferait point honneur à plusieurs de mes anciens amis! Qu'ils soient tranquilles. J'ai dévoré l'amertume de leurs injures, et je n'ai point envie de troubler leur repos, si toutefois il en est pour la conscience des ingrats.

Ce que je n'ai point oublié, ce sont les bienfaits que, dans mon malheur, j'ai reçus de plusieurs personnes. En blâmant l'ingratitude des autres, je ne voudrais pas encourir le même reproche. Je me fais donc une gloire de me reconnaître redevable de nombreux services, non-seulement à des gens du plus haut rang, mais à des personnes de la profession que j'avais embrassée. J'avoue, avec plaisir, tout ce que je leur dois. Je n'ambitionne point de plus grand bonheur que d'être à portée de prouver le sentiment que j'en conserve.

Je reviens à mon récit. M. Rich introduisit, cette année, dans les pièces historiques de Shakespeare, une superbe représentation du couronnement ; et pour que les premiers acteurs ne fissent point de difficulté de paraître dans le cortége, il se proposa d'y figurer lui-même, comme chambellan de la reine. Malheureusement, il tomba malade à la dernière répétition, et n'a jamais eu le plaisir de voir cette cérémonie, pour laquelle il avait fait tant de dépenses. Comme je jouais dans la plupart des pièces et que je faisais la reine presque tous les soirs, je n'avais guère le temps de m'occuper de mes affaires domestiques ; j'abandonnais entièrement la conduite de ma maison à ma femme de chambre, sur l'honnêteté de laquelle je ne formais aucun doute ; je pensais que les mémoires quittancés qu'elle me présentait toutes les semaines suffisaient pour me garantir sa fidélité.

Au mois de février, la personne qui, parmi mes créanciers, s'était refusée seule à signer mon sauf-conduit, vint me voir, et me pria de lui donner une obligation et un jugement (1), pour l'argent que je lui devais. Elle

---

(1) Le créancier porteur d'un billet, ou qui seulement affirme sa créance, peut faire arrêter son débiteur ; mais il

observait, pour justifier cette demande, que sa créance était considérable, et que, dans le cas où je viendrais à mourir, mes meubles, mon argenterie, etc., assureraient son paiement. Comme j'avais réellement intention de la payer aussitôt que je le pourrais, je consentis à ce qu'elle désirait, à condition que l'obligation que j'allais m'imposer ne pût pas être à plus courte échéance qu'un an. J'allai, en conséquence, quelques jours après, chez cette femme, et ayant lu l'obligation, qui portait le terme que j'avais indiqué, je la signai; mais, par une imprudence répréhensible, je négligeai de regarder si le jugement portait la même échéance.

Peu de temps après, je reçus de ma créancière une lettre, par laquelle elle exigeait que je lui payasse, sur-le-champ, la somme entière, sans quoi elle allait mettre le jugement à exécution. Effrayée de cette menace, je ne savais quel parti prendre. M. Digges, très-em-

---

ne peut saisir ses propriétés qu'en vertu d'un jugement. L'obligation qu'on demandait à mistriss Bellamy s'appelle *bond and judgement*, parce qu'elle est toujours jointe à un *jugement* consenti, qui donne droit au créancier sur les biens du débiteur. (*Note du traducteur.*)

barrassé dans sa fortune, avait accepté une invitation qu'on lui avait faite, de se rendre à Edimbourg, où il était fort aimé. Il se proposait d'y rester jusqu'à ce que j'eusse arrangé mes affaires, opération à laquelle sa présence nuisait beaucoup, les personnes qui eussent été disposées à m'aider ne se souciant pas de le faire pendant qu'il était avec moi.

N'ayant craint aucune poursuite de cette créancière si avide, j'en avais payé plusieurs autres, que M. Cracroft m'avait désignés comme étant dans le besoin. Cette femme, au contraire, était dans l'opulence, et me témoignait toujours la plus grande amitié. Mais je reconnus que je m'étais mise à la discrétion d'une des plus méchantes créatures qu'il y eût au monde. Elle trouvait bon et bien fait tout ce qui pouvait lui rapporter de l'argent. J'avais bien ouï dire que sa réputation était hasardée; cependant, n'ayant jamais rien vu qui confirmât ces soupçons, je les croyais fort injustes. Elle était, de sa profession, marchande de dentelles; mais elle s'occupait de tout ce qui regarde la toilette des femmes; et il n'était pas étonnant que des dames d'une vertu suspecte fréquentassent sa maison. Quand je la connus mieux, je vis que j'avais tout à craindre d'elle. Il est bon d'observer ici (ce fait, par la suite, m'ayant fait gagner un procès qu'elle m'intenta pour recouvrer son argent) que, dans une lettre qu'elle m'écrivait, elle me manda que l'obligation était pour un an, mais que le jugement était pour un mois : et son frère, pour donner plus de poids à la lettre, jura, par son créateur, qu'ils m'avaient *pincée*. Cette expression, et la fraude évidente dont j'avais été dupe en cette occasion, me fournirent le moyen de triompher de cette dangereuse adversaire.

LETTRE LXXV.

14 août 17 —.

M. Calcraft étant, un soir, à la représentation de Zaïre (1), les applaudissemens extrêmes que je reçus ranimèrent sa passion, et l'engagèrent à tout tenter pour opérer entre nous une réconciliation. M'ayant épiée un dimanche, il vint au-devant de moi dans Derby-court, et me supplia de lui accorder

---

(1) Traduction de la pièce de Voltaire, par Aaron Hill, donnée en 1735. Dans la pièce anglaise, Zaïre, à la deuxième scène du quatrième acte, au lieu de laisser tomber malgré elle quelques pleurs qui surprennent son amant, se jette par terre. Orosmane ne lui en dit pas moins : Zaïre, vous pleurez. Voltaire remarquait qu'il eût dû dire : Zaïre, vous vous roulez par terre. Les Anglais réclament le sujet de Zaïre, comme étant originairement une conception de Shakespeare. C'est par le rôle de Zaïre que débuta au théâtre la célèbre mistriss Cibber. Aaron Hill a traduit aussi Alzire et Mérope, et fait plusieurs pièces originales. Il était né en 1684 ; il est mort en 1750

(*Note du traducteur.*)

une demi-heure de conversation. Sur mon refus, il me pria, si je ne voulais pas me réconcilier avec lui, d'écouter une proposition qu'il avait à me faire, et qui tendait à l'arrangement du procès relatif aux diamans. Je le refusai de même, et lui déclarai que je ne voulais avoir avec lui aucune correspondance quelconque.

Sur cela, il entra dans une taverne, au coin de Yorck-street, et je reçus de lui, je crois, vingt lettres dans un très-court espace de temps. Me trouvant toujours inflexible, il m'envoya la bonne garde Carter, cette femme dont j'ai parlé, qui avait vécu avec moi plusieurs années, et qui avait élevé tous mes enfans. Il savait que cette estimable personne avait sur moi beaucoup d'influence, et il se flattait qu'elle dissiperait mes préventions. Mais mon ressentiment était trop profond. Il s'était d'ailleurs augmenté par une nouvelle insulte que m'avait faite M. Calcraft.

La bonne Carter exécuta sa commission avec beaucoup de fidélité pour son commettant. Fatiguée enfin de ses importunités, je lui dis que si M. Calcraft voulait m'adresser par écrit ses propositions d'accommodement, ou m'envoyer son procureur, je consulterais M. Cracroft, pour savoir si je devais les accepter. Il me les envoya, en conséquence, par un de ses commis; elles contenaient les articles suivans : il fournirait l'argent nécessaire pour payer le billet de 400 livres, dû à M. Sparks; il composerait pour mes dettes avec tous mes créanciers, si je voulais consentir à rester en pays étranger jusqu'à ce que cet arrangement fût terminé, aucun d'eux, tant qu'ils me verraient à Londres, ne voulant accepter moins que la totalité de sa créance. Enfin, il me donnerait une nouvelle annuité de 100 livres, qui, jointe aux 20 livres qui me restaient de la première, me mettrait en état de vivre en Hollande ou en France, jusqu'à ce que l'affaire fût finie.

Après avoir consulté M. Cracroft, je mandai à M. Stubbs, procureur de M. Calcraft, que j'acceptais les offres de son client. Celui-ci, en conséquence, vint chez moi, avec l'obligation de me fournir l'annuité nouvelle de cent livres qui était en dépôt chez un tiers. M. Stubbs, en même temps, me présenta une quittance générale à donner à M. Calcraft. Mais, en honnête homme, il me conseilla de ne la pas signer. Cependant, comme je n'avais aucune demande légale à faire à M. Calcraft, son procès avec M. Davy, pour l'annuité que j'avais cédée, étant encore pendant, je remis la promesse de mariage qui avait été dressée lors de notre union, et je signai la quittance. J'avais disposé, ainsi qu'on l'a vu, de cent livres à prendre sur la première annuité, jusqu'à ce que, par les arrérages d'icelle, la somme qu'on m'avait prêtée, et cinquante livres au-delà, fussent payées. Il n'était donc pas à supposer, qu'en signant la quittance, je prétendisse donner un reçu de ce que je n'avais pas le droit de recevoir.

Le soir même du jour où les actes furent signés, je partis pour Harwich, à l'effet de me rendre en Hollande; j'ai négligé de vous dire, que d'après les craintes que m'avait inspirées ma rigoureuse créancière, j'avais indiscrètement quitté ma maison pour aller loger chez ma mère dans Brewer-street, et que j'avais envoyé mon argenterie chez l'alderman Cracroft, pour servir de sûreté à sa créance. J'eus pour compagne de voyage miss Betty Cibber, qui m'avait été léguée par son grand-père Colley Cibber; douée d'un esprit médiocre, elle était exposée à devenir la proie du premier flatteur qu'elle aurait rencontré, et le célèbre vieillard l'avait confiée à mes soins. Il avait de même légué tous ses petits-enfans à différentes personnes. Mistriss Smith, dont j'ai parlé dans mes précédentes lettres, avait un fils chirurgien, que j'avais placé près d'un régiment. Ce jeune homme m'accompagnait également dans ma fuite.

A Harwich, un vent contraire nous empêcha de mettre à la voile. Craignant d'être poursuivie par mon inflexible créancière, je crus prudent d'aller à Manningtrée, village à quelques distances d'Harwich, et d'y rester jusqu'à ce que le vent fût changé. Mon bénéfice aurait dû avoir lieu le lundi suivant, ce qui rendait impossible que mon départ fût long-temps tenu secret.

Le jeudi soir, comme nous étions à souper, nous entendîmes entrer dans la cour de l'auberge une voiture à quatre chevaux, et je ne fus pas peu surprise de voir paraître M. Digges. Ce n'était pas la rencontre la plus agréable que je pusse faire en ce moment. Il paraissait fort en colère : il exigea que mes deux compagnons de voyage retournassent à

Londres, que je montasse dans une autre voiture, et que je quittasse la maison. Intimidée par sa violence, je consentis à tout ce qu'il voulait, à condition qu'il ne me conduirait pas à Edimbourg. J'avais pris, je ne sais pourquoi, une prévention contre cette ville, dont je n'ai jamais pu me rendre raison.

Nous nous mîmes ensemble en marche, assez mécontens l'un de l'autre, sans tenir aucune route certaine. En arrivant à Cambridge, je rencontrai une nouvelle cause de chagrin. Quelques étudians de l'université avaient barbouillé de vers à ma louange les fenêtres de l'auberge dans laquelle nous descendîmes; un couplet signé par M. Bullock, jadis mon admirateur, et dont je vous ai parlé ailleurs, disait : « Que Jupiter se vante de sa » Junon et de son nectar, le champagne est » mon breuvage, et je le bois à la santé de » Bellamy. » Ces vers offrirent un nouvel aliment à la flamme qui dévorait M. Digges; et comme les plus petites bagatelles semblent aux jaloux des preuves aussi certaines que parole d'évangile (1), il crut avoir un

---

(1) Othello, acte III, scène VII.

motif de plus pour m'accuser de légéreté.

Mais une autre circonstance détourna bientôt son attention de ces fâcheuses pensées. En parcourant quelques journaux que j'avais trouvés dans la chambre, j'y vis un avertissement qui évidemment y était mis pour moi. Il portait : Si la dame qui, tel jour, a quitté une proche parente qui est partie avec un jeune homme et une jeune personne, veut revenir, cette parente a entre les mains un dépôt plus que suffisant pour arranger l'affaire qui a occasioné le départ de la dame.

Après avoir lu cet avis, j'insistai pour retourner à Londres. M. Digges y consentit; mais quand nous fûmes à Edmonton, il se décida à m'y laisser, et à aller seul à la capitale pour prendre, sur l'affaire, des informations. Je le laissai partir, m'amusant de penser que je serais à la ville aussitôt que lui. Mais quand je demandai une chaise de poste (1), le maître de la maison

---

(1) Voitures à quatre roues que nous nommons diligences anglaises. Les maîtres de postes les fournissent aux voyageurs. (*Note du traducteur.*)

me dit que le monsieur qui venait de partir lui avait positivement défendu de me donner une voiture, et même de me laisser sortir de sa maison. Je n'avais d'autre ressource que la patience, et ce n'est pas, je l'avoue, la vertu qui m'est la plus familière.

Mon aimable compagnon de voyage m'apprit à son retour que ma mère supposant que j'avais lu son avis, avait été si irritée de ce que je n'étais pas revenue, qu'elle s'était déterminée à rendre l'argent déposé dans ses mains, et à vendre les meubles de ma maison pour payer mistriss Jordan, ma marchande de modes, qui était son intime amie. Je suppliai M. Digges de me laisser aller trouver ma mère pour la faire changer de résolution; mais je ne pus rien obtenir. Malgré la peine que me fit alors l'obstination de M. Digges, je crois lui rendre justice, en disant qu'il n'avait d'autre motif que son intérêt pour moi.

Il avait promis de retourner en Ecosse, et supposait avec raison, que, quand même il manquerait à cet engagement, l'embarras de ses affaires lui permettrait difficilement de vivre à Londres. Il avait, d'ailleurs, tout lieu de croire que le dépôt remis à ma mère n'avait été fait que conditionnellement, la nature de ma liaison avec lui n'étant pas connue.

Nous repartimes donc sans savoir où aller. Quand nous fûmes à Barton-Hill, auberge sur la route de Norwich, je me trouvai fort malade; M. Digges me quitta encore là, et retourna à Londres, pour savoir, je crois, si ma mère avait mis ses menaces à exécution. Il trouva qu'elle avait été très-ponctuelle. Je me voyais alors dans une situation véritablement désagréable; pour la première fois de ma vie, je craignis de manquer d'argent pour les besoins du moment. Toute ma garde-robe avait été mise à bord du paquebot à Harwich. Je n'avais avec moi que quelques chemises, mon bonnet de nuit et mon habit de voyage. Pour frayer à mes dépenses en Hollande, j'avais pris de M. Colley, ami de ma mère, des lettres-de-change et de crédit sur des négocians d'Anvers et de La Haye, lieux dans lesquels je m'étais proposé de passer alternativement mon temps; mais ces effets ne pouvaient, dans ma position, m'être d'aucune utilité.

Nous prîmes donc notre route vers le nord; et quand nous arrivâmes à Preston, dans le Lancashire, mon argent était presque fini. Tout ce qui restait à faire était que M. Digges allât à Édimbourg. Ce fut le parti qu'il prit, me laissant à un village dont j'ai oublié le nom, à environ vingt milles de cette capitale; car j'avais insisté sur la promesse qu'il m'avait faite de ne m'y pas mener.

Deux jours après qu'il m'eut quittée, une chaise de poste vint me prendre pour me conduire, me dit le postillon, à Grass-market. J'imaginai que c'était une ville qui portait ce nom, et je partis avec lui. Dans l'auberge où l'on me mena, j'étais attendue par une femme d'une figure très-extraordinaire. Elle avait été belle; mais elle était prodigieusement grasse, et d'une malpropreté insupportable: elle était coiffée d'un bonnet à la hollandaise, n'avait point de corset, et portait sur ses épaules une espèce de couverture bigarrée. Elle s'appelait, me dit-elle avec son accent écossais, Molly-Kershaw : amie particulière de mon mari, elle était venue me chercher pour me conduire à mon appartement. J'espérais, lui répondis-je, que ce n'était pas à Edimbourg;

elle m'assura que non; que c'était chez miss Coulstone, femme aussi bien élevée que moi, quoiqu'elle travaillât pour vivre. Elle avait, m'ajouta-t-elle, commandé un dîner pour moi dans l'auberge où nous étions. J'aurais, entre autres choses, un turbot dont elle parlait beaucoup. J'ai, en tout temps, peu d'appétit. La fatigue, le chagrin et la maladie n'étaient pas propres à l'augmenter : mais je ne fus pas peu surprise de voir à dîner que ce beau turbot était un morceau d'une grande raie.

Entre six et sept heures du soir, une voiture vint me chercher pour me conduire à mon appartement à Cannon-Gate. Après avoir monté trois étages dans une maison, dont le rez-de-chaussée était une boutique de chandelier, je fus présentée à l'élégante miss Coulstone; c'était une vieille fille d'environ soixante ans; on eût dit qu'elle avait été séchée à la fumée.

Un bruit de musique vint alors frapper mes oreilles; je demandai ce que c'était : il venait, me dit-on, du théâtre, qui était précisément vis-à-vis. J'appris par-là que Cannon-Gate où la voiture m'avait conduite, était un faubourg d'Édimbourg. Grâce à mon ignorance du pays, je me trouvais avoir été conduite dans cette ville sans m'en douter. Aussitôt que j'eus fait cette découverte, je pris des ciseaux, et je me coupai les cheveux ras la tête, pour éviter que l'on me pressât de paraître en public.

La pièce qu'on jouait ce jour-là était The Beggar's opéra (1). M. Digges y faisait le rôle de Macheat, dans lequel on le regardait comme supérieur. Après le spectacle, il vint me rejoindre, et m'apprit que les journaux anglais ayant annoncé mon absence, on avait déjà présumé que la personne nouvellement arrivée chez miss Coulstone était la fugitive du théâtre de Covent-Garden.

Le lendemain M. Bates, associé de M. Douson dans la propriété du théâtre d'Édimbourg, et directeur en exercice, dit à M. Digges qu'il serait inutile d'ouvrir la salle si l'on ne pouvait me déterminer à paraître sur

---

(1) *L'opéra du Gueux*, pièce en prose, mêlée d'ariettes sur des airs connus, par Gay. Elle a été traduite en français. Les personnages sont des voleurs de grand chemin, des espions de police et des filles de mauvaise vie. Le dialogue en est plein d'esprit, et les mœurs y sont peintes avec une vérité hideuse. (*Note du traducteur.*)

la scène. Je ne concevais pas comment mon arrivée avait pu être si promptement connue. Car, pour prévenir tout soupçon, nous ne devions point dire que M. Digges m'avait accompagnée; et il devait rester dans le logement qu'il occupait.

Notre voyage avait été coûteux. Il me restait peu d'argent; à M. Digges encore moins. Les traites que j'avais sur la Hollande ne m'offraient, à Édimbourg, aucune ressource. Dans cette position, je ne voyais autre chose à faire que de me conformer aux désirs de M. Bates. La perte de mes cheveux faisait un obstacle : pour la première fois, j'eus recours à l'artifice. Quoique je n'eusse pas même le nécessaire, il me fallut faire faire à grands frais des vêtemens. Mais mon succès surpassa tellement mes espérances, qu'il me fut facile de les payer. La curiosité engagea des familles entières à venir de toutes les parties du pays.

M. Cunningham, auteur à qui ses talens ont mérité une place parmi les poëtes de la Grande-Bretagne, fit à cette occasion un prologue (1) que prononça M. Digges.

---

(1) Ce morceau n'est remarquable sous aucun rapport.

La saison était fort avancée; je ne pus donner que huit représentations : la dernière était destinée à mon bénéfice. Le matin du jour où elle devait avoir lieu, je fus arrêtée à la requête de la créancière qui m'avait fait quitter Londres. Cependant, je fus bientôt remise en liberté, l'arrestation ayant été faite contre les lois de l'Écosse, qui veulent que le débiteur avant d'être arrêté ait été prévenu quelques jours d'avance.

En cette occasion, les premiers avocats du pays prirent volontairement ma défense, entre autres M. Montgomery, depuis premier baron et doyen de la Faculté. Enfin, la chose vint en jugement : je produisis la lettre dont j'ai ci-devant parlé, qui prouvait qu'on avait obtenu par surprise le titre dont on abusait; et comme les cours de justice en Écosse sont

---

Il ressemble à tous les complimens rimés que le public est condamné à entendre. Mistriss Bellamy donne à la suite de ce prologue deux autres pièces de vers faites pour elle par le même auteur. Ces petits ouvrages pouvaient flatter celle qui en était l'objet; mais ils ne sont pleins que des lieux communs de la politesse et de la galanterie.

(*Note du traducteur.*)

en même temps cours d'équité (1), on prononça en ma faveur. Ma créancière, ainsi déçue de son injuste espoir, consentit à recevoir sa créance par portions de 200 livres, payables d'année en année; après quoi mes autres créanciers, particulièrement M. l'alderman Cracroft et le docteur Bailli, à qui je devais des sommes considérables, se réunirent pour me procurer, par leurs recommandations, la protection personnelle qu'ils savaient que je pourrais trouver dans le pays où j'étais.

Le bien quelquefois provient du mal. Ce malheur contribua peut-être à me concilier la bienveillance et les attentions dont on m'a comblée pendant mon séjour en Écosse; il me

---

(1) Cette distinction peu connue en France est très-importante. La cour de *justice* prononce d'après la lettre de la loi, et ne peut jamais s'en écarter; la cour d'*équité* prononce en certains cas, *ex æquo et bono*. On serait tenté de regarder son institution comme préférable à l'autre; mais l'équité, quoi qu'en aient dit les moralistes, est une idée vague, sur laquelle les hommes sont encore moins d'accord que sur la beauté. C'est après avoir long-temps disputé sur le juste et l'injuste, qu'on a imaginé de substituer à l'opinion *la loi*, à *l'équité* douteuse la justice *positive*.

(*Note du traducteur.*)

procura, entre autres, l'amitié de M. Montgomery et de sa famille, avec qui je vécus dans une grande intimité. Outre les appuis que je trouvai dans cette maison, qui était fort nombreuse, j'eus pour patronnes la duchesse de Douglass et les demoiselles Ruthwen, dont l'aînée, peu de temps après, épousa M. Elphinston. Ces jeunes personnes me témoignèrent un attachement qui tenait de l'enthousiasme : lady Ruthwen m'honora aussi de sa protection.

L'hiver suivant, je devais avoir un tiers des profits et deux représentations à mon bénéfice. Le traitement de M. Digges était réglé par semaine. M. Calcraft, semblant regarder l'Écosse comme pays étranger, payait régulièrement la nouvelle annuité dont nous étions convenus. M. Digges prit alors une maison à Bonnington, fort joli village voisin d'Edimbourg. Notre succès au théâtre fut très-grand, et nous aurions pu mettre de côté quelque argent, si les dettes qu'avait contractées M. Digges, à cause de la personne qui avait précédemment vécu avec lui, ne l'eussent pas beaucoup gêné.

Je fus vers ce temps-là fort surprise de recevoir de M. Ballard, trésorier du théâtre de Covent-Garden, une lettre par laquelle il me demandait une somme considérable. Les exécuteurs testamentaires de M. Rich l'avaient chargé en recette du salaire qu'il m'avait payé trois ans auparavant, pendant la clôture du théâtre qu'avait occasionée le deuil d'une branche de la famille royale. J'étais convenue d'un traitement annuel, et M. Rich avait expressément défendu au trésorier de me faire aucune déduction pour cet intervalle de temps; mais M. Ballard n'ayant pas pris de lui un ordre par écrit, était obligé de rendre l'argent. Je l'avais reçu, et je ne pus consentir à ce qu'il le payât. J'écrivis donc à l'alderman Cracroft, pour le prier d'arranger l'affaire comme il le pourrait, à la satisfaction du trésorier.

A cette époque, ma mère, en m'envoyant tous mes effets qui étaient revenus de Hollande, m'adressa une jeune personne qu'elle crut capable de réussir au théâtre; son nom était Wordley: elle était d'une vivacité extraordinaire, elle avait été mieux élevée que ne le sont ordinairement, en Angleterre, les femmes d'un moyen ordre. Son père était intendant du comte de Powys ; il n'avait rien épargné pour cultiver l'esprit de cette fille, qu'il idolâtrait, et qui recevait ses instructions avec plaisir. Cette jeune personne formait pour nous une acquisition intéressante, et faisait honneur à la recommandation de ma mère. Je l'invitai à demeurer à Bonnington.

LETTRE LXXVI.

22 août 17 —.

Mon récit se prolonge. Ma mémoire exercée par le travail qui m'occupe, me fournit mille circonstances que je croyais avoir oubliées : un incident en rappelle un autre, et je crains que mon ennuyeuse narration ne fatigue votre indulgence. J'écarte donc tout ce qui ne tendrait pas au double but que je me suis proposé, celui de satisfaire votre curiosité, et d'écarter les préventions que le public a conçues contre moi, faute de connaître tous les détails de ma vie.

M. Digges faisait, pour me rendre heureuse, tout ce qui dépendait de lui. Il me procurait tous les plaisirs qui étaient à sa disposition; mais j'étais si importunée des réclamations continuelles qu'entraînaient les dettes qu'il avait contractées avant notre union, que je ne pouvais ni goûter aucune satisfaction, ni lui montrer autant de complaisance que je l'aurais voulu.

Vers le milieu de la saison, il m'apprit que son frère, le capitaine Dudley Digges, était arrivé en Angleterre, et qu'il désirait beaucoup de le voir pour régler avec lui quelques intérêts de famille. Il se décida donc à l'aller trouver, et nous nous vîmes obligés de conduire, comme nous pourrions, les affaires du théâtre. Mais la difficulté était d'avoir de l'argent pour les frais de son voyage. M. Still, mon procureur, chargé, dans ce pays, de tous mes intérêts, en avança à ma prière.

M. Digges, en arrivant à Londres, fut bientôt réconcilié avec ma mère : il logea chez elle pendant tout son séjour. A son retour il me fit présent d'une grande montre d'argent à répétition, pour mettre au chevet de mon lit. J'avais souvent désiré d'en avoir une de ce genre, pour connaitre les heures auxquelles il me fallait prendre certains remèdes qu'exigeait l'état toujours chancelant de ma santé.

Il y avait, dans notre troupe, une jeune femme que j'aimais beaucoup; c'était l'épouse de M. Aickin, acteur du théâtre de Drurylane. La mort ne tarda pas à me l'enlever. Cet événement m'affecta beaucoup, et contribua encore à déranger mon tempérament. Il nous fallut trouver quelque actrice pour me soulager de l'extrême fatigue que me causait mon emploi. Je choisis, pour cet objet, mistriss Kennedey, avec qui j'avais joué autrefois, pendant mon premier voyage à Dublin.

Cette actrice, son mari et leur fils furent, en conséquence, engagés à un prix que ne comportait pas Edimbourg; mais que faire? Il était impossible que je jouasse toujours, et je ne pouvais me faire doubler que par quelqu'un qui eût une certaine réputation. Les propriétaires se virent forcés d'accorder des conditions exorbitantes. Mistriss Kennedey avait du mérite dans quelques rôles; et comme elle avait fait partie de plusieurs troupes ambulantes, elle avait étudié presque tous les emplois. Sans être belle, elle avait assez bon air.

Une maladie vint frustrer l'espoir dans lequel nous l'avions engagée. Peu de temps après son arrivée, elle fut incommodée. Une éruption dangereuse parut sur son visage. Elle ne put jouer que quatre fois dans toute la saison. Son indisposition donna lieu à un incident qui fit beaucoup rire les spectateurs, et qui, peut-être, vous amusera.

Mistriss Kennedey, se croyant assez bien rétablie pour paraître, fit dire qu'elle jouerait le rôle de Zaïre, dans *the Mourning Bride*, qu'on devait donner pour le bénéfice de quelqu'un à qui elle s'intéressait. Mais le jour de la représentation, sur les quatre heures, elle se trouva si mal, qu'il lui fut impossible de paraître. La pièce avait été choisie à dessein; et il n'y avait ni moyen de la changer, ni possibilité de substituer quelqu'un pour un rôle si important. Dans cet embarras, mistriss Farrel, sœur de mistriss Kennedey, plus âgée qu'elle d'environ vingt ans, et qu'on employait quelquefois pour faire les vieilles nourrices, entreprit de jouer le rôle.

Le public montra son mécontentement pendant toute la pièce, mais surtout au moment où Zaïre mourut. Se levant alors d'entre les muets et s'avançant sur la scène, elle dit aux spectateurs qu'elle était bien fâchée de n'avoir pu mériter leurs suffrages; mais que n'ayant joué ce rôle que par complaisance, et uniquement pour obliger la personne au bénéfice de qui se faisait la représentation, elle espérait qu'on voudrait bien l'excuser. Après avoir fini ce discours, elle alla reprendre la place où elle s'était levée, et se recoucha par terre entre les muets, qui couvrirent son visage du voile. Ce bizarre incident apprêta tellement à rire aux spectateurs, ainsi qu'à moi qui entrais précisément en scène dans le rôle d'Almérie, qu'il me fut impossible de reprendre mon sérieux de toute la soirée.

Ceci me rappelle une aventure comique du même genre, qui arriva à mistriss Hamilton. Cette actrice jouait le rôle d'Arpasie dans Tamerlan; et comme elle était fort puissante, les valets de théâtre avaient beaucoup de peine à enlever le fauteuil sur lequel elle s'était jetée au moment de sa mort supposée. S'apercevant de leur embarras, elle leur dit de poser le siége par terre; puis, faisant une révérence à l'assemblée, elle s'en alla sur ses pieds aussi froidement que si elle n'eût pas été supposée morte.

Je reçus, pendant que je dirigeais ce théâtre d'Edimbourg, un nombre incroyable de lettres de comédiens ambulans, qui demandaient des engagemens. Tous écrivaient de manière à faire voir qu'ils se regardaient comme autant de Garricks et de Cibbers.

Dans l'hiver suivant, l'honorable mistriss Digges mourut, ce qui obligea son fils d'aller en Angleterre. Elle laissa 8000 livres à partager entre ses deux fils, à la condition que l'aîné quitterait le théâtre, et prendrait le nom de West (qui était celui de mistriss Digges). M. Digges m'apprit ces nouvelles pendant que j'étais au théâtre. Le même courrier m'apporta une lettre de ma mère, qui le pressait de partir.

C'était la semaine suivante que devaient avoir lieu les courses, temps des grandes recettes du théâtre : cependant il fallait de l'argent, sur-le-champ, pour ce voyage. J'engageai donc à M. Still la montre à répétition pour six guinées, et je consentis, ce me semble, qu'il en prît dix ou quinze au bureau. Je ne pouvais en donner davantage. Peu de jours après, j'avais besoin de 200 livres que j'avais promis de payer à mon inflexible créancière.

M. Digges partit pour l'Angleterre, avec

promesse de revenir aussitôt qu'il pourrait : mais comme il ne devait plus jouer, l'époque de son retour était indifférente. A la fin de la semaine, j'envoyai demander à M. Still les 200 livres : je reçus pour réponse qu'il n'avait pas un schelling; il avait donné à M. Digges tout l'argent qu'il possédait, et celui-ci lui devait 200 livres.

Je ne peux exprimer quel fut alors mon embarras : j'avais prié M. Ferguson, procureur de ma créancière, de venir dîner avec moi à Bonnington le jour de l'échéance, parce que je me proposais de lui remettre l'argent. Cet homme, heureusement, avait une ame élevée, et faisait honneur à sa profession. Miss Wordley lui ayant appris la vraie position de mes affaires, dont je n'avais pas le courage de lui parler moi-même, il convint de m'accorder trois mois pour payer cette somme; et pour que sa cliente ne fût pas mécontente de ce délai, il lui paya l'argent, et prit pour lui la créance. Une obligeance si rare méritait toute ma reconnaissance. Elle devint pour moi la cause d'un chagrin très-sensible. J'appris, quelques années après, que cet aimable jeune homme était une des personnes qui avaient perdu la vie par la chute du pont d'E-dimbourg, et je pleurai amèrement cette victime d'un affreux désastre.

Tandis que j'habitais Parliament-street (époque féconde en chagrins), j'avais recommandé à M. Calcraft, pour en faire un commis, un jeune homme qui avait une belle main. Environ deux ans après, celui-ci me dit qu'il avait une occasion de faire aux Indes-Orientales un voyage très-avantageux, m'assurant en même temps qu'il conserverait toujours un tendre souvenir de l'intérêt que j'avais pris à lui. Il me le prouva bien par sa conduite postérieure. De retour en Angleterre, ce jeune homme, qui s'appelait M. Hearne, demanda de mes nouvelles. Il entendit parler de mes embarras; et pendant que j'étais à Edimbourg, il m'envoya généreusement 200 livres. C'est le service le plus agréable que j'aie jamais reçu, parce qu'il était le témoignage d'un rare et précieux sentiment, la reconnaissance. J'aurai d'autres occasions de vous parler de cet estimable M. Hearne.

Je ne dois pas omettre un second exemple de ce genre, qui m'arriva vers le même temps. J'avais eu, autrefois, un domestique nommé

Daniel Douglas. Il avait demeuré chez moi près de neuf ans : enfin, ses galanteries ayant fait du bruit dans la maison et toutes les filles s'occupant de lui, je le plaçai, comme domestique, chez le lord Hume, alors gouverneur de Gibraltar. Mylord en fit son majordôme, et Daniel se conduisit tellement à la satisfaction de son maître, que celui-ci, en mourant, lui laissa quelque chose.

On m'avait dit qu'un M. Douglas s'était présenté chez moi, plusieurs fois, en mon absence. Un jour, allant à Castle-Hill, je fus abordée par un homme dont le visage m'était familier, quoique je ne le reconnusse pas d'abord : le pauvre garçon fondit en larmes, et se fit bientôt reconnaître. Après s'être informé de ma santé, etc., il me pria de lui accorder, à mon premier moment de loisir, quelques instans d'entretien, rien autre chose ne le retenant à Edimbourg, que le désir de me parler. Je lui dis de venir l'après-midi chez moi. Je ne concevais pas quelle affaire il pouvait avoir à me communiquer : quoique j'aie toujours tâché de mériter l'affection de mes gens, je n'avais jamais eu pour lui d'attention particulière.

Il vint le soir, et m'apprit qu'il avait amassé onze cents livres. Sa femme venait de prendre sur la route de Douvres une auberge, pour entrer en possession de laquelle il leur fallait payer 700 livres. Il espérait, ajouta-t-il, que je pardonnerais sa présomption; il craignait que je ne fusse pas dans une position aussi heureuse que celle où il m'avait vue, et, si j'avais la bonté de faire usage, pour le temps que je voudrais, du reste de cette petite fortune, dont j'avais été pour lui l'occasion, je lui ferais plus de plaisir que jamais ne pourrait lui en causer aucun autre emploi de ses fonds.

Je pouvais à peine retenir mes larmes. Cette offre touchante était faite d'une manière si délicate! Le digne homme avait l'air de solliciter un prêt plutôt que de l'offrir. Je le remerciai tendrement; mais je refusai d'accepter sa proposition; non, certes, que je m'en tinsse offensée : elle me flattait et m'honorait, mais je venais de recevoir de M. Hearne, qu'il connaissait, ce dont j'avais besoin pour le moment. Je ne pouvais, d'ailleurs, me résoudre à emprunter un argent qui lui avait coûté tant d'années de sagesse et d'économie;

sans être sûre qu'il me fût possible de le rendre quand il en aurait besoin. Le bon Douglas se rendit avec regret à mes raisons; il me quitta, aussi mortifié de ce que j'avais refusé son argent, que l'eût été un autre qu'on aurait poursuivi pour le payer.

LETTRE LXXVII.

29 août 17 —.

Lors de mon premier engagement à Edimbourg, les habitans de Glasgow avaient offert de construire une salle par souscription, si notre troupe voulait promettre d'y jouer en été. Nous y consentîmes volontiers. Les citoyens de cette ville sont opulens et passent pour magnifiques. La salle étant bâtie, nous nous faisions, de ce voyage, un plaisir, tant à cause de la perspective de bénéfice qu'il nous offrait, que par l'idée que nous nous étions formée du lieu et des habitans. La déesse de la Déraison (c'était le sobriquet que nous avions donné à miss Wordley, parce qu'elle avait joué ce rôle pour le bénéfice de M. Wilkinson) attendait avec une impatience d'enfant notre sortie de la capitale. Les affaires du théâtre m'ayant obligée de me rapprocher de la ville, j'avais quitté Bonnington pour revenir à Edimbourg. A cette occasion, David Hume (1) eut la complaisance de me prêter son appartement dans le faubourg de Cannon-Gate.

Lorsque nous fûmes prêts à partir, après avoir payé mes mémoires je trouvai que je n'avais pas assez d'argent pour les frais de voyage. Ma maison consistait alors en miss Wordley, moi, et trois domestiques. Les voitures étaient demandées, nous attendions qu'elles arrivassent à la porte. Ne sachant comment me procurer de l'argent dans le moment, j'envoyai une des femmes, nommée Waterstone, chez un horloger, dans Highstreet, pour vendre la montre d'argent à répétition que M. Digges m'avait donnée. L'artiste à qui je lui avais dit de s'adresser, avait acquis de la réputation par plusieurs ouvrages en ce genre, qu'il avait faits pour le duc d'Argyll, célèbre par son goût pour la mécanique.

Les voitures étaient à la porte. J'étais là, attendant l'arrivée de cet argent nécessaire

---

(1) Auteur célèbre de l'Histoire d'Angleterre. Il était écossais, ainsi que Robertson, Brydone, etc., etc.

(*Note du traducteur.*)

pour partir : quelques heures s'écoulèrent, sans que j'eusse aucune nouvelle de mon émissaire; je ne pouvais faire aucun doute sur sa probité, et je ne concevais rien à ce retard. Vers quatre heures de l'après-midi, un homme, vêtu à peu près comme un de nos bedeaux, vint me dire qu'une femme qui était à mon service avait été arrêtée pour une montre qu'elle avait présentée à vendre.

Cette nouvelle mettait le comble à mon embarras. Je renvoyai les voitures, qui attendaient encore, et priai M. Still d'obtenir la liberté de cette pauvre femme : celui-ci étant allé chez l'horloger, apprit que la montre avait été achetée par M. Digges, précisément chez ce même homme à qui je l'avais fait offrir à vendre; elle était sans prix pour la main d'œuvre; mais sa grosseur la rendant d'une vente difficile, l'artiste l'avait vendue à M. Digges un peu au-dessous de son prix, et avait reçu de lui un billet payable à la fin de la saison du théâtre.

Ayant ouï dire que M. Digges n'avait pas le projet de revenir, et voyant qu'on lui proposait d'acheter la montre, il avait eu quelques soupçons sur la personne qui l'offrait, d'autant que la femme avait refusé de la laisser, et de dire de quelle part elle venait. M. Still, pour arranger l'affaire, remit la montre à son premier maître, à condition qu'il rendrait le billet de M. Digges et remettrait ma domestique en liberté.

Mon obligeant négociateur tâcha ensuite de me procurer de l'argent, afin que je pusse partir pour Glasgow, le lendemain matin : je ne pouvais différer plus long-temps. Il m'apporta de quoi fournir à la moitié des frais de la route. Il fallut, pour le surplus, recourir à la bourse de mes compagnons de voyage. La gaieté de miss Wordley soutenait mon courage, au milieu de toutes ces contrariétés. La tristesse qui voilait mon imagination, semblait diminuer à chaque mille que nous parcourions. Avant d'avoir fait beaucoup de chemin, j'avais recouvré une sérénité qui, depuis long-temps, m'était étrangère.

Le lendemain, à midi, nous aperçûmes, à une petite distance de nous, cette ville charmante vers laquelle nous courions avec tant d'empressement. Une belle rivière, de superbes bâtimens qu'ornait la splendeur d'une magnifique journée, flattaient mes regards, et réjouissaient mon imagination. Je pensais au plaisir que j'aurais à y être reçue par des amis que leur opulence mettait à même de remplir les promesses dont ils avaient accompagné leurs pressantes invitations.

Quand nous entrâmes dans Glasgow, un des acteurs, qui était venu au-devant de nous, me dit : Madame, vous êtes ruinée ; il ne vous reste rien, que ce que vous avez dans vos voitures. Je ne sais encore comment m'expliquer la tranquillité avec laquelle je reçus cette nouvelle ; car j'en demandai la cause sans la moindre émotion. La veille, la nouvelle salle de spectacle avait été brûlée ; ma garde-robe, tous mes effets qui s'y trouvaient encore emballés, étaient devenus la proie des flammes.

Cet incendie avait été occasioné par une circonstance remarquable. Un prédicateur méthodiste, qui etait en crédit dans la ville, avait raconté à ses auditeurs que la veille, dans un songe, il s'était cru transporté aux enfers, et y avait été témoin d'un grand repas, auquel assistaient tous les diables : Lucifer, leur chef, avait porté pour toast la santé de M***, qui avait vendu son terrain pour y bâtir une maison (la salle de spectacle) qu'on allait ouvrir le lendemain, et dans laquelle ils devaient établir leur empire.

L'ignorant et enthousiaste auditoire se sentit enflammé d'un saint zèle contre Satan et ses sectateurs. Pour empêcher cette effrayante victoire de l'infernale puissance, il se porta en foule à la nouvelle salle, où il mit le feu au théâtre ; heureusement, l'incendie s'éteignit avant de gagner les autres parties du bâtiment ; mais, toute ma garderobe, contenue dans les malles entassées sur le théâtre, fut consumée. Il paraît qu'à cette troupe de fanatiques, qui avaient mis le feu par de saints motifs, s'étaient joints des gens qui avaient intention de profiter du désordre, car on trouva beaucoup de fausses dorures qu'ils avaient arrachées à des vêtemens de rois et de reines, et qu'ils avaient jetées à travers champs, en voyant que ce clinquant n'avait aucune valeur. Comme la salle était à peu près à un mille de la ville, et que les flammes ne se montrèrent pas d'abord, les incendiaires exécutèrent tranquillement leur dessein, et se retirèrent sans être troublés. Personne ne prit l'alarme; on ne connut que le lendemain notre malheur.

Quelque importante que fût cette perte pour moi, j'en appris la nouvelle assez tranquillement ; mais la pauvre miss Wordley, qui perdait le peu qu'elle possédait, perdit en même temps la philosophie qu'elle m'avait recommandée dans d'autres occasions

Sans me troubler et me lamenter, comme l'auraient fait peut-être beaucoup d'autres, je dis assez froidement que je voulais aller sur les lieux, et examiner mon désastre. Sur-le-champ, j'ordonnai que la voiture me conduisît au théâtre. Là, je vis réduites en cendres toutes ces parures qui m'avaient coûté tant d'argent. Alors même, elles valaient au moins 900 livres, y ayant, entre autres, un assortiment complet de grenats et de perles, depuis la coiffure jusqu'à la pièce d'estomac.

Arrivée à l'auberge, je demandai M. Bates, l'un des directeurs de notre troupe : je ne connaissais pas l'autre. On me dit qu'il était allé à la bourse offrir une récompense à ceux qui découvriraient les incendiaires. Mais tous ses efforts, à cet égard, furent inutiles. La fermeté naturelle des Écossais garantit leur fidélité mutuelle. Dans cette affaire, non plus que dans celle du capitaine Porteus, à laquelle certainement plus de cent personnes avaient pris part, il ne se trouva pas un seul homme assez lâche ou assez perfide pour dénoncer ses complices.

Je n'avais pas de quoi payer les postillons; ils furent obligés d'attendre le retour de M. Bates. Lorsqu'il fut arrivé, et qu'il les eut congédiés, je le priai de retourner à la bourse pour y dire, à toutes les personnes qu'il verrait, que j'étais décidée à ne pas jouer sur le théâtre de Glasgow, à moins que ce ne fût le lendemain soir, comme je me l'étais proposé, et comme je ne pouvais le faire faute de vêtemens. Sur cela, un des premiers négocians de la ville, qui avait eu la principale part à la construction du théâtre, vint à l'instant me trouver à l'auberge, et m'offrit poliment tout l'argent dont j'aurais besoin. J'acceptai volontiers ses secours; mais je lui répétai ce qu'on lui avait dit de ma résolution. Il m'assura, alors, que, si je pouvais faire provisoirement réparer le théâtre pour le lendemain, j'aurais, avant le soir, les habillemens de toutes les dames de la ville, et que, pour cet article, je ne serais point embarrassée.

Il était impossible de jouer une tragédie, parce qu'il fallait plusieurs jours pour préparer des costumes. Nous nous décidâmes à jouer pour comédie *the Citizen* (le bourgeois), et pour petite pièce, *the mock Doctor* (le Docteur pour rire). M. Bates alla, sur-le-champ, trouver quelques charpentiers intelligens qui, avec des planches clouées, que l'on couvrit de tapis, nous firent un théâtre impromptu. Le négociant me tint parfaitement sa promesse; avant six heures du soir, j'eus à ma disposition plus de quarante robes, dont plusieurs étaient presque neuves, et quelques-unes fort riches. Les dames n'avaient pas borné aux vêtemens leur complaisance; je reçus des présens de toute espèce et de tout côté, ainsi que des invitations sans nombre pour tout le temps que j'aurais à passer dans le pays.

Tout fut prêt pour l'heure ordinaire, et nous jouâmes les deux pièces devant une nombreuse chambrée. A la fin du spectacle, une dame, de dedans les loges, déclara que personne ne sortirait de la salle, jusqu'à ce que tous les acteurs, et même les garçons de théâtre, fussent sortis sans obstacle. On craignait que les gens qui, la veille, avaient osé mettre le feu au théâtre, ne se permissent contre nous quelque injure personnelle. La garde eut ordre de nous reconduire dans la ville.

Les habitans les plus distingués donnèrent des fêtes pour nous recevoir : je peux dire, avec vérité, que, dans aucun pays, je n'ai trouvé plus de gaieté, d'amabilité, ni reçu plus de prévenances et d'applaudissemens. M. Reddish était notre premier acteur dans la tragédie, et M. Aickin dans la comédie. Pendant mon séjour à Edimbourg, j'avais engagé un auteur, doué de quelque talent, à faire une petite pièce tirée des poésies du célèbre Ossian, dans laquelle j'avais fait le rôle de Commela avec un grand succès. Mais, à Glasgow, je reçus, dans ce rôle, des applaudissemens prodigieux. Cette petite pièce seule, jointe à une comédie ordinaire, suffisait pour amener la foule et remplir la salle tous les jours ; ce qui contribuait beaucoup à me soulager des fatigues que me causaient, et les devoirs de ma profession, et les invitations que je recevais de tous côtés.

Macbeth et Douglas étaient fort demandés ; mais on ne pouvait jouer ces pièces que nous n'eussions fait venir d'Edimbourg les habits analogues. Parmi tant de vêtemens de toutes couleurs que m'avaient envoyés les dames de la ville, il n'y avait pas un seul vêtement noir. J'observai que c'était une des raisons qui m'empêchaient de jouer le rôle de lady Macbeth. Sur cela, un des habitans m'assura que milady se promenait tous les soirs au château de Dunsinane, vêtue en satin blanc. Je ne pus m'empêcher de sourire : mais on m'assura très-sérieusement que c'était un fait, et qu'il me serait aisé de m'en convaincre en passant seulement une nuit au château. J'aimai mieux en croire la personne qui me le racontait, que d'aller m'assurer de la vérité de son assertion ; en conséquence, je jouai le rôle, contre l'usage, en satin blanc.

Le 4 juin, il devait y avoir, en l'honneur du jour, un grand dîner à l'auberge du Taureau : c'était celle où je demeurais, tant parce qu'elle était près du théâtre, que parce que la ville était pleine. Ce qui me rendait cette demeure précieuse, c'est qu'elle offrait d'immenses bâtimens, où nous pouvions nous loger tous très-commodément : on l'avait construite pour recevoir, en hiver, les chasseurs; en été, les gens riches des environs, qui, dans cette saison, viennent à Glasgow. Il y avait, de plus, dans cette auberge, une grande pièce qui, en hiver, servait de loge de francs-maçons; elle nous tenait lieu de magasin.

Miss Wordley parut, ce jour-là, ivre de la joie que lui causaient quelques nouvelles qu'elle avait reçues d'Edimbourg. Cela m'engagea à la suivre, pour lui en demander la cause. Elle m'apprit alors que l'on disait M. Woodward arrivé dans cette ville. Nous déterminâmes, sur-le-champ, M. Bates à partir pour l'inviter à venir nous joindre.

Pendant qu'on travaillait à enlever les ordures qu'avait laissées l'incendie, nous voulûmes voir si, dans ces débris, il ne serait pas resté quelques parcelles de ce que j'avais perdu. A ma grande joie, je trouvai, parmi des décombres qu'on n'avait pu mettre sur le premier charroi, une malle qui m'appartenait. Elle contenait plusieurs habits, beaucoup de linge et quelques-unes de mes dentelles; les autres avaient péri dans l'incendie du théâtre, avec ce que j'avais de plus précieux. Cette malle n'en fut pas moins pour moi un recouvrement très-utile; elle me fit d'autant plus de plaisir, que j'y avais moins compté.

Nous apprîmes avec regret que le bruit de l'arrivée de M. Woodvard était sans fondement : ce fut pour nous un vrai chagrin. Cet acteur distingué, homme très-estimable et excellent comédien, nous eût été très-précieux dans un pays où il faut, pour réussir, réunir au mérite de l'acteur quelques autres qualités.

L'été s'avançait, et je voyais, avec un extrême chagrin, s'approcher le moment où il faudrait retourner à Edimbourg. On avait fait vendre nos meubles à Bonnington, pour une dette que M. Digges n'avait pas payée. Je n'avais point d'habitation prête pour me recevoir : mais j'avais bien d'autres motifs pour regretter Glasgow. La manière dont on m'y avait reçue, la bienveillance et l'amitié qu'on m'y avait témoignées pendant mon séjour, avaient fait sur mon cœur reconnaissant une vive et profonde impression. La ville, par elle-même, ainsi que le pays qui l'environne, sont extrêmement agréables; la prairie qui l'avoisine est surtout singulièrement pittoresque. Ce coup-d'œil rappelle à tous ceux qui l'ont vu celui du beau village d'Harlem, auquel cet endroit ressemble beaucoup. D'un côté de la rivière, on voit les blanchisseries de la ville, où s'occupent une multitude d'ouvriers, aux différens travaux qu'exige la préparation des toiles. Quelques-uns lavent, d'autres soignent les chaudières, ceux-ci étendent le linge pour le faire sécher. Sur l'autre rive, des troupeaux de bétail errent dans une délicieuse prairie, que termine un paysage supérieur à toutes les descriptions que j'en pourrais faire.

De retour à Edimbourg, je pris une petite maison dans le faubourg de Cannon-Gate; mais apprenant que M. Bates avait contracté un engagement avec M. Shéridan (1), sans ma

---

(1) On a vu plus haut que mistriss Bellamy, lors de son premier voyage d'Irlande, avait eu à se plaindre de M. Shé-

participation, ce qui était absolument contraire à nos conventions, je refusai de jouer davantage. Cette résolution fut beaucoup plus fâcheuse pour les propriétaires que d'abord ils ne l'avaient supposé. J'ai su depuis, que, chaque soir, ils avaient joué à perte, et qu'ils n'avaient pas retiré leurs frais.

Ayant pris ce parti, je me décidai à retourner à Londres aussitôt que je le pourrais; une nouvelle découverte accéléra mon départ. Alors m'attendait une de ces révolutions de fortune auxquelles j'étais sujette. Ayant, un jour, reçu de M. Digges (devenu M. West) une lettre par laquelle il me demandait plus d'argent que je ne pouvais, dans ce moment, lui en donner, je ne pus m'empêcher de paraître, en la lisant, très-affectée. Un homme qui se trouvait chez moi, me dit, à ce sujet, qu'il était sûr que mon union avec M. Digges ne pouvait être valide, parce qu'à sa connais-

---

ridan : elle n'en rend pas moins de justice à cet acteur célèbre, auteur d'un ouvrage très-estimé sur la prononciation anglaise. M. Shéridan, membre actuel du Parlement d'Angleterre, et auteur de la jolie comédie *the School for scandal*, est son fils. Ce dernier est propriétaire *patenté* du théâtre de Drury-lane. (*Note du traducteur.*)

sance, une première femme de celui que je croyais mon mari, vivait encore. Alarmée de cette nouvelle, je doutais qu'elle fût vraie; celui qui me l'avait dite, me promit de m'en envoyer des preuves authentiques aussitôt qu'il serait arrivé à Londres; il était sur le point de partir.

Je reçus, en effet, peu de temps après, un certificat qui me confirmait l'assertion : je me retrouvai ainsi en liberté, et pour la seconde fois dégagée d'une union que j'avais crue indissoluble. Mon correspondant m'apprenait en même temps qu'il avait vu mistriss Digges; celle-ci lui avait dit qu'elle avait fait annoncer sa mort dans les journaux, pour tromper son mari, par lequel elle craignait d'être inquiétée.

Elle eût pu s'épargner cette peine. Jamais, depuis leur séparation, il n'avait eu le désir de la revoir; et je sais fort bien qu'alors il était réellement attaché à une autre personne. Au reste, je me fais un devoir de déclarer ici, que je ne crois avoir à faire à M. Digges aucun reproche de mauvaise foi. Si les suites d'une autre liaison n'eussent pas malheureusement dérangé ses affaires, sa tendre affection, les soins délicats qu'il n'a cessé de me rendre, ne m'auraient laissé aucun sujet de me plaindre de lui.

Admirez avec moi la vanité des espérances humaines; quelques soins que nous prissions pour en fixer la chaîne, le sort se joue de notre prudence, une secousse imprévue vient en briser quelques anneaux, et détruire le plan que nous croyions le mieux conçu. Nulle femme peut-être n'a plus éprouvé que moi de ces bizarreries de la fortune. Avec les intentions les plus pures, les projets les plus réfléchis, toujours quelque obstacle inattendu est venu éloigner de moi le but que je m'étais proposé. Je vous fatigue depuis long-temps de ces plaintes auxquelles me ramène presque chaque événement de ma vie.

LETTRE LXXVIII.

5 septembre 17 —.

Les témoignages de bienveillance dont on m'avait comblée pendant mon séjour en Ecosse, méritaient toute ma reconnaissance. Pour faire voir que je n'y étais pas insensible, je publiai l'avis suivant, qui parut dans les journaux, tous les jours, pendant un mois que je passai à Edimbourg, après avoir cessé de jouer.

« Comme mistriss Bellamy a dissous l'engagement qu'elle avait pris avec les propriétaires du théâtre de Cannon-Gate, elle prend la liberté d'offrir ses vifs remercîmens, tant au public en général, qu'à ses amis particuliers, pour l'indulgence et la protection flatteuses dont ils l'ont honorée pendant le temps qu'elle a passé en Ecosse. Touchée au fond du cœur, de leurs bontés, elle en conservera éternellement le souvenir et la reconnaissance. »

« *N. B.* Toutes les personnes qui auraient quelques réclamations à faire à mistriss Bellamy, sont priées d'adresser leurs mémoires, d'ici à un mois, chez elle, dans Cannon-Gate, vis-à-vis lord Milton, à l'effet d'en recevoir le montant. »

Outre les protecteurs que j'avais trouvés dans la famille de M. Montgomery, et chez les personnes de sa société, je m'étais choisi quelques amis qui se rassemblaient chez moi une ou deux fois par semaine. Nous appellions cette réunion le club de la Déraison. Miss Wordley, en sa qualité de déesse de ce nom, y présidait : et je crois, de bonne foi, qu'il y régnait autant d'innocente gaieté, d'esprit, et de bonne plaisanterie, qu'en aucune société de ce genre. Chacun désirait y plaire : la grosse joie, la rusticité, toute espèce de licence en étaient bannies. Les hommes qui y étaient admis, étaient, en général, des étudians, des jeunes gens distingués par leur intelligence et leur instruction.

Le doyen de la Faculté m'aida de ses conseils dans mon procès. Et quoique ma cause eût été pendante durant deux sessions, je n'eus d'autre dépense à faire, que l'impression des mémoires : ce qui se réduisit à fort peu de chose. Cette affaire, dans les tribunaux ordinaires, en Angleterre, aurait coûté plusieurs centaines de livres.

J'eus aussi des obligations particulières à M. Hockart, mon procureur, dont je n'ai pu reconnaître assez l'attention et les soins.

Une chose, dans ce procès, me surprit beaucoup. Le célèbre avocat, M. Lockart, défendait ma partie adverse. Il me traita, dans sa plaidoirie, de la manière la plus outrageante. Il me prodigua toutes les injures qu'avait pu lui suggérer une méchante femme. Lorsqu'ensuite il eut occasion de me faire une visite, il me dit qu'il était fâché d'avoir été si mal instruit. Au reste, ajouta-t-il, ne vous tourmentez pas de mes injures ; car on n'a pas fait la moindre attention à tout ce que j'ai dit, excepté à ce qui avait trait à la question.

L'événement me confirma cette assertion ; et les suffrages publics, aussi-bien que les sentimens particuliers dont m'honoraient ensuite les personnes les plus respectables du pays, me prouvèrent que les déclamations de l'orateur n'avaient fait aucun tort à ma réputation.

Mais si je fus assez heureuse pour échapper à ces calomnies officielles, combien de gens voient leur vie empoisonnée par une cause semblable! Les déblatérations auxquelles sont exposés tous ceux qui ont quelque intérêt à débattre dans les tribunaux, sont un malheur public auquel il serait juste d'apporter remède. C'est une faible réparation à faire à celui qu'on a déchiré en pleine audience, que de lui dire ensuite : J'en suis vraiment fâché. — J'avais été mal instruit. — On n'y aura pas fait attention. — Le coup est porté, et son impression reste. La calomnie se publie, se répand, et le soupçon s'attache pour jamais à toute la conduite du malheureux qui en a été l'objet. Il est véritablement étrange que des hommes instruits et graves, comme le sont, en général, les personnes attachées au barreau, se croient obligés de recourir à de si méprisables moyens. Au reste, quoique ces réflexions m'aient été suggérées par des circonstances qui me sont personnelles, je ne fais ici qu'une observation générale, sans aucune application à ce qui me concerne.

Ne me trouvant pas en état de payer toutes les dettes que j'avais contractées à Edimbourg, je m'adressai à M. Hearne, qui, sur-le-champ, m'envoya deux cents livres. Mais cette somme ne suffisait pas à acquitter tout ce qu'on me demandait, et qui se montait plus haut que je ne l'avais cru. J'écrivis donc à sir George Metham, pour le prier de m'aider : par le retour du courrier, je reçus la somme que j'avais demandée. Sir George, en même temps, m'invita à aller, en retournant à Londres, passer quelques jours avec lui à sa demeure de North-Cave : mon fils devait y passer les vacances.

Nous partîmes donc, à la fin du mois, miss Wordley et moi, pour Addington : quelques-uns de nos amis d'Edimbourg nous conduisirent jusque-là, et y passèrent avec nous la soirée. Le lendemain matin nous continuâmes notre route ; et comme rien ne me pressait, j'avais le projet de voir, en passant, tous les objets dignes de quelque curiosité; mais j'en fus empêchée par un événement survenu au commencement de notre voyage, et qui me fait encore frémir quand je le rapporte.

Nous traversions un village près de Berwick : un enfant était couché au milieu du chemin. Le postillon, qui allait très-vite, ne l'aperçut point : nous lisions, miss Wordley et moi, et nous ne le vîmes que quand la voiture fut sur lui. Mes cris empêchèrent qu'elle ne lui passât sur la tête ; mais il eut les deux jambes brisées. Je fus si saisie, que je tombai sans connaissance : on eut beaucoup de peine à me faire revenir.

Quand j'eus repris mes sens, ma première pensée fut pour l'enfant dont j'avais innocemment causé le malheur. Ses parens venaient d'arriver des champs ; j'ordonnai qu'on en prît tout le soin possible. Je souffrais, je crois, d'esprit, autant que le pauvre enfant souffrait de corps. S'il y eût eu un chirurgien à portée, je n'aurais certainement pas continué ma route. Mais il fallait soulager l'enfant. Quoique bien peu en état de voyager, je me fis promptement conduire à la ville prochaine. On m'y avait indiqué un chirurgien fort habile, que j'envoyai sur-le-champ au village. Je le priai de m'écrire, si-tôt qu'il le pourrait, chez sir George Metham, tant parce que j'étais inquiète de l'enfant, que parce que j'ignorais encore ce dont je lui serais redevable à lui-même.

Quelques semaines après mon arrivée à Cave, j'eus le plaisir d'apprendre non-seulement par le chirurgien, mais aussi par une personne qui demeurait dans le village, que, grâce à l'habileté du premier, et à quelques autres circonstances, l'enfant était parfaitement rétabli. Les parens, de leur côté, furent satisfaits, et le chirurgien amplement récompensé par sir George, qui avait toujours une larme prête à couler pour la pitié, une main prête à s'ouvrir pour le soulagement des malheureux.

Cet événement fut un de ceux qui, en s'annonçant comme de grands malheurs, finissent par devenir avantageux. Le père de l'enfant, laborieux paysan, chargé de famille, était sur le point d'être mis à la porte de sa chétive habitation; ses meubles étaient saisis par un propriétaire inflexible. La bonté de sir George prévint ce nouveau malheur; non content de tirer ce pauvre homme de sa gêne actuelle, il le mit en état de vivre dans l'aisance avec sa famille.

Combien, dans cette occasion, j'enviai sir George, sa fortune, et la satisfaction dont son cœur devait être rempli ! Changer en joie le chagrin qui obscurcit les traits d'un infortuné, verser dans une ame ulcérée le baume de la consolation, c'est de toutes les jouissances la plus vive, c'est le plus grand plaisir que puisse goûter le cœur humain.

J'étais si incommodée en arrivant à Berwick, que je fus obligée d'y passer quelques jours. Sir George m'avait écrit qu'il enverrait une voiture au-devant de moi, à York, pour me conduire de-là chez lui; mais son domestique, au lieu d'aller à la poste où nous étions descendues, s'était logé à une auberge qu'il affectionnait; et les gens de cette maison dans laquelle il avait mis ses chevaux, lorsque j'envoyai l'y demander, furent assez grossiers pour dire qu'on ne l'avait pas vu.

Le lendemain de mon arrivée à York, j'allai rendre mes devoirs au couvent où j'avais passé des momens si doux pendant mon premier séjour dans cette ville. J'y trouvai peu des personnes que j'y avais connues. Le bon chapelain était allé dans un autre monde, recevoir la récompense de sa piété. Comme je me proposais de me rendre le même jour à Cave, je me refusai à regret aux prières que me firent les saintes habitantes de cette maison, de passer quelques jours avec elles.

A mon retour à l'auberge, je fus assez mécontente de ne point trouver de nouvelles de sir George. Mes finances n'étaient pas dans un état fort brillant : je fus cependant obligée de louer une voiture, dans laquelle je partis. Arrivée à un village à environ vingt milles d'York, je laissai ma compagne à l'auberge, et je me rendis seule chez sir George. Je voulais, avant de la lui présenter, reconnaître le terrain, et être sûre d'être bien reçue : si l'on ne me faisait pas un accueil conforme à l'invitation d'après laquelle j'étais venue, ou s'il se trouvait dans la maison quelqu'un dont la compagnie ne me convînt pas, j'étais décidée à repartir le même soir. Mais cette supposition faisait injure à sir George; avec un peu de réflexion, je n'aurais pas dû m'y arrêter, surtout quant au dernier point; car il avait toujours été très-attentif sur le choix des personnes qu'il me présentait.

En approchant de la maison, j'aperçus de loin le propriétaire. Le chemin que je suivais ne conduisait que chez lui : il ne douta point que ma visite ne lui fût destinée, et vint promptement au-devant de la voiture. Je fus très-surprise de le voir seul, il ne parut guère l'être moins de me voir sans la compagne que je lui avais annoncée. Chère Pop, me dit-il sitôt que je pus l'entendre, comment se fait-il que vous soyez seule, et dans une voiture de louage? La mienne vous attend, depuis plusieurs jours, à York. Je commençais à être inquiet. Hier, j'ai envoyé George, avec mon neveu et d'autres personnes, prendre des informations. Mais où est miss Wordley? J'espérais avoir le plaisir de la voir. Cet accueil ne me laissant plus de doute sur le plaisir que l'on avait à me recevoir, je dis à sir George que j'avais laissé miss Wordley à quelques milles de chez lui, et sur-le-champ la voiture eut ordre de l'aller chercher.

En entrant dans la maison, j'eus la satisfaction de voir ce fidèle domestique dont j'ai parlé dans une autre occasion. Le digne garçon, en baisant mes mains, les mouilla véritablement de ses larmes. Il avait témoigné à mon fils tant d'affection, que je le regardais comme un parent plutôt que comme un serviteur. Il était, depuis l'enfance, avec son maître, ayant été élevé dans une école qu'avait fondée M. Montgomery, père de sir George, pour l'éducation des enfans auxquels ses fermiers ou vassaux ne pouvaient en donner. A cette époque, sir George n'avait guère de domestiques mâles ni femelles, qui n'eussent participé à cette munificence de son père. J'ajouterai, avec un grand chagrin, que sir George, quelques années après, trompé par une maîtresse, congédia ce fidèle Sherad.

Il y avait peu de temps que nous nous reposions, lorsque nous vîmes arriver miss Wordley, avec toute la cavalerie qui avait été au-devant de moi. La déesse de la déraison, oubliant que c'était un dimanche, s'était placée, dans sa chambre d'auberge, à côté de la fenêtre, et s'était mise à travailler Ce spectacle avait frappé les passans; bientôt la foule s'était rassemblée devant la porte. Mon fils et ses compagnons, revenant de leur course, traversaient en ce moment le village; ils s'arrêtèrent près de ce monde rassemblé. Miss Wordley, jetant les yeux sur mon fils, le reconnut à l'instant par la ressemblance qu'il avait avec son père. Naturellement sans cérémonie, et rassurée par l'aspect de la voiture sur la crainte de n'être pas bien reçue, elle ouvrit la fenêtre, et se fit connaître à ces messieurs; bientôt, placée dans la chaise, elle se mit en route, accompagnée par quatre écuyers à cheval, et ne tarda pas à arriver.

Après le thé, mon hôte me pria de trouver bon qu'il me montrât mon appartement, parce qu'il avait quelque chose de particulier à me dire. M'étant levée, je le suivis. Quand nous fûmes dans ma chambre, je fus très-surprise de lui voir prendre un air important, que personne ne savait mieux affecter que lui. Il me dit alors, avec un grand sérieux, qu'il était fâché d'avoir à m'apprendre quelque chose de peu agréable. Cet exorde commença à me faire craindre d'avoir trop tôt renvoyé la voiture; mais ma frayeur se dissipa, lorsqu'il me dit gravement que pendant la douleur qu'avait occasionée notre séparation, il s'était obligé, par les sermens les plus sacrés, à ne jamais renouer avec moi une liaison pareille à celle qui nous avait unis.

Cette brusque conclusion pensa me déconcerter, et me faire partir d'un éclat de rire; mais me contenant de mon mieux, je l'assurai qu'il pouvait, à cet égard, se dispenser de toute excuse; que si, dans l'état actuel des choses, j'avais cru qu'il en fût autrement, je n'aurais pas accepté son invitation. Je m'aperçus que son amour-propre était blessé de cette déclaration, et j'en fus fâchée. Il n'avait pas cru que je reçusse avec tant d'indifférence une nouvelle qui lui paraissait si importante, et il se flattait que l'obstacle qu'il m'annonçait me ferait autant de peine qu'il prétendait lui-même en éprouver; sa mortification fut visible. Cependant, quand nous eûmes rejoint la société, il reprit sa gaieté et sa politesse. Sir George, à ces deux égards, et surtout au dernier, l'emportait sur tous les hommes de son temps. Je n'ai connu personne, excepté la douairière lady Harrington, qui fit les honneurs de chez soi avec plus d'aisance et d'attention, mérite qui dénote un bon cœur, perfectionné par l'éducation et l'usage du monde.

LETTRE LXXIX.

12 septembre 17 —.

Pendant tout le temps que je restai à Cave, les personnes qui l'habitaient semblèrent se disputer l'avantage de me plaire. Mais j'étais inquiète sur la manière dont je pourrais me procurer un engagement au théâtre : j'étais nécessitée à ce parti pour me libérer des dettes qui m'écrasaient ; car, malgré les sommes que j'avais payées, je devais encore plus de 4000 livres. Sir George me montra quelque envie de vendre une terre pour nous liquider l'un et l'autre ; il m'assura qu'il prendrait cette mesure aussitôt qu'il le pourrait, et me chargea, quand je serais à Londres, de prier l'alderman Cracroft de lui chercher un acquéreur.

Cependant, il écrivit à son cousin lord Églington, et le pria d'employer son crédit près de M. Beard, alors directeur, pour l'engager à me rendre mon ancien emploi à Covent-Garden. J'eus le chagrin d'apprendre, par la réponse de mylord, que les propriétaires ne se souciaient pas de se charger d'un salaire aussi fort qu'avait été le mien. Miss Ward et miss Macklyn s'étaient partagé les rôles que je jouais ordinairement; et par conséquent, il ne se trouvait plus de place pour moi. Mon amour-propre se joignait aux motifs qui m'avaient fait désirer un engagement pour me rendre ce refus désagréable : malgré toute la bienveillance qu'on me montrait à Cave, je me décidai donc à retourner à Londres.

Nous partîmes miss Wordley, mon fils et moi, après avoir passé trois mois au milieu de tous les plaisirs que peuvent procurer une société aimable, une chair délicate et une gaieté habituelle ; je quittai cette demeure hospitalière avec un véritable regret : combien n'en eussé-je pas eu davantage, si j'avais su que je n'en devais presque plus revoir le maître !

Des larmes involontaires s'échappèrent de mes yeux, quand je passai devant la maison de mon respectable ami lord Downe (1). Quand je me rappelle le genre de sa mort, quand je songe qu'aucuns honneurs n'ont jamais été rendus à sa cendre, je ne peux encore me défendre d'une certaine tristesse, et je donne quelques soupirs à sa mémoire.

Sir George m'avait promis sept guinées par semaine, et m'avait dit qu'il serait prochainement à la ville ; j'étais flattée, je l'avoue, de me trouver réconciliée avec l'homme qui avait été l'objet de mon premier attachement ; une complication de faussetés m'avait éloignée de lui dans le temps même où je le préférais à tout son sexe. Les nouveaux témoignages de son amitié m'honoraient, ce semble, autant qu'ils pouvaient m'être utiles.

Nous descendîmes à Londres, dans la maison de ma mère, qui, heureusement, se trouvait vide. J'ai déjà dit qu'elle en louait ordinairement une partie à des gens de qualité. Le produit qu'elle en tirait, joint à sa pension, et à l'intérêt de l'argent qu'elle

---

(1) Tué en faction à la porte du général Granby, en Allemagne.

avait épargné, la mettait en état de vivre avec aisance, et de voir des gens fort au-dessus d'elle.

Elle voulut bien me louer son premier étage, et entreprit de payer toutes mes dépenses courantes, avec l'argent que m'allouait sir George ; mais sachant combien celui-ci était capricieux , et voyant qu'il était incertain que j'obtinsse un engagement au théâtre , dans un moment où les deux troupes étaient formées, elle ne voulut point que miss Wordley restât avec moi. J'avais de la répugnance à me conformer à cette prudente disposition ; cependant la maison de ma mère était la demeure la plus convenable que je pusse choisir ; miss Wordley se logea dans le voisinage.

Peu après mon retour d'Écosse, M. Dodsley m'envoya la quittance d'une somme assez considérable que je lui devais pour des livres ; j'acceptai ce présent , ainsi que quelques autres bagatelles, comme une politesse, à l'occasion de ce que j'avais joué, avec succès, le rôle de l'héroïne dans la Cléone de son frère.

J'écrivis alors à M. Digges, pour lui signifier que nous ne devions plus nous revoir. Comme je n'avais point à me plaindre de sa mauvaise foi, je ne lui fis point de reproche ; je ne l'ai revu depuis qu'une fois dans la rue, et deux fois au théâtre.

Mon fils me montrait une affection qui ne s'est jamais démentie jusqu'au moment où la mort me l'a enlevé ; mais il avait excédé de beaucoup le temps de ses vacances, et je le renvoyai à Éton.

M. Cracroft se chargea volontiers de la commission que sir George m'avait autorisée à lui confier. C'était un homme exact, et qui demandait aux autres la même ponctualité qu'il observait avec eux. Il se réjouit de ce que sir George avait promis de faire pour moi, et je lui dis que j'allais tâcher de prendre un engagement, ne fût-ce que pour quelques jours, à l'effet d'obtenir un bénéfice qui, j'espérais, serait aussi lucratif qu'à l'ordinaire. Je le priai de renouveler mon sauf-conduit, et de se procurer, avec mon argenterie, de l'argent, tant pour lui payer à lui-même ce qui allait être échu dans quelques jours, que pour subvenir à mes besoins, jusqu'à l'arrivée de sir George, et à la vente de sa terre.

En retournant chez moi, il me vint à l'esprit d'écrire à l'honorable M. James Brudenell, devenu alors lord Brudenell, qui autrefois m'avait honorée de son amitié, mais dont je n'avais plus entendu parler depuis que je m'étais séparée de son intime ami M. Metham. Supposant que sa froideur ne survivrait pas à ma réconciliation avec son ami, je le priai dans ma lettre d'employer pour moi son crédit auprès des propriétaires du théâtre. Si je réussissais à l'intéresser en ma faveur, je me regardais comme certaine de réussir, le caractère et l'usage des personnes de cette noble famille étant de ne rien négliger de ce qui peut tendre au succès d'une cause dont elles ont bien voulu se charger.

Dès le lendemain, mylord me fit l'honneur de me venir voir; non-seulement il me promit d'employer toute son influence pour m'être utile, mais il me flatta de l'assurance que je serais, de nouveau, protégée par les dames de sa famille.

Deux jours après, miss Wordley entra

dans ma chambre où j'étais encore couchée, et me dit de me lever promptement, parce que Johnny Béard venait pour me voir.

Je crus qu'elle voulait parler de M. Baird (1) de Glasgow, un des partisans que je m'étais faits dans cette ville. Je ne pouvais m'imaginer que le directeur de Covent-Garden compromît sa dignité, au point de venir voir une actrice qu'il avait si récemment refusée. Il avait dit pour prétexte, au lord Églington, que les pièces jointes à de la musique étaient celles qui rapportaient le plus à ce théâtre. Je fus toute étonnée de voir que c'était le *patenté* lui-même. Après m'avoir saluée avec sa politesse ordinaire, il me dit, en riant, qu'il venait comme ambassadeur de sa compagnie, et qu'il était chargé par ses associés de m'engager, ajoutant qu'il fallait absolument que l'engagement fût signé dans le jour.

Étonnée de cette urgence, j'en demandai la cause, et j'appris que le directeur avait reçu une visite du colonel Brudenell, qui avait

---

(1) Ces deux mots se prononcent à peu près de la même manière. (*Note du traducteur.*)

demandé péremptoirement que je fusse engagée dans les vingt-quatre heures, sans quoi il trouverait moyen de forcer les directeurs à me recevoir. Le caractère de mylord était bien connu : on n'ignorait pas, d'ailleurs, qu'il avait l'oreille du roi : et les propriétaires jugèrent plus à propos de faire ce qu'il désirait, que de désobliger un personnage si important. Ils savaient aussi que le colonel était lié avec les jeunes gens de qualité, dont plusieurs ne seraient point fâchés d'avoir une occasion de briser les chandeliers et de renverser les bancs de la salle.

Il était mortifiant pour une actrice que le public paraissait honorer de quelque estime, de se voir, comme l'on dit au théâtre, donnée par force aux directeurs. Mais c'était l'amitié qui avait engagé lord Brudenell à prendre si chaudement mon parti ; et cette réflexion consola mon amour-propre.

J'envoyai, sur-le-champ, faire part de ma bonne fortune à mon digne ami l'alderman Cracroft. En retour de cette nouvelle qui lui fit plaisir, il m'apprit que mon inexorable persécutrice avait acheté deux de mes billets, afin de faire monter sa créance à plus de mille livres, et de m'empêcher ainsi de profiter d'aucune loi qui pût être rendue en faveur des insolvables; et elle avait pris cette mesure, quoique je lui eusse payé régulièrement, chaque année, les deux cents livres convenues, et que j'eusse dédaigné de profiter d'un acte d'insolvabilité, dans un temps où je devais près du double. M. Cracroft me conseillait de m'adresser au comte Haslang, avec qui j'avais autrefois été fort liée, et de l'engager à me prendre pour sa femme de charge, ce qui mettrait ma personne en sûreté, comme attachée à un ministre étranger.

La demande fut accordée aussitôt que faite, et l'acte qui devait établir ma tranquillité fut dressé dans les termes suivans :

« Ma femme de charge, George-Anne
» Bellamy, m'ayant remontré qu'elle a con-
» tracté quelques dettes qu'elle désire de
» payer, et qu'on lui a offert un engagement
» au théâtre de Covent-Garden, je lui per-
» mets de jouer audit théâtre, à la condi-
» tion seulement qu'elle emploiera la to-
» talité de son salaire au paiement de ses
» créanciers.

» *Signé* DE HASLANG. »

Le lendemain, les journaux publièrent mon engagement au théâtre de Covent-Garden, et annoncèrent que je paraîtrais le vendredi suivant, dans le rôle de Cléone.

J'avais alors atteint le but de toutes les espérances qui m'étaient permises ; et comme je sais que vos sentimens sont analogues aux miens, je suis sûre que vous jouirez avec moi de cet instant de répit que me donna la fortune. Je dis de cet instant ; car, comme s'exprime Héloïse, en lisant les lettres d'Abailard : « Toutes les fois que j'aperçois ton » nom, je suis sûre que quelque malheur » est à côté ; » ainsi, de nouvelles peines ont toujours suivi ces courtes relâches, comme ces ouragans qui, dans certaines contrées, sont toujours précédés par quelques momens de calme.

LETTRE LXXX.

20 septembre 17 —.

Je crus alors ma personne en sûreté, et mes affaires en règle, à l'exception de celle de mon obstinée créancière. Je n'étais pas même inquiète à l'égard de celle-ci, convaincue qu'elle aimerait mieux recevoir, chaque année, la somme convenue, que d'enfreindre le droit des gens, en faisant arrêter la domestique d'un ambassadeur étranger. Le paiement de l'année courante ne devait écheoir qu'en avril, et j'étais sûre de pouvoir le faire avec le produit de mon bénéfice. Je ne voyais donc sur ce point aucun sujet d'inquiétude; j'eus, d'ailleurs, la satisfaction de voir que, malgré le départ subit que j'avais effectué au milieu de la saison, je n'avais rien perdu de la faveur publique; car le jour même que l'on eut annoncé la pièce dans laquelle je devais jouer, toutes les places de la salle furent retenues.

Mais je ne tardai pas à m'apercevoir que

le sort ne m'avait offert qu'une tranquillité trompeuse et éphémère. La personne qui conduisait ma maison pendant que je demeurais en Germyn-street, et en qui j'avais toute confiance, s'était approprié l'argent que je lui donnais pour faire ma dépense, et, en me présentant de faux mémoires acquittés, m'avait fait croire que tout était payé. Je me trouvai, par cette friponnerie, devoir environ deux cents livres de plus que je ne croyais. Ma femme de chambre, avec le produit de sa mauvaise foi, s'était procuré un mari suisse qu'elle avait suivi dans son pays.

Ce contre-temps m'attira plusieurs visites désagréables, desquelles, pour me débarrasser, je fus encore obligée d'avoir recours au bon M. Hearne. Il me prêta de l'argent, avec lequel je payai ces mémoires. Il me semblait qu'enfin je n'avais plus de réclamation à entendre; je me trompais. Lors du renouvellement de mon sauf-conduit, je l'avais envoyé à signer à M. Deard, à qui je devais environ dix-sept livres. Je ne lui demandais cette signature que pour la forme; car, comme j'avais acheté pour des sommes considérables, tant chez son père que chez lui, je m'occupais peu de cette bagatelle.

Au lieu de signer le sauf-conduit, M. Deard me fit dire qu'il viendrait me voir. Il vint, en effet, le matin du jour où je devais reparaître en public : on lui dit que j'étais occupée, et que je ne pouvais le recevoir. Mais il insista; et comme, jadis, il m'avait souvent prêté des diamans, je crus qu'il voulait me parler de quelque chose de ce genre. Jugez combien je fus effrayée et surprise, lorsqu'il m'apprit qu'il avait à me demander cent et quelques livres pour une paire de boucles d'oreilles qu'il m'avait prêtée autrefois, et qui, me dit-il, était en gage chez M. Watson, dans Grecte-street-leicester-fields.

La tête de Méduse, aperçue tout-à-coup, m'aurait fait moins d'impression. J'avais emprunté ces boucles d'oreilles avant mon départ de Londres; et lorsque je n'en avais plus eu besoin, je les avais renvoyées par une personne à qui je croyais pouvoir me fier. Mais je vois qu'elle avait été assez malhonnête pour les mettre en gage. M. Deard me dit qu'il était convaincu que je n'avais rien su de cette affaire, mais cela n'empêchait pas que je ne fusse responsable des boucles. Si je les avais reportées moi-même, comme certainement j'aurais dû le faire, je me serais épargné cette fâcheuse perte.

Ce qui ajoutait à la bizarrerie de l'affaire, c'est que, lorsque j'avais fait présenter mon premier sauf-conduit à M. Deard, il l'avait signé sans difficulté pour la petite somme que je lui devais. La misérable qui s'était permis cet abus de confiance, était fort riche lorsqu'elle s'en rendit coupable. Quand je découvris son infidélité, elle était morte depuis quelques mois : elle m'avait précédemment emprunté une montre enrichie de diamans qu'elle avait pareillement mise en gage. Par égard pour sa jeunesse et sa famille, je ne l'avais pas poursuivie.

Il me fallut payer ces boucles d'oreilles ; je m'adressai de nouveau à M. Hearne ; ce digne homme vint sur-le-champ, et arrangea l'affaire : mais il fit à M. Deard de justes et sévères reproches, tant sur le silence qu'il avait gardé si long-temps, que sur le jour qu'il avait choisi pour former sa demande. Le créancier s'excusa sur la crainte qu'il avait eue de m'affliger en m'écrivant pendant mon absence, sur la confiance que lui inspirait mon honnêteté : il offrit même de me prêter, de nouveau, des diamans; mais je le refusai avec quelque aigreur, résolue à ne jamais emprunter de bijoux, autres que ceux de lady Tyrawley, cette dame ayant souvent déclaré qu'elle me laissait, par son testament, tous ceux qu'elle possédait.

Il faut être monté sur le théâtre, pour savoir quelles frayeurs vous viennent assaillir au moment d'un début : il semble qu'elles s'augmentent lorsqu'on a à conserver une réputation acquise par de longs travaux. L'agitation que m'avait causée la visite de M. Deard ajoutait au trouble que m'inspirait la circonstance; mais des applaudissemens partis de tous les coins de la salle, m'eurent bientôt rassurée : ils me flattèrent encore moins que l'aspect de presque toutes mes anciennes protectrices, placées dans les premiers rangs. Parmi elles, je remarquai, avec satisfaction, les personnes de la famille de lord Brudenell, à qui je devais ma rentrée au théâtre.

Les directeurs, encouragés par les marques réitérées d'approbation qu'on me prodigua à la fin de la pièce, imaginèrent maladroitement de la redonner le lendemain ; ils ne réfléchirent pas, d'un côté, que c'était jour d'opéra, ce qui empêcherait beaucoup de femmes de venir orner les loges de Covent-Garden, et de l'autre, que l'auteur étant mort, ainsi que la plupart de ses amis, la pièce inspirait moins d'intérêt qu'autrefois. Aussi ne réussit-elle pas le second jour; mais elle fut jouée, par la suite, dans le cours de l'hiver.

J'observe ici que les directeurs sont toujours maîtres de déprécier un acteur, quelque mérite qu'il puisse avoir. Je suis convaincue que, si le plus grand acteur que nous ayons connu (Garrick) n'eût pas eu lui-même la direction, le choix des rôles, la disposition des représentations, il n'aurait pas conservé toute la considération qu'il méritait si bien et qui l'a suivi jusqu'au tombeau. Je peux prouver cette assertion par la manière dont lui-même a traité les deux premières actrices qui aient paru sur notre théâtre, mistriss Cibber et mistriss Clive.

Un très-petit incident contribua beaucoup à donner à M. Garrick des préventions contre la dernière, et prouve assez que la moindre improbation de son opinion sur les affaires du théâtre, suffisait pour encourir son inimitié. Lorsqu'on monta la pièce de Barberousse, le costume qu'avait choisi Garrick était si étrange, que mistriss Clive, entrant au foyer, ne put s'empêcher de dire : Hé, bon Dieu ! qu'est-ce que ceci? Je déclare que c'est le royal allumeur de lampes.

Cette plaisanterie fit rire quelques personnes, entre autres, moi. Mais elle fit perdre à mistriss Clive la bienveillance du directeur, qui sacrifiait tout à sa vanité. Et malgré le mérite éminent de cette actrice, il n'a pas laissé échapper une occasion de la mortifier et de déprimer son talent.

Miss Éliot, jeune et très-belle femme, douée de grandes dispositions, était en possession de tous mes rôles comiques, excepté celui de lady Townley. Juliette, et deux ou trois autres, me furent rendus par miss Macklin. Mais je n'avais pas beaucoup d'occupation au théâtre. J'en étais moins fâchée que je ne l'eusse été jadis, mon service chez son excellence le comte de Haslang occupant une partie considérable de mon temps.

M. Beard m'apprit un soir, qu'on devait jouer *par ordre*, le jeudi suivant, *Coriolan*. Je lui observai qu'il m'était impossible de me remettre en un jour à un rôle aussi long que celui de Véturie. Il me répondit qu'il fallait absolument que je le jouasse, parce que j'étais nominativement demandée. Cette distinction était flatteuse; elle exigeait que j'employasse tous mes soins pour y répondre. Mais le désir même que j'avais d'exceller, me rendit plus imparfaite; et je sentis, avec humiliation, que de ma vie je n'avais si mal joué. Ce qui rendait cette chute plus remarquable, était le succès que j'avais toujours obtenu dans ce rôle : on le regardait comme un de ceux où j'avais le plus d'avantage. J'avoue, à ma honte, que jamais actrice n'a si complètement *massacré* (1) une matrone romaine, que je le fis ce jour-là.

J'éprouvai un second affront dans le rôle de lady Townley. Comme il m'avait toujours fait honneur, si la pièce eût été annoncée

---

(1) Ce mot est en français dans l'original.

d'une manière convenable, il y a lieu de croire que la chambrée eût été brillante. Mais elle fut substituée au lieu d'une pièce en musique, à raison de l'indisposition d'une chanteuse, et il s'y trouva peu de monde.

M. Woodward avait alors dissous la société qu'il avait très-mal à propos formée avec Barry. Il avait, comme je l'ai dit, amassé, à force de talent et d'économie, une somme de onze mille livres. Une querelle qu'il eut avec Roscius, qui ne supportait point de rivaux, l'engagea à aller en Irlande, où, après quatre ans de travaux et de soucis, il perdit jusqu'à sa dernière guinée, et se trouva, de plus, chargé de sa part des dettes de la société. Il commença, à cette occasion, un procès à la chancellerie, contre son associé, et revint en Angleterre.

L'hiver suivant, il s'engagea au théâtre de Covent-Garden, où ses succès furent très-utiles aux propriétaires. On savait que cet excellent acteur avait jadis été mon admirateur; on ne manqua pas d'attribuer au même sentiment l'attention dont il parut m'honorer. La mauvaise santé de miss Elliot l'empêchant souvent de jouer, presque tous mes anciens rôles me revinrent ; ce qui fit que nous paraissions en général, M. Woodward et moi, dans les mêmes pièces.

Malheureusement pour moi, il y avait quelque mésintelligence entre celui-ci et le directeur, quoique jadis ils eussent été fort liés. La préférence que semblait m'accorder M. Woodward me fit encourir la disgrâce de M. Beard : ce dernier avait épousé une fille de M. Rich, autrefois mon amie, mais qu'à la prière de M. Calcraft, j'avais cessé de voir. Ce fut un motif de plus qui éloigna de moi le directeur : je n'ai jamais pu en supposer d'autres au changement de sa conduite, qui, jusque-là, avait été pour moi pleine d'amitié.

Sir George Metham vint enfin à la ville. Aussitôt après son arrivée, il me pria d'inviter à dîner M. Cracroft et M. Forrest, pour convenir des préliminaires de la vente qu'il avait le projet de faire, et avec le produit de laquelle il se proposait de payer mes dettes. Mais la fortune n'était pas réconciliée avec moi. M. Cracroft, parmi toutes ses connaissances, ne put trouver un acquéreur qui voulût prendre la terre au prix indiqué. Mes espérances se trouvèrent ainsi frustrées. Sir George ne tarda pas à former une liaison qui lui fit oublier ses promesses.

Miss Wordley débuta, le jour même de mon bénéfice, par le rôle de Tag dans Miss in her Teens (pièce de Garrick).

La recette de cette représentation fut la plus considérable qu'on eût encore connue. Cependant mes grands billets *d'or* manquèrent : je ne reçus que cent livres de lord Holderness, cinquante du général Monkton, et autant des lords Granby et Pigot, outre cinquante en un billet, sous enveloppe, que j'ai souvent cru m'avoir été adressé par M. Woodward.

LETTRE LXXXI.

30 septembre 17 —.

Le lendemain, invitée par sir George Metham à aller chez lui voir mon fils qui était malade, j'y allai dans l'après-midi. Je trouvai avec lui M. Macklin qui avait annoncé au baronet, comme une nouvelle positive, que je me mariais avec M. Woodward. Quand sir George me parla de ce bruit, je ne fis qu'en rire, et je me contentai de répondre : Oui, sans doute. Il me pressa beaucoup de passer avec lui la soirée : mais j'étais attendue chez moi. Il mit dans ses instances tant de vivacité, que si j'eusse été *d'accord* (1), il aurait, je crois, été tenté d'oublier le serment qui, à Cave, avait paru lui faire tant de peine. Me voyant décidée à m'en retourner, il me parla de ce prétendu mariage qui n'avait aucune vraisemblance. Soit qu'il feignît d'ajouter

---

(1) Ce mot est en français dans l'original.

foi à ce propos, pour y trouver un prétexte à l'infraction de ses promesses, soit que réellement il fût jaloux, c'est ce que je ne peux déterminer. Mais il contracta subitement une telle froideur, que je ne l'ai revu que long-temps après, lorsqu'il vint chez moi, il y a six ou sept ans, pour me rendre quelque service.

J'ai souvent regretté qu'un homme et une femme ne pussent former une liaison semblable à celle qui unit deux personnes du même sexe, sans qu'aussitôt le public ne leur supposât un autre objet. Je préfère, en général, la conversation des hommes à celle des femmes. Celle-ci ne roule ordinairement que sur la toilette, qui ne m'intéresse plus, ou sur la médisance que je déteste.

Comme j'aurai souvent occasion de vous reparler de M. Woodward, il est à propos que je vous dise ce qu'il était dans sa vie privée. Son mérite, comme acteur, est trop connu pour avoir besoin de mes éloges. Il avait été élevé à l'école des *marchands tailleurs*, où bientôt il attira l'attention des maîtres, par la rapidité de ses progrès.

Il montra de bonne heure du goût pour le

théâtre, et son père ayant éprouvé des malheurs, il se décida à suivre cette carrière, plutôt que celle de l'Église, pour laquelle il avait été destiné. Il était d'une belle figure, et fut recherché par des femmes légères, qui lui firent passer quelques années dans la dissipation ; chose d'autant plus étrange qu'il avait naturellement l'esprit sérieux. Il était même si grave, que ceux qui ne le connaissaient pas particulièrement pouvaient le soupçonner d'une austérité voisine de la dureté.

L'étude perfectionna son intelligence. Il avait beaucoup d'instruction, qu'il ne cherchait jamais à montrer. On le trouvait très-amusant, quand la société lui convenait. Dans le cas contraire, il était d'une extrême réserve. Il connaissait la valeur de l'argent ; mais personne au monde n'était plus disposé à faire une action généreuse, quand l'occasion s'en présentait. C'est l'homme à qui j'ai connu le plus de principes.

Étant encore mineur, il s'obligea à payer les dettes de son père ; et quoiqu'il eût pu profiter de son âge pour se faire relever de cette obligation, il la remplit avec honneur.

Deux fois il releva les affaires de son frère, et se conduisit en fils excellent, à l'égard de sa mère, avec laquelle il demeura jusqu'à son malheureux voyage d'Irlande. Voilà l'esquisse de son caractère. Vous peindre ses vertus, est une tâche au-dessus de ma portée.

Je dois ajouter que son sérieux, qui passait quelquefois pour de l'orgueil, avait pour cause une infirmité corporelle, dont il a souffert pendant plus de vingt ans, et qui a fini par causer sa mort. On m'a assuré que, si une fausse délicatesse ne l'eût pas empêché de faire connaître cette maladie à M. Bromfield, chirurgien en qui il avait une grande confiance, il eût pu en guérir, et parvenir peut-être à un âge aussi avancé que ses contemporains Macklin et Yates.

Les personnes qui ont admiré ce grand acteur, seront probablement bien aises d'apprendre qu'il a autant de droits à leur estime, comme homme privé, qu'il en a eu à leur considération comme comédien. Je puis dire avec Hamlet: « A tout prendre nous ne verrons jamais son pareil. »

Comme vous prenez intérêt à tout ce qui me concerne, je me persuade que vous lirez avec plaisir ce tribut que j'ai cru devoir payer à la mémoire d'un homme si respectable, qui long-temps m'a servi de protecteur et de père. Des esprits défians ajouteront un autre titre à ceux que je lui donne. Le public ne juge en général que sur des apparences; et quand ceux qui sont soumis à ses jugemens ne cherchent pas à le détromper, ils sont naturellement exposés à ses méprises. La manière dont je me suis fait connaître à vous me dispense, je crois, d'explications particulières sur la nature de l'amitié, qui, depuis cette époque, m'a unie à M. Woodward.

A la fin de l'hiver, j'obtins du comte de Haslang la permission de faire, sur le continent, un voyage dans lequel rien ne m'arriva d'intéressant.

A mon retour, la maison de ma mère étant louée à des gens de qualité, je pris un appartement dans Rider-street, quartier Saint-James; et me trouvant alors à même de prendre avec moi miss Wordley, je l'invitai à y venir. Je vous ai déjà dit qu'élevée avec soin dans la maison du comte de Powys, par un père très-respectable, elle joignait au meilleur cœur du monde un esprit orné et très-brillant; ses qualités me l'avaient rendue très-chère : depuis qu'elle est mariée, que, convertie au quakerisme, elle est devenue une célèbre prédicante, je suis privée de sa société : cependant quand elle vient me voir, ce qui arrive quelquefois, je retrouve encore son enjouement, et je ne peux m'empêcher de regretter les momens de gaieté que nous avons passés ensemble.

Un M. Woodifield vint, dans ce temps-là, me demander le paiement d'une somme considérable pour du vin de Champagne rouge, qu'à la prière de M. Calcraft, j'avais envoyé de sa part à lord Granby, en Allemagne. Je reçus une demande pareille de Sinmore pour du vin de Bordeaux, que j'avais indiscrètement demandé par écrit, pour M. Calcraft, pendant que je demeurais dans Parliament-street. Je ne pouvais me croire obligée de payer de pareilles dettes, et je ne répondis point aux demandes. On intenta deux actions contre moi.

En conséquence, un soir que je me préparais à aller à l'Opéra, je fus honorée de la visite de deux sergens, qui me prièrent d'aller faire avec eux un tour de promenade. Il m'était difficile de contester la créance de M. Woodifield : mylord Granby était en pays étranger, et je lui avais trop d'obligations pour lui écrire à ce sujet.

Lorsque j'entrai chez l'officier du shérif, celui-ci, me voyant mieux vêtue que ne sont ordinairement les personnes qu'on lui amène, et ayant reconnu le son de ma voix, reçut la promesse que je lui fis de régler, le lendemain, l'affaire de M. Woodifield. Pour l'autre demande, je donnai caution, décidée à soutenir le procès, afin, d'une part, de mettre en cause M. Calcraft, et de l'autre, de voir jusqu'à quel point je pouvais compter sur la protection que m'assurait le nom du comte de Haslang ; car quoique je ne demeurasse point chez lui, j'étais réellement sa femme de charge, et je restai sur la liste de sa maison jusqu'à sa mort ; mais je n'ai profité qu'une seule fois de cette sauvegarde. Pendant l'instruction de cette affaire, j'envoyai chercher Willis, commis de M. Calcraft, auquel je fis des remontrances sur cette nouvelle indignité de son maître. Mais je ne pus rien obtenir.

Ces demandes inattendues m'obligèrent encore à recourir au bon M. Hearne, qui, sur-le-champ, m'aida de sa bourse. Cette dernière somme porta à six cent quarante livres la totalité de sa créance, parce qu'indépendamment de tout ce qu'il m'avait prêté, il avait retiré quelques bijoux que j'avais laissés chez M. Maclewain de Dublin, lors de mon dernier voyage en Irlande.

Entre autres objets, était une tabatière d'or, émaillée, que m'avait donnée la belle comtesse Kildare, depuis duchesse de Leinster, et qui, à raison de cela, m'était très-précieuse. C'est la seule chose de prix dont j'aie jamais regretté de me défaire, et je ne l'aurais pas engagée, si je n'eusse été presque sûre de pouvoir la retirer. Ce dépôt, avec trois ou quatre dividendes, et quelques billets pour mon bénéfice, sont tout ce que j'ai jamais pu payer de cette grosse dette, que je me croirais bien heureuse de pouvoir acquitter.

La facilité à concevoir de trop brillantes espérances, m'a jetée dans beaucoup d'embarras; j'ai dû ce défaut au bonheur que j'avais eu de rencontrer de rares et précieux amis, tels que les deux miss Meredith, miss Saint-Léger, miss Conway, lady Tyrawley, mistriss Cracroft, et enfin M. Woodward, dont l'ancienne passion s'était changée en une douce amitié; mais j'ai été assez malheureuse pour leur survivre à tous.

LETTRE LXXXII.

8 octobre 17 —.

A cette époque, j'eus le chagrin de perdre mistriss Cracroft. Notre intimité avait duré plusieurs années. Cette excellente femme fut regrettée par tous ceux qui avaient été à même d'apprécier ses vertus. Elle avait le caractère le plus doux, des sentimens élevés, et quoique pure comme les anges, de l'indulgence pour les faiblesses de son sexe : elle ne rougissait point de la société d'une femme bien injustement décriée, qu'elle savait avoir été trompée indignement, et lâchement calomniée. A la vraie vertu, se joint toujours cette disposition à compatir aux fautes d'autrui, à plaindre leurs erreurs. Ce sont ces personnes étrangères à la fragilité humaine, qui ne rougissent point d'accorder une larme de pitié à l'infortunée qu'un moment d'oubli a précipitée dans l'abîme.

Aussitôt que le théâtre fut fermé, je retournai sur le continent. J'y appris que madame Brillant, actrice française dont je vous ai précédemment parlé, s'était retirée dans un couvent. J'admirai sa résolution, et j'enviai son bonheur.

Ce qui avait, cette année-ci, déterminé mon voyage, était qu'un de mes créanciers avait promis de signer mon sauf-conduit, si je voulais lui donner trente guinées. Il m'avait même donné cette assurance par écrit. Cependant, le soir même du jour où je lui avais remis l'argent, il me fit signer un commandement pour le surplus. Irritée de cette mauvaise foi, je donnai caution, et je me décidai à soutenir le procès. Un procureur que M. Woodward m'avait indiqué, ne suivit pas cette cause avec assez d'attention, et me laissa condamner par défaut.

Ne pouvant supporter l'idée que ma caution fût inquiétée à cause de moi, et craignant pour ma propre liberté, je profitai des offres d'amitié que m'avait faites mistriss Collier, qui, fuyant la persécution et les folies d'un abominable mari, s'était établie en France. J'allai l'y trouver. Elle me prêta sur-le-champ la somme dont j'avais besoin, et prit mon billet payable dans un an. Je renouvelai, chez elle, connaissance avec la belle mistriss A***, qu'on avait envoyée en pays étranger, à cause d'un penchant qu'elle avait témoigné à un célèbre chanteur. Je n'aurais pas parlé de cette circonstance, si quelques années après il n'en était résulté de-là une autre très-désagréable pour moi.

A mon retour à Londres, j'appris que miss Willford, cousine de mistriss Rich, devait débuter dans Estiphanie. Ceci, joint au dérangement de ma fortune, changea beaucoup les manières de mistriss Rich à mon égard. « Il » fut un temps, dit Jane-Shore, où mon ap- » proche était une petite fête. Le sourire, » quand on me voyait, paraissait sur tous » les visages. » Mais cette dame n'arrêtait ses regards que sur les personnes éclairées du soleil de la fortune : enveloppée des ombres du malheur, je n'avais plus droit à son attention.

Je ne pouvais, sans doute, trouver mauvais qu'on eût donné à cette jeune actrice un rôle de début; mais il me semblait qu'on aurait pu me consulter sur la convenance même du début. Au reste, de toute la famille Rich, avec qui jadis j'avais été si liée, je ne voyais plus guère que mistriss Walquer, la plus jeune fille de M. Rich. Celle-ci avait des manières naturelles, un cœur dont la bonté se peignait dans ses moindres actions. Je ne voulus point l'affliger, en lui disant que sa belle-mère paraissait changée pour moi.

Ce fut dans ce temps-là que M. Kelly publia un ouvrage intitulé *Thespis*, dans lequel il attribuait au désordre de mes finances la diminution de mes succès au théâtre. Pour compenser cette observation, il imputait ce désordre à ma générosité. Je ne fus point flattée du compliment. Je n'ai jamais désiré que, dans ces choses, ma main gauche sût ce que faisait ma main droite.

Précisément au moment où le théâtre allait s'ouvrir, il se présenta une circonstance dont les propriétaires du théâtre profitèrent d'autant plus volontiers, pour me dégrader aux yeux du public, que l'année suivante était la dernière de mon engagement. J'avais payé à mistriss Ray, mon obstinée créancière, deux années de la somme convenue. Je n'avais pris d'elle que des reçus, ignorant qu'il fallût prendre la précaution de faire rayer les quatre cents livres de dessus l'obligation.

Je fus surprise d'apprendre qu'elle s'était présentée plusieurs fois chez moi. Le comte Haslang était malade de la goutte. Les soins que je lui rendais absorbaient presque tout mon temps. Je rentrais fort tard, et elle ne me trouvait point. Enfin, elle me laissa un billet par lequel elle me mandait que si je voulais faire assurer ma vie (1), elle serait parfaitement tranquille sur sa créance. Pour me débarrasser de ses importunités, je lui fis dire que si elle voulait me désigner quelqu'un qui pût faire l'affaire, je l'arrangerais comme on

---

(1) C'est-à-dire, faire prendre par un tiers l'engagement de payer, à la mort de mistriss Bellamy, la somme dont elle était débitrice. Celle-ci, pour prix de cette promesse, se serait engagée à donner, pendant toute sa vie, une somme annuelle calculée sur la probabilité du temps que son âge pouvait lui faire espérer de vivre. Ordinairement le créancier lui-même paie l'annuité pour assurer sa créance. Cette opération est, en Angleterre, très-familière et très-utile. Nous avons eu, en France, une compagnie d'assurances sur la vie; mais détournée dès son origine du but de son institution, elle n'a servi qu'à alimenter pendant quelques instants la fureur de l'agiotage.

(*Note du traducteur.*)

le jugerait à propos; mais que je ne voulais ni la voir, ni lui parler.

Mon respectable ami, M. Fox l'aîné, qui m'honorait encore de sa bienveillance, m'avait promis de venir dîner le lendemain avec moi. Il n'était pas encore arrivé, lorsque mistriss Ray, accompagnée d'un homme, se présenta en voiture à ma porte. Quoique je ne devinasse pas pourquoi elle voulait que je fisse assurer ma vie, dans un moment où j'étais en parfaite santé, j'attendais avec impatience la personne qu'elle avait promis de m'envoyer. Je fis donc dire à l'homme qui était avec elle, de monter : quant à elle, j'avais positivement défendu qu'on la laissât entrer.

Je vis paraître un homme qui avait l'air d'un juif italien. Aussitôt qu'il fut assis, ne doutant point qu'il ne fût venu pour l'objet que m'avait annoncé mistriss Ray, je lui demandai ce que coûterait l'assurance de ma vie pour quatre cents livres que je devais encore à mistriss Ray. L'étranger parut surpris de ma question; je la lui répétai. Il me dit alors, en mauvais anglais, que je me trompais sur l'objet de sa visite; que l'ambassadeur de Tripoly, dont il était l'interprète, étant depuis longtemps mon admirateur, et ayant appris que j'étais débitrice de la dame en question, avait promis à celle-ci, si elle pouvait me faire agréer les visites de son excellence, de payer ce que je lui devais, et tout ce dont j'aurais besoin. Je reconnus alors que la proposition de faire assurer ma vie n'était qu'un prétexte qu'elle avait pris pour avoir occasion de me faire ces propositions.

J'éprouvai, dans ce moment, tout ce que peut sentir une femme offensée; j'étouffais de colère et d'indignation. Lorsque je pus me reconnaître, je me hâtai de sonner, et de dire au domestique qui entra, de montrer l'escalier à cet homme. Le drôle craignit, je crois, d'après mon agitation, et l'air que prit le domestique, qu'on ne lui montrât un chemin plus court; il se hâta de rejoindre la dame, et partit avec elle. La suite m'apprit qu'irritée du mauvais succès de son beau projet, elle avait été sur-le-champ trouver son procureur, et avait pris contre moi un mandat d'arrêt pour neuf cents livres, dont deux cents provenaient de créances qu'elle avait achetées pour ajouter à la sienne.

LETTRE LXXXIII.

15 octobre 17 —.

Sitôt que M. Fox, et quelques autres personnes qui avaient dîné avec moi, furent partis, je me préparai à aller au jeu de son excellence; mais en traversant Jermynn-street, je rencontrai le frère de la misérable. Tout essoufflé d'avoir couru pour me joindre, il m'apprit qu'un homme, qui parut à l'instant, était porteur d'un ordre contre moi, à la requête de sa sœur. J'aurais supporté, je crois, avec courage cet affront, s'il fût venu seul; mais encore émue de celui que j'avais reçu le matin, je tombai sans connaissance au milieu de la rue.

Si j'avais conservé ma présence d'esprit, et que j'eusse eu quelque connaissance des lois, j'aurais sauvé ma liberté, du moins pour ce soir; car les gens qui m'arrêtaient avaient, dans leur précipitation, oublié le mandat, ce qui rendait l'arrestation nulle; mais pendant mon évanouissement, un d'eux courut le chercher. Vous voyez par-là, d'une part, combien il importe, dans ces occasions, de ne pas perdre la tête; et de l'autre, combien il est utile aux gens qui ont le malheur d'avoir des dettes, de savoir ce que peuvent contre eux, à la demande de leurs créanciers, les organes de la loi. J'ai souvent regretté qu'il n'y eût pas en Angleterre une loi pareille à celle qui, en Écosse, met en liberté le débiteur quand il a fait un abandon général à ses créanciers : par ce moyen, les prisons se vident, et le créancier reçoit du moins une partie de son dû; tandis que, dans le cas contraire, tout ce qui reste au débiteur est consommé pendant sa détention. La douceur de la loi aide l'industrie à se relever; et je dois dire à l'honneur des Ecossais, parce que j'ai eu occasion de m'en convaincre pendant le séjour que j'ai fait chez eux, qu'ils joignent à cette indulgence l'honnêteté la plus scrupuleuse.

Je fus conduite, toujours évanouie, chez un officier du shérif, dans Stanhope-street, Claremarket; c'était présisément celui chez qui avait été mené mon frère, le capitaine O'Hara, comme je l'ai dit précédemment. Je

fus si long-temps à reprendre mes sens, que le chirurgien qu'on avait envoyé chercher pour me saigner, craignit pour ma vie. Heureuse si, même alors, cette crainte s'était réalisée! Je peux dire, comme Mathilde : « Si quelque
» bon ange m'eût ouvert le livre du destin,
» et laissé voir ce que devait être ma vie, mon
» cœur se fût brisé à l'aspect de tant de maux
» que je devais éprouver encore. »

La maîtresse de la maison n'était pas dépourvue de toute sensibilité. Mon vêtement, ma qualité d'actrice, surtout mon titre de sœur de son ami le capitaine, qui avait été long-temps son pensionnaire, lui inspirèrent plus d'intérêt, plus d'attentions, qu'on n'en trouve, pour l'ordinaire, en de pareilles demeures. Elle envoya chercher ma femme de chambre, et empêcha qu'il se fît du bruit chez elle, pendant cinq jours que je restai comme stupide et insensible. Ma domestique, pour reconnaître l'obligation dont elle me croyait redevable à ceux qui envoyaient savoir de mes nouvelles, conduisait à l'office tous les domestiques qui arrivaient, et les régalait de ce qu'ils voulaient prendre. Cette politesse ne laissa pas que d'ajouter à mes dépenses.

Le sixième jour, la maîtresse de la maison vint me trouver, et me dit que le mandat allait revenir (1) le lendemain, et que si je ne voulais ni boire, ni manger, ni me procurer un *habeas corpus*, on me transporterait morte à Newgate. Le nom de ce terrible lieu me fit frissonner; tout-à-coup, comme électrisée, je sortis de mon insensibilité, et je demandai ce

---

(1) Il suffit, pour obtenir le *warrant* ou mandat d'arrêt, que le créancier affirme par serment sa créance. Le mandat s'exécute alors provisoirement, et le débiteur est conduit chez un officier du shérif, où, à moins qu'il ne donne caution de sa personne, il reste pendant quelques jours. Dans cet intervalle, le mandat est présenté au juge, qui examine s'il est régulier : sur son *visa*, on l'exécute définitivement, en traduisant le débiteur dans la prison publique : celui-ci, en vertu d'un *habeas corpus* qu'il obtient sur requête, au lieu d'être détenu avec les malfaiteurs, etc., est conduit à King'sbench (banc du roi), grande enceinte à peu près pareille au *Temple* de Paris. Le créancier est obligé de fournir chaque jour, pour la subsistance du prisonnier, quatre pences (huit décimes de France), qui doivent se trouver comptés tous les matins chez le concierge. La caution de la personne ne devient caution de la dette que lorsque le débiteur ne se représente pas dans le temps indiqué. (*Note du traducteur.*)

qu'il y avait à faire. Il fallait, me dit-elle, charger un procureur de m'avoir un *habeas*, et en même temps faire retenir un logement dans l'enceinte de King's-bench. Son fils, ajouta-t-elle, était procureur; il était en bas, et ne demandait pas mieux que de m'être utile; elle observait, en finissant, que les gens de loi n'étaient pas dans l'usage d'avancer de l'argent pour leurs cliens; cependant, ils n'exigeaient pas qu'on soldât sur-le-champ leurs mémoires, surtout quand le débiteur était bon, comme ce devait être le cas de quelqu'un qui avait assez de crédit pour devoir à un seul créancier douze cents livres. Surprise à ces mots, je la priai de s'expliquer. Telle était, me dit-elle, la somme pour laquelle on avait pris un mandat contre moi.

Je ne savais véritablement quel parti prendre. Il ne me restait que quelques guinées. Le comte était trop malade pour que je pusse songer à l'importuner de mon affaire; d'ailleurs, ma femme de chambre, aussitôt qu'elle avait su mon aventure, avait fait dire à son excellence que j'avais fait une chute qui m'empêcherait de me rendre chez lui, et je ne voulais pas démentir son rapport.

M. Woodward était absent, ainsi que presque toutes les personnes dont j'aurais pu attendre quelques secours. L'*habeas corpus* ne devait pas, me dit-on, coûter plus de cinq à six livres ; mais le logement dans King's-bench serait fort cher ; et il fallait, en outre, que je trouvasse des cautions acceptables.

Je commençai alors à examiner à qui je pourrais m'adresser. J'avais connu mistriss Stacie, lorsque son mari tenait une auberge à Stilton ; ils avaient transféré leur établissement aux armes de Bedfort, dans Covent-Garden : dans de fréquens séjours à Stilton, j'avais pris pour elle beaucoup d'amitié, et depuis j'avais servi de marraine à trois de ses enfans.

En conséquence de cette liaison, je lui fis demander douze guinées, que je croyais devoir suffire pour m'acquitter dans la maison où j'étais : à mon grand étonnement, il m'en coûta le double ; de façon que je payai amplement les prévenances de mon hôtesse.

Mistriss Stacie vint sur-le-champ me trouver, et ne put retenir ses pleurs en me voyant dans cette position : son mari lui avait remis un billet de banque de vingt livres, qu'elle me donna; et comme on lui dit que j'avais obstinément refusé de manger, sitôt qu'elle fut rentrée elle m'envoya pour souper ce qu'elle avait de meilleur dans sa maison.

Ma mère, lors de cet événement, était dans Oxfordshire, et miss Wordley à Richmond, où elle avait pris un engagement au théâtre; mais celle-ci, instruite par une lettre de ma femme de chambre, accourut sur-le-champ, et m'apporta tout l'argent qu'elle put trouver à emprunter, ce qui me fut fort utile pour payer le mémoire de mon hôtesse.

En retour des politesses de celle-ci, je l'invitai à partager le souper que m'avait envoyé mistriss Stacie. Après le repas, pendant lequel elle me nomma toutes les personnes qu'elle avait eu l'honneur de loger, elle me demanda si, pour me distraire, je voulais qu'elle me chantât une chanson; elle passait, disait-elle, pour avoir une très-belle voix. Cette singulière proposition, jointe à un maintien bizarre, à une figure extraordinaire, frappa tellement mon imagination, que je partis d'un violent éclat de rire. Miss Wordley, toujours prompte à s'alarmer pour moi, crut que j'allais avoir une attaque de nerfs. Je la rassurai, ainsi que la dame, qui, à sa grande satisfaction, nous donna un échantillon de ses talens, nous disant qu'elle était sûre que, comme j'aimais la musique, je devais être contente de sa voix.

Le même soir, M. Woodward, de retour à la ville, m'écrivit pour demander à me voir. Je le priai de n'en point prendre la peine, ajoutant que je lui serais obligée s'il voulait me faire retenir un logement dans King's-bench, et être une de mes cautions; M. Stacie m'avait offert d'être l'autre. Il y consentit sur-le-champ. Je commençai donc à me tranquilliser, quoiqu'on m'eût assuré que, malgré la faculté que j'avais d'entrer à King'sbench, je devais aller en prison.

Le lendemain, M. Thomas, alors commis de lord Mansfield (1), me conduisit lui-même au Warden. M. Marsden vint obligeamment me recevoir à sa porte, et me conduisit dans le parloir. Mon procureur avait été le

---

(1) Juge de la juridiction du banc du roi.

matin, avec M. Woodward et M. Stacie, pour tout régler; le marshall, par conséquent, était averti, et je trouvai en arrivant un déjeuner prêt.

Cette grande affaire arrangée, je me rendis à un vilain petit appartement qu'on avait retenu pour moi, dans une maison appartenante au moulin à vent, dans Saint-George-Field, lieu rendu célèbre par Shakespeare, qui l'a fait nommer par le juge Shallow, dans la seconde partie d'Henri IV. Je devais, pour ce misérable logement, payer deux guinées par semaine. On avait eu si peu de temps pour m'en chercher un, qu'on avait pris le premier qui s'était offert.

M. Marsden me conduisit, avec beaucoup de politesse, à ma nouvelle demeure. Lorsque nous y fûmes assis, je fus étonnée de lui voir tirer une grande bourse pleine d'or. Il me la présenta, m'invitant à m'en servir pour mes besoins actuels, et à la lui rendre quand je jugerais à propos. Pour m'engager à l'accepter, il observa que j'avais dû dépenser beaucoup chez l'officier du shérif; la maîtresse de la maison, avec toute sa politesse, faisait ordinairement payer à ses hôtes sa complaisance. Je lui dis alors ce qui m'était arrivé chez elle; mais je le priai de trouver bon que je n'acceptasse point son offre. Je n'en avais, pour le moment, aucun besoin. Il prit alors congé de moi, et me pria, en s'en allant, s'il me fallait quelque argent, de le lui faire savoir.

Lorsqu'il fut parti, je ne pus m'empêcher de témoigner à miss Wordley, qui m'avait accompagnée dans ce court voyage, ma surprise de cette extrême obligeance. Bon, me dit-elle, je m'étonne à mon tour de votre simplicité. Vous pouvez être sûre que cette offre vient de M. Woodward. Comme vous avez souvent refusé ses secours, je vois qu'il aura pris cette méthode pour vous obliger, sans courir les risques d'un refus.

Le soir, celui-ci vint me voir. Il me conseilla d'écrire au procureur-général, mon honorable ami M. Yorke, pour le consulter sur mon affaire. M. Woodward, dans cette visite, ne m'ayant offert aucun secours, je fus persuadée que miss Wordley avait deviné juste, et je dois avouer qu'elle avait une intelligence et une sagacité peu communes.

Le lendemain, je la priai de porter une

lettre à M. Yorke. Ce digne homme, aujourd'hui l'objet de mes regrets, m'écrivit sur-le-champ dans les termes les plus obligeans, qu'il examinerait mon affaire avec attention, et qu'il ferait tout ce qui dépendrait de lui pour me tirer d'embarras. Mais, comme on ne pouvait rien faire jusqu'au mois de novembre, il me priait d'agréer les billets de banque inclus dans sa lettre, pour me tenir lieu de ce que sa sœur, lady Anson, s'était proposé de me laisser, si la mort ne l'eût enlevée subitement. Il me conseillait, au reste, si ma créancière ne voulait pas composer pour ma dette, de soutenir le procès, persuadé que le jugement serait rendu en ma faveur. Mais l'affaire pouvait rester long-temps pendante; et son excellence le comte Haslang étant avancé en âge, je me trouverais, s'il venait à mourir, privée de sa protection. — La politesse des expressions ajoutait encore au mérite des conseils et à la richesse du présent. La grâce du bienfait doubla ma reconnaissance.

Voyant qu'il fallait me résigner à ma position, et que beaucoup de temps devait s'écouler avant que je pusse rien faire pour en sortir, j'envoyai miss Wordley me chercher un autre petit appartement. Quoique, par la générosité de M. Yorke, je me trouvasse propriétaire de deux cents livres, il était clair que l'intention du donateur était que je me servisse de cette somme pour composer avec ma créancière, si elle voulait s'y prêter. Deux chambres plus propres et mieux meublées composaient mon nouveau logement, qui ne me coûta que douze shellings par semaine.

LETTRE LXXXIV.

25 octobre 17 —.

L'avocat Murphy (1) se chargea de proposer à ma persécutrice un arrangement. Il me promit, si elle le refusait, d'entreprendre ma cause, et d'employer tous ses talens à la défendre. Pendant mon séjour à King's-bench, je reçus beaucoup de présens, particulièrement du comte de Spencer, et du général Monkton, l'un et l'autre des modèles de générosité.

Mistriss Stacie, pour être plus près de moi, prit, dans la maison voisine, un logement pour elle, sa domestique et son enfant : son mari

---

(1) M. Murphy, dans un âge avancé, paraît s'être souvenu que Thalie avait eu ses premiers hommages. Il a donné au théâtre plusieurs comédies, entre autres une très-jolie intitulée *the Way to keep him*, ou la Manière de le fixer, que madame Riccoboni a traduite. Cette pièce, donnée en 1760, fut retouchée par l'auteur, et remise au théâtre en 1785.   (*Note du traducteur.*)

m'envoyait, de chez lui, tout ce que la saison produisait de meilleur. Ces attentions, quoique je dusse tenir compte des frais, me semblèrent une marque précieuse de considération et d'amitié.

La troupe de Richmond était revenue à la ville, et miss Wordley ne me quittait pas. Son amitié prévenait tous mes désirs; ses soins ne m'en laissaient point former. La nuit, au moindre mouvement que je faisais, je la trouvais éveillée. Son inquiète vigilance finit par altérer sa santé. Je m'en aperçus; et cette découverte, en excitant mon courage, contribua plus à rétablir la mienne, que tous les conseils de la médecine.

M. Murphy n'avait point eu de succès dans sa négociation auprès de mistriss Ray; il fallut se résoudre à plaider. Comme j'étais sûre du succès, j'attendis le jugement sans inquiétude. Enfin, le jour arriva; M. Murphy, hors d'haleine, entra dans une chambre pour m'annoncer mon triomphe; mais je n'en retirai pas tous les avantages que j'en aurais pu espérer, parce que ma persécutrice mourut peu de temps après. Si elle eût vécu, j'aurais certainement obtenu contre elle une condamnation très-sévère; la manière dont elle s'y était prise pour augmenter sa créance, en achetant celles d'autrui, étant, comme je l'ai su depuis, contraire aux lois.

Ses exécuteurs testamentaires convinrent, avec moi, de recevoir 200 liv.; je promis de leur payer les deux cents autres au bout d'un an. Mistriss Ray eût probablement beaucoup gagné à accepter cette offre quand je la lui fis faire. Le procès dut lui coûter fort cher. Grâce à la générosité de mes amis, il ne me constitua en aucune dépense.

Ainsi se termina cette affaire qui m'avait causé tant d'inquiétudes, et qui, la première, m'avait fait essuyer la plus grande de toutes les pertes, celle de la liberté. « Servitude, dit
» notre bien-aimé Sterne, sous quelque forme
» que tu te déguises, tu es un amer et triste
» breuvage; et quoique, dans tous les siècles,
» on ait forcé des milliers d'hommes à s'en
» abreuver, tu n'en es pourtant ni moins
» amer, ni moins triste. »

J'avais fait dire aux propriétaires du théâtre que je serais en état de jouer le 10 novembre; mais je trouvai qu'ils n'avaient pas grand besoin de moi; tous les acteurs semblèrent prendre part à ma satisfaction. Le directeur seul, influencé par son associée, mistriss Rich, qui voulait que sa cousine, mistriss Wilford, me remplaçât, me vit avec indifférence recouvrer ma liberté.

Le public me vengea de cette injustice. Les propriétaires avaient pris avantage de mon absence pour donner à mistriss Wilford le rôle de Cordelie. Je ne pouvais, décemment, le trouver mauvais; le public voulut bien le faire pour moi, ce qui décida les propriétaires à m'annoncer.

Quelque nouveau malheur m'attendait toujours, lorsqu'il se présentait devant moi une chance favorable. Je logeais encore dans l'enceinte de King's-bench : en allant de là au théâtre, je perdis une boîte dans laquelle étaient tout ce qui me restait de bijoux, l'ajustement avec lequel j'allais paraître, plusieurs portraits, dont un, surtout, m'était très-cher. J'offris inutilement, pour recouvrer ces objets, une grande récompense. Je n'eus pas plus de succès que je n'en avais eu autrefois pour mon porte-feuille, dans lequel étaient quatre billets de cent livres chacun, et que j'avais perdu dans Green-Park. Au reste j'ai toujours soupçonné, quant à celui-ci, que ma perte avait profité à quelqu'un (1) que je n'ai pu en convaincre.

L'embarras dans lequel me jeta cet accident augmenta celui où j'étais de reparaître, pour la première fois, en public. Une détention est toujours ignominieuse, quoique ceux qui la subissent soient souvent plus à plaindre qu'à blâmer. Il me restait si peu de vêtemens, que je fus obligée d'emprunter jusqu'à un jupon de dessous. Enfin, je trouvai tout ce qu'il me fallait, grâce aux soins de ma coiffeuse, mistriss Withfield, digne et honnête personne, à qui j'eus, en cette occasion, ainsi que par la suite, de très-grandes obligations.

On annonça la tragédie du roi Léar, dans laquelle mistriss Wilford, à la dernière représentation, avait fait Cordelie. M. Younger, le souffleur, supposant que les directeurs, d'après la manière dont le public m'avait reçue lorsque j'avais paru la dernière fois, ne voudraient pas ajouter à mon humiliation, en présentant au public quelqu'un qui ne lui plaisait

---

(1) M. Calcraft.

pas, effaça le nom de mistriss Wilford, et mit le mien sur les affiches.

A midi, je reçus une visite de M. Gibson, sous-directeur, qui m'instruisit de la méprise faite, et me pria de vouloir bien abandonner le rôle, m'ajoutant que les directeurs, sur mon consentement, feraient distribuer au public des billets à la main, pour lui apprendre qu'on s'était trompé. Je n'avais pas *alors* perdu toute disposition à m'irriter d'une injure. Je ressentis l'affront avec plus de vivacité, peut-être, que je n'aurais dû. Je répondis sur-le-champ : « Le public veut bien agréer mes ser-
» vices; quoi qu'il arrive, je ne souffrirai point
» que mon nom soit changé. Je jouerai le
» rôle. » M. Gibson, me quittant, me dit, avec un air de regret, que j'allais m'attirer la haine de toute la famille. A quoi je répondis, avec quelque chaleur : « Depuis long-temps, il
» m'importe peu. Je ne désire pas plus leur
» faveur que je ne crains leur malveillance.
» Je compte sur une protection qui ne m'a
» jamais abandonnée. C'est au public, qui
» m'a toujours traitée avec indulgence, à dé-
» cider si je dois tomber ou réussir. »

Ma domestique, que j'avais envoyée voir

les affiches, revint me dire que, dans ce moment même, on s'occupait à les changer. L'erreur était annoncée dans un *nota benè*. J'allai, sur l'heure, faire imprimer des billets à la main, que je fis distribuer aux spectateurs, à mesure qu'ils entraient dans la salle. J'y racontais le fait comme il s'était passé, ajoutant que, me regardant comme l'enfant de leurs bontés, je me croyais obligée de me tenir prête pour le cas où ils jugeraient à propos de m'honorer, ce soir, de la préférence.

Lorsqu'on leva le rideau, il s'éleva un cri universel pour me demander; et quand Cordelie parut, malgré la faveur des Rich et des Wilford, elle fut obligée de se retirer, et de me céder la place. J'étais toute habillée : je parus au milieu des applaudissemens, et je ne me rappelle pas d'avoir eu, dans toute ma carrière théâtrale, autant de succès dans un rôle aussi connu.

Cet événement était pour moi d'autant plus flatteur, qu'il me prouvait que j'étais encore chère au public. Je dois ajouter, en faveur de ma belle rivale, que, quoiqu'elle fût incontestablement une grande danseuse, elle n'avait alors aucune réputation comme tragédienne. Le découragement que dut lui causer une partialité évidente, fit aussi probablement beaucoup en ma faveur.

LETTRE LXXXV.

6 novembre 17 —.

A la fin de cet hiver, expira mon engagement au théâtre de Covent-Garden : et à la même époque, la patente fut cédée à MM. Colman, Harris, Powell et Rutherford. N'entendant point parler de M. Colman qui était le directeur, je commençais à renoncer à l'espoir de renouveler mon engagement; mais, un matin, M. Woodward me dit qu'il avait eu, avec le directeur, un entretien dans lequel il lui avait demandé si j'étais engagée : Oui, avait répondu le moderne Térence (1), je compte sur elle. Mais la multiplicité des affaires m'a empêché de la voir : vous me ferez plaisir

---

(1) M. Colman est auteur de plusieurs comédies, entre autres du Mariage clandestin, qu'il fit en société avec M. Garrick, et de la Femme jalouse, dont le sujet est en partie tiré de Tom Jones. (*Note du traducteur.*)

de lui dire que je me propose d'y aller au premier moment.

Il était doublement heureux pour moi d'être sûre d'un engagement, et d'avoir à servir sous un chef dont je considérais les connaissances et les talens. Le lendemain, nos conventions furent signées pour trois ans. Ayant lieu de me croire estimée par M. Colman, je m'attendais à recouvrer, par la préférence qu'il me donnait, le rang que j'avais tenu au théâtre. Dans cet espoir, je me décidai à ne rien épargner pour mériter son suffrage.

M. l'alderman Cracroft marié à une riche héritière, et occupé de grands intérêts, m'avait priée de le décharger du soin de distribuer mon traitement à mes créanciers. M. Powell, du bureau des soldes, avait bien voulu le remplacer pendant un hiver. Mais, comme cela exigeait quelques détails, il ne voulut pas continuer. J'avais droit peut-être à plus de complaisance de sa part. C'était moi qui l'avais présenté à M. Fox, quoique je ne le connusse que comme sous-trésorier au théâtre de Covent-Garden. Il avait, sans contredit, toutes les qualités propres aux affaires. Mais, comme bien d'autres, quand il eut fait son chemin, il renversa l'échelle qui l'avait aidé à monter.

M. Woodward m'avait montré, en toute occasion, un grand désir de m'obliger; et, comme son intégrité était bien connue, je le priai de prendre le soin de cette distribution. Il s'en chargea avec une extrême complaisance, et s'en acquitta avec une exactitude qui satisfit tous mes créanciers.

Nous ouvrîmes la campagne avec quelque éclat. M. Powell était justement estimé. Je ne doute point qu'il n'eût fait honneur au théâtre anglais, s'il avait eu le temps, s'il eût pris la peine d'acquérir les connaissances nécessaires à un art si difficile.

Nous parûmes ensemble, pour la première fois, dans les rôles de Jaffier et de Belvidéra. Il me fit, à cette occasion, des complimens si flatteurs, que j'eus tout lieu de croire qu'il avait renoncé à toute idée d'engager mistriss Yates, comme, dit-on, il en avait eu le projet.

Quelques jours après, ce bruit se renouvela, et M. Colman vint me trouver pour me dire que cet arrangement était absolument nécessaire; qu'il serait très-malheureux pour la troupe, qu'une actrice de ce mérite acceptât, à Drury-lane, un traité qu'on lui proposait. Son engagement ne me ferait aucun tort : au contraire, on pourrait remettre plusieurs pièces dans lesquelles nous brillerions l'une et l'autre. D'ailleurs, je retiendrais la plus grande partie de mes rôles.

Satisfaite par ces assurances, et de plus, rendant un sincère hommage aux grands talens de mistriss Yates, je me réjouis de sa réunion avec nous. J'ai sujet de penser qu'elle ne me vit pas avec les mêmes sentimens. Lorsqu'à la première répétition, j'allai au-devant d'elle pour la saluer, et me féliciter de la voir dans notre troupe, elle reçut froidement mon compliment; et depuis ce temps, nous ne nous parlâmes plus.

Peu de temps après, M. Colman fit débuter, dans sa pièce du *Négociant anglais*, une jeune personne nommée Morris, qui y obtint un grand succès. Elle parut ensuite dans le rôle de Juliette. Comme son âge et ses agrémens répondaient au personnage, je n'eusse pu raisonnablement me plaindre de ce qu'on le lui faisait jouer, quoiqu'alors il ne fût pas d'usage d'ôter des rôles aux premiers acteurs, à moins que ce ne fût pour les donner à des personnes d'un mérite reconnu.

Cette jeune actrice brilla comme le lys de la vallée, qui, nouvellement éclos, chargé de pluie, tombe et périt. Une mort hâtive vint moissonner tant de grâces, tant de talens, et ne lui permit pas même de jouer le jour de son bénéfice, où elle devait faire le rôle de Juliette. Ses parens me prièrent de la remplacer, ce que je fis volontiers, regrettant bien sincèrement la fin prématurée de cette jeune beauté qui pouvait donner une autre Farren à notre théâtre.

Avant la fin de l'hiver, les deux associés de M. Colman et de M. Powell se plaignirent de ce que ceux-ci avaient usurpé toute l'autorité. Ils leur reprochaient de tant dépenser en habits et en décorations, qu'il ne resterait aucun bénéfice à partager, quoiqu'en général les chambrées fussent nombreuses. Je voyais peu M. Powell; persuadée qu'il m'avait trompée, je le méprisais, et je n'allais guère au théâtre que lorsque j'y étais obligée. J'avais formé une société assez intime avec le célèbre M. Hoole, traducteur estimé de Métastase, du Tasse, et de la plupart des grands poëtes italiens. J'avais besoin des distractions que me procuraient son amitié et celle de sa femme, pour me consoler de voir tomber en ruines tous mes châteaux en Espagne.

Tel a constamment été le résultat des événemens que j'ai cru les plus heureux de ma vie. Toujours les espérances les mieux fondées se sont évanouies comme le souper de Sancho-Pança. J'ai toujours entrevu le bonheur, et n'en ai jamais joui.

Je pris, dans l'été, à Strand, une petite maison agréablement située; la proximité de la ville avait pour moi un mérite de plus, mon service auprès du comte exigeant, presque tous les jours, ma présence.

Au retour de l'hiver, la division des propriétaires du théâtre devint publique. M. Colman ayant voulu que mistriss Yates fît Imogène dans Cymbeline (1), rôle dans lequel elle était en possession de plaire au public, mistriss Harris et Rutherfort insistèrent pour

---

(1) Pièce de Shakespeare, raccommodée par Garrick.
(*Note du traducteur.*)

le donner à mistriss Leffingham ; celle-ci était une très-belle personne, mais très-inférieure à mistriss Yates, qui joignait au talent la science que donnent de longs travaux. De ces discussions, résulta un procès qui, suivant l'usage, ne fut utile qu'aux gens de loi; eux seuls y gagnèrent quelque chose.

Ce temps est l'époque d'un des événemens les plus importans de ma vie, la suppression d'une lettre que j'avais écrite à M. Calcraft. J'ose croire que si, alors, cet écrit eût paru, j'eusse été, en quelque sorte, vengée d'un homme qui m'avait si indignement traitée. Ma conduite, connue du public, eût été justifiée, et l'opinion eût cessé de s'égarer sur mon compte; je vous dois les détails de cette circonstance.

LETTRE LXXXVI.

14 novembre 17 —.

On donnait le Négociant anglais; mistriss Yates y faisait le rôle d'Émilie, qui, malgré sa beauté, lui convenait peu, et je jouais celui de lady Alton, auquel sa figure et sa taille eussent été beaucoup plus propres.

Le jour où cette représentation devait avoir lieu, je fis mettre dans tous les journaux un avertissement conçu en ces termes : « In-
» cessamment sera publiée une lettre de
» George-Anne Bellamy, à John Calcraft
» Esq., » avec cette épigraphe : « Lorsque le
» banquet (de la vie) est fini, arrive le mo-
» ment du compte, moment terrible auquel
» l'homme ne sourit plus.   Gay. »

A l'instant même où la pièce allait commencer, M. Colman vint dans ma loge, et m'apprit, qu'en conséquence de cet avis, M. Calcraft était venu chez lui, jurant qu'il s'en prendrait à tout le théâtre, si je ne promettais pas de renoncer à une publication qui lui mettrait un poignard dans le cœur, et un pistolet à la tête. Il avait ajouté avec force imprécations, que si, du moins, je ne lui donnais pas quelque temps, non-seulement il allait mettre ses menaces à exécution, mais qu'il s'adresserait au lord chambellan pour m'imposer silence; que du reste, il chasserait mes deux enfans, et les laisserait mourir de faim, plutôt que de leur donner le moindre secours.

M. Colman avait paru blâmer cette violence de M. Calcraft qui l'avait quitté brusquement. Le directeur, cependant, par intérêt pour moi, fit valoir plusieurs considérations pour m'engager à céder. Il m'observa, entre autres choses, que je jouais à l'abri d'un sauf-conduit, et qu'en persistant, je pourrais faire beaucoup de tort à mes créanciers. Il employa avec soin les raisonnemens qu'il crut les plus propres à me déterminer; je m'obstinais toujours.

Il me pria alors de différer, du moins, la publication de ma lettre jusqu'à la fin de la saison du théâtre. Enfin, vaincue par ses instances, je lui promis ce qu'il voulut: complaisance fatale, dont je n'ai cessé, jusqu'à ce jour, de me repentir.

Mais M. Calcraft ne m'en doit point d'obligation, je ne cédai qu'à la considération que j'avais pour son négociateur; ce fut à lui que je fis le sacrifice de mon opinion, et non au misérable qui m'avait trompée. Celui-ci avait répandu le bruit que notre séparation avait eu pour cause mes galanteries; il nommait même à ce sujet le comte Harrington. J'étais si irritée de ce propos, que j'aurais dû faire justice de lui, en publiant toutes ses faussetés.

Mais telle était ma destinée. Il était décidé que je me laisserais toujours influencer quand je serais sur le point de faire une démarche raisonnable. Je ne peux attribuer qu'à cette fatalité la condescendance que j'eus en cette occasion; non que je suppose à M. Colman d'autres motifs que l'amitié, qui fut pour moi d'un grand poids. Il ne pouvait avoir en vue aucune considération personnelle; car, si M. Calcraft et ses associés eussent fait quelque tort au théâtre, des personnes aussi opulentes auraient sans doute amplement dédommagé les propriétaires. Je ne sais quel sort m'entraînait avec une force que je n'ai jamais su vaincre.

Le fait suivant peut vous donner une nouvelle preuve de l'adresse avec laquelle cet invisible génie m'égarait toujours hors du sentier que me traçait la prudence.

La rupture était ouverte entre les propriétaires; il devint nécessaire à M. Colman de faire signer aux acteurs un écrit par lequel ils approuvaient son administration, et consentaient à se soumettre à sa direction.

Il m'apporta cet écrit, en me priant de le signer. Je répondis que, comme j'étais engagée avec les quatre propriétaires, il ne me paraissait pas prudent, au premier coup-d'œil, de signer un écrit par lequel je donnerais à l'un d'eux la préférence. Il m'observa que, d'après ses conventions avec ses associés, il devait être le seul directeur en exercice, et que, par conséquent, il n'y avait aucun inconvénient à reconnaître ce droit. Il était si sûr, ajoutait-il, qu'après un peu de réflexion je serais de son avis, qu'il me laissait l'écrit. Le lendemain, il viendrait dîner avec moi.

M. Colman était à peine sorti, que M. Rutherford et M. Woodward entrèrent, et probablement pour le même objet; car le premier me dit sur-le-champ : Avez-vous signé? Je répondis que non ; mais je convins qu'on m'avait laissé l'écrit. M. Rutherford me pria de le lui montrer : ne pouvant disposer d'une chose qui m'était confiée, je le refusai. Il me dit, alors, que s'il eût pu le tenir, il l'eût brûlé, parce que deux acteurs l'avaient signé, qui, certainement, ne l'auraient pas fait si, auparavant, on leur en eût présenté un en faveur des autres propriétaires. J'insistai d'autant plus pour ne le pas montrer, ajoutant que quel qu'en fût l'objet, je ne voulais pas me rendre coupable d'un abus de confiance. M. Rutherford, à ces mots, sortit en colère.

M. Woodward, qui était resté, employa tous les raisonnemens possibles pour me détourner de signer. Il insista sur la mauvaise conduite qu'avait tenue M. Colman à mon égard, quoique je dusse, ce me semble, m'en prendre plutôt à M. Powell. Enfin, fatiguée par les instances de M. Woodward, déterminée par ma reconnaissance pour lui, et surtout par mon inconséquence ordinaire, je cédai à ses sollicitations. Je renvoyai l'écrit à M. Colman, avec un billet par lequel je le priais de me dispenser de le signer. Mais j'espérais, ajoutai-je, que mon refus ne me priverait pas, le lendemain, du plaisir de le voir. Cependant, il ne tint compte de mon invitation, et, depuis ce temps, nous fûmes absolument étrangers l'un à l'autre.

Ainsi me laissai-je, encore une fois, pousser contre mon inspiration particulière, à faire une démarche funeste à mes intérêts; et quoique je ne puisse en accuser que la faiblesse de ma volonté, il me semble, pourtant, que la fortune avait quelque part à cette suite d'inconséquences.

Elle en eut davantage, à l'exemple suivant, qui démontre assez que je n'étais pas de ses favoris.

Vers la fin de l'hiver, M. Powell me dit, un soir, au foyer, que M. Bentley et lui avaient dîné chez lord Tyrawley. Dans la conversation, miss Nancy O'Hara, qui avait pour lui un penchant avoué, lui avait dit que je toucherais bientôt un legs considérable, lady Tyrawley étant fort malade. Je recevais ordinairement, tous les soirs, une invitation d'aller voir cette dame. En rentrant chez moi, j'en trouvai une par laquelle on m'engageait de passer à Sommerset-House. J'étais, ce jour-là, malade d'un très-gros rhume, et très-fatiguée, parce que je venais de jouer Alicia. Conduite par ce destin qui souvent avait disposé de mes résolutions, je remis ma visite au lendemain.

Le matin, à neuf heures, je reçus, de la femme de chambre de mylady, un billet par lequel elle m'apprenait que sa maîtresse était morte la nuit, à trois heures. Elle ajoutait que mylord était venu à cinq, s'était enfermé, et après avoir examiné tous les papiers de mylady, s'en était allé en lui défendant positivement d'avoir avec moi aucune communication quelconque, sous peine de sa disgrâce. Il prétendait avoir trouvé, dans les papiers de sa femme, une lettre de moi, par laquelle il s'était convaincu de l'idée qu'il avait eue jadis que j'avais conseillé à lady Tyrawley de refuser sa demande, relativement à la division de la substitution d'une terre.

Ce prétendu tort, comme la plupart de ceux que l'on m'a attribués, était une méprise. C'est ainsi que, tantôt l'erreur, tantôt la mauvaise foi, ont dénaturé la plupart des actions de ma vie, et m'ont attiré des reproches que je ne méritais pas.

Vous avez vu, dans la première partie de mon histoire, que lord Tyrawley, à raison de son mariage secret, n'avait point été mis en possession de la fortune de sa femme; qu'au contraire, lors de leur séparation, il avait été obligé de lui faire une pension. Il l'avait, de plus, mise en possession de l'appartement, de l'argenterie, etc., dont avait joui ma mère.

Le fils de lord Blessington étant venu à mourir, lady Tyrawley et le comte son frère, avaient seuls droit à la substitution de la terre de la famille. Lord Tyrawley se trouvait alors fort embarrassé dans sa fortune, et chargé d'enfans, dont, probablement, il n'avait pas trop le droit de se dire le père. Il s'adressa à sa femme, qu'il pria de consentir à l'interruption de la substitution, afin qu'il pût vendre la terre.

Je vous ai déjà parlé de cette demande de mylord à sa femme, et des lettres qu'ils s'étaient respectivement écrites à cette occasion. J'ai à vous faire connaître quelques détails ultérieurs. J'étais, dans ce temps, à Hollwood, mylady m'envoya la première lettre de son mari. Par la conclusion de la sienne, elle semblait me dire qu'elle était décidée à refuser ce qu'il lui demandait, parce qu'elle se proposait de laisser à ma fille tout ce qu'elle avait. En lui répondant pour la remercier de son obligeante amitié, je lui écrivis : *Je vous envoie l'incluse* (la lettre de mylord); j'aurais dû mettre : *Je vous renvoie*, etc. Ma lettre, avec cette faute de style, se trouva dans les papiers de mylady; et mon protecteur, mon ami, mon père, après l'avoir lue, se persuada que j'avais envoyé à sa femme la lettre qu'elle lui écrivit dans le temps; je fus ainsi regardée comme coupable, et condamnée comme telle dans la maison de mylord, où j'avais peu d'amis. On ne produisit point de testament; et depuis ce temps, je n'ai revu mylord qu'une fois au foyer, et une fois chez lui, pendant la maladie dont il est mort.

Conduite dans cette dernière circonstance par le respect et l'affection que j'ai toujours eus pour lui, j'allai pour lui rendre mes devoirs; j'eus le chagrin, en y arrivant, d'être repoussée par un domestique qui me dit que miss O'Hara savait que ma sensibilité serait blessée de l'aspect d'un homme de ce mérite, tombé en enfance; d'un autre côté, la conversation que j'avais eue avec elle au dernier bal masqué (1), lui prouvant que je ne pouvais avoir pour elle que du mépris, elle ne voulait pas me donner le désagrément d'une entrevue qui ne me ferait aucun plaisir.

Cette insolente réponse souleva toutes mes passions. J'entrai, malgré les gens, dans l'appartement de mylord. Mais quel spectacle m'y attendait! Cet homme distingué par son courage à l'armée, par ses talens dans les affaires, qui avait rempli avec honneur les premières places de son pays, était tombé dans un état d'imbécillité. Il était assis sur son lit, enveloppé dans une robe de chambre rouge; ses yeux étaient creusés, sa langue pendait hors de sa bouche: il avait l'air de compter ses doigts. Quel changement!

Le cœur brisé de douleur et de tendresse, je tombai sur mes genoux à côté du lit, et prenant une de ses mains, je la baignai de mes pleurs. Je la baisais avec ardeur, dans l'es-

---

(1) Je lui avais reproché sa passion pour un acteur.

poir d'attirer sur moi son attention, et de me faire reconnaître; mais au bout de quelques momens, il me dit : « Envoyez-moi Aby; j'ai » besoin d'Aby; pourquoi Aby ne vient-il » pas? » Il voulait dire Aby-Fisher. L'entendant parler ainsi avec quelque air de raison, je le priai de vouloir bien me regarder; je dis tout ce que je pus pour réveiller sa mémoire : tout fut inutile.

Entendant toujours des mots sans suite sortir de cette bouche, dont autrefois chaque expression charmait mes oreilles, je sortis, choquée de ce hideux tableau. Cet aspect rappela à ma mémoire la fin de son grand général (le duc de Marlborough) qui, jadis, avait montré au lord Tyrawley le chemin de la gloire, et qui, comme lui, dans la vieillesse, était retombé en enfance.

En regagnant ma chaise, j'appris, d'un vieux domestique, que l'ingrat jeune homme que mylord demandait, Aby-Fisher, oubliant que, jadis, exposé dans une corbeille à la porte de lord Tyrawley, il avait été nourri par la bonté de ce seigneur, refusait de donner à son bienfaiteur le plaisir de le *voir* jouer du violon ; seule satisfaction que pût goûter le malheureux vieillard : car, comme il n'entendait point, il ne prenait aux sons aucun intérêt.

La partialité de mylord pour le docteur Fisher était devenue telle, que peu de temps après, ayant recouvré une lueur de raison, il dit au général son fils, ou lui fit dire par miss O'Hara, de chercher un logement, parce que M. Fisher ne devait pas être délogé. Ainsi cèdent les affections de la nature et de l'ancienne amitié, aux importunités de ces gens astucieux qui assiégent les derniers momens d'un vieillard, et finissent par prendre sur lui un entier empire.

LETTRE LXXXVII.

28 novembre 17 —.

Ma visite au lord Tyrawley m'avait tellement affectée, que j'en contractai une maladie qui eût pu être dangereuse. Elle m'eût certainement été funeste si, appelée au théâtre par les affiches, je n'eusse pu remplir mes devoirs. Mais M. Colman m'épargna cet embarras, en introduisant dans la troupe, vers la fin de la saison, une jeune femme nommée Miller, qui n'avait d'autre mérite que la faveur dont l'honorait le directeur; exemple qui prouve bien jusqu'où s'étend l'autorité de ces entrepreneurs qui peuvent, à leur gré, présenter au public la première personne qui leur paraît ou avoir quelque capacité, ou être propre à mortifier quelqu'un qui leur déplaît. Si j'avais eu, alors, le courage que j'avais montré dans l'affaire de Cordelie, le directeur n'eût pas trouvé la chose si facile; mais mon silence, qui ne provenait réellement que de découragement, fut attribué à mon indisposition, et je laissai jouer cette personne, assurément très-peu capable de me doubler.

Lorsqu'il fut question des bénéfices, je me proposai de choisir une pièce dans laquelle je pusse paraître sans beaucoup de travail. *The Distrest Mother* me parut d'autant plus convenable, qu'on la regardait comme la pièce dans laquelle notre troupe était la plus forte. M. Powel faisait Oreste, mistriss Yates, Hermione, et moi, Andromaque. N'étant point habituée à demander comme une grâce ce que je croyais avoir droit d'espérer, je ne priai point mistriss Yates de faire son rôle; elle l'avait joué récemment, et je ne doutais pas qu'elle ne le jouât à mon bénéfice. Je ne sais quel est aujourd'hui l'usage à cet égard; mais celui de ce temps-là n'était point que l'on *priât* un acteur de jouer pour le bénéfice d'un autre, à moins qu'il ne fût question d'étudier un nouveau rôle.

Cependant, lorsque la pièce fut annoncée, je reçus d'Hermione un billet d'un style véritablement un peu hautain. J'y répondis, et peu de jours après je vis dans les journaux la correspondance imprimée de la princesse grecque avec la reine de Troie. Je suis convaincue que la conduite de mistriss Yates, en cette circonstance, fut déterminée par quelques mauvais rapports; car j'ai eu depuis de son humanité, ainsi que de sa politesse, des preuves auxquelles je n'avais pas droit de m'attendre.

Cette querelle étant devenue publique, mon ancienne amie, la duchesse de Queen'sberry, m'envoya chercher pour me demander ce qui y avait donné lieu. Je lui dis que j'en ignorais la cause; mais que je regrettais le concours d'une aussi excellente artiste. Cela importait peu, me dit sa grâce, quant aux loges : ma protectrice, sa *sœur* Douglas (titre que se donnent entre elles les duchesses), qui depuis quelque temps était en ville, mais qui ne pouvait paraître en public jusqu'à ce que son grand procès fût décidé, l'avait priée de prendre soin de mon bénéfice; comme si, ajouta-t-elle, j'avais eu besoin de la recommandation de Peg pour m'intéresser à vous. Me regardant alors d'un air significatif, elle me dit : Vous vous souvenez, je suppose, que je suis une des premières qui se soient occupées de vous. Je n'avais point oublié, lui dis-je, qu'elle m'avait fait cet honneur. C'en était un, reprit-elle; et il vous paraîtrait grand si vous saviez tout; car non-seulement je vous donnai de bons conseils, mais je n'ai été au spectacle qu'une seule fois depuis que j'ai vu que vous ne les aviez pas suivis. Je rougis. Sa grâce, alors, changea de conversation, et commença à examiner avec moi quelle pièce je devais prendre

Au même moment on annonça la duchesse de Douglas. Après la sincérité, la disposition favorite de mon cœur est la reconnaissance. Ma joie fut extrême d'avoir occasion de voir cette excellente dame, dont les moindres politesses avaient un air de bonté qu'accompagnaient des égards si flatteurs, qu'ils ne sortiront jamais de ma mémoire.

Lorsqu'elle entra, la maîtresse de la maison lui dit, en l'abordant: Je suis bien aise de vous voir; comment vont les affaires à la chambre des pairs? Lady Douglas répondit que la justice de sa cause et l'équité du tribunal lui faisaient espérer un bon succès.

« Bien, reprit la duchesse de Queen'sber-
» ry; nous avons, à présent, à décider ce qu'il
» faut faire à la cour de Covent-Garden, le

» 2 ou le 3 d'avril. Votre reine troïenne se
» trouve toute seule; car la princesse grecque
» lui a déclaré qu'elle irait plutôt trouver
» Hector de l'autre côté du Styx, que de lui
» prêter secours. » La duchesse s'exprimait avec un sérieux très-gai : lorsqu'on eut fini de rire, elle observa que, malgré sa plaisanterie, cette décision était, pour moi, un objet aussi important que le grand procès des Douglas l'était pour eux, parce que je jouais à l'abri d'un sauf-conduit, et que je n'avais, pour vivre, que le produit de mon bénéfice.

On proposa successivement Roméo et Juliette, Venise sauvée, et Cléone. Toutes ces pièces furent rejetées, parce qu'il m'était impossible de les jouer dans l'état de faiblesse auquel j'étais réduite. Enfin, sa grâce de Queen'sberry, avec un air aussi important que si elle eût trouvé un moyen de payer la dette nationale, dit qu'il fallait s'arrêter à the Albion'squeens (les reines d'Albion). (1) Elle pensait, ajouta-t-elle après un moment de

---

(1) The Albion's-queens, tragédie de John Banks, donnée en 1684 ; elle est écrite d'un style boursouflé et pleine

réflexions, que je ressemblais assez à Marie, reine d'Ecosse.

Ces derniers mots de la duchesse me rendirent confuse. Souriant alors, elle me dit qu'elle était bien aise de voir, qu'après avoir paru, tant d'années, devant le public, avoir vu tant de *beau* monde, et tant voyagé, j'eusse encore un air aussi modeste. La duchesse de Douglas gronda *sa grâce* qui, certainement, malgré ses manières peu gracieuses, avait un cœur bon et sensible. Je suppose, reprit celle-ci, que ce sera pour Bellamy un sujet de joie plutôt que de chagrin, d'apprendre que je me suis toujours informée d'elle. Je m'inclinai : la pièce fut déterminée, et je pris, de grand cœur, mon congé.

Je me suis déjà expliquée sur le caractère de la duchesse, et j'ajouterai que si j'avais pu, sans ingratitude, me dispenser d'aller à l'hôtel de Queen'sberry, j'aurais, je crois, volontiers négligé et l'honneur d'y être admise, et les avantages pécuniaires que me procuraient ordinairement ces visites, pour ne pas

---

de déclamations, dont, à la représentation, on retranche une grande partie. (*Note du traducteur.*)

recevoir les sarcasmes qui presque toujours altéraient la grâce du bienfait. La duchesse de Douglas m'invita à aller, le lendemain, chez elle. Là, tout au contraire, je reçus l'accueil le plus flatteur que puisse faire une véritable bienveillance, sans aucun mélange de caprice ni de hauteur.

Enfin le jour de mon bénéfice arriva. Les Douglas, ce même jour, gagnèrent leur procès, à la grande mortification de la maison Hamilton.

Lorsque mes deux protectrices parurent, il s'éleva de nombreux applaudissemens qui redoublèrent quand le jeune Douglas entra dans la loge. La duchesse de Douglas faisant plus de révérences que sa compagne ne le trouvait nécessaire, celle-ci, s'appuyant sur le jeune homme qui était entre elles, dit : Asseyez-vous, Peg. J'étais dans la coulisse, du même côté, prête à paraître. Il me prit une telle envie de rire, que j'entrai sur la scène un peu plus tard que je ne l'aurais dû. Mais ce ne fut pas tout : sa grâce était en bonne humeur; et de temps à autre, elle me criait assez haut pour que je l'entendisse : Bien dit, Marie! Bravo, Marie! Ce qui, joint au premier incident, pensa changer la pièce en tragi-comédie ; car j'eus toutes les peines du monde à ne pas éclater de rire.

Cette année fut pour moi très-lucrative ; un bienfaiteur inattendu contribua à en augmenter le produit qu'avait grossi la générosité de mes protectrices. Un vieil alderman, banquier devenu chevalier, et surtout fort goutteux, avait pris pour moi une fantaisie ; il était le mari d'une femme jeune, bien faite, qui, belle et riche, avait sacrifié tous ces avantages à l'ambition d'un titre ; mais la satiété est de tout âge : le vieillard m'avait envoyé, à mon bénéfice, un beau présent ; et comme il ne passait pas pour fort généreux, je n'en faisais pas honneur à sa libéralité. Quelques jours après, il se présente à ma porte ; on lui dit que je suis sortie. Pour savoir si on ne le trompait pas, il se met à l'écart, et fait épier la maison ; bientôt on me voit sortir en chaise. Averti trop tard, peut-être, ou retardé dans sa course par l'âge et la corpulence, il ne me rejoignit qu'auprès de Leicester-House. Là, j'entendis quelqu'un tout essoufflé qui criait : Arrêtez, porteurs, arrêtez ! Ils n'en tenaient compte : enfin, le chevalier s'approche, fait arrêter, et frappe à la portière; très-effrayée, j'ouvre, et je vois mon vieil amoureux qui avait perdu la respiration pour me montrer sa galanterie. Je lui demande ce qu'il me veut; à peine pouvait-il parler. Cependant, après avoir déboutonné son surtout, tant pour reprendre haleine, que pour me faire voir un habit galonné qu'il croyait propre à m'éblouir, il me dit, en s'interrompant souvent pour respirer, qu'il m'avait donné, à mon bénéfice, de solides preuves de son amour. Je tenais en outre de sa générosité trente livres, reste de compte que je lui devais pour de l'argent emprunté sur mes bijoux, et qu'il ne m'avait jamais demandé.

Sur ce galant accueil, je priai, très-décidément, mon amoureux essoufflé, de s'aller promener, sans quoi j'instruirais sa jeune femme de sa malice et de sa folie. Je n'étais pas, ajoutai-je, si dénuée d'amis, que quelqu'un, encore, ne prît à moi assez d'intérêt pour le corriger de son insolence, s'il osait jamais reprendre une pareille liberté. A ces mots, l'empesé courtisan s'enfuit, et, malgré mon effroi, je ne pus m'empêcher de rire de l'étrange figure qu'il faisait, en courant, comme s'il eût eu des grisons à ses trousses. Mes porteurs qui avaient entendu la conversation et reconnu le mangeur de tortues (1), ne s'en amusèrent pas moins que moi.

Je contai un jour cette anecdote à une intime amie de sa femme; elle s'en divertit fort, et se promit d'en régaler son amie : au reste, elle me dit que ce galant suranné paraissait chez lui le plus docile et le plus tendre des maris.

Je n'avais plus entendu parler de ce miroir de chevalerie, lorsqu'un jour je lus dans les journaux qu'il était mort. Je ne sais si le violent exercice qu'il s'était donné pour me faire sa déclaration, n'avait pas contribué à abréger ses jours; car on annonçait qu'il était mort d'une attaque d'asthme, dans laquelle il s'était rompu un vaisseau.

Je doute que le gras chevalier de Shakespeare, dans aucune des infortunes que lui

---

(1) Mets fort recherché à Londres, et servi avec appareil aux repas somptueux qui se donnent à la réception du lord-maire, des aldermen, etc. (*Note du traducteur.*)

attirent ses entreprises sur les dames de Windsor (1), vous offre un meilleur fonds de gaieté que ne me le fournit cette amoureuse expédition de mon chevalier de la Cité.

---

(1) Les Commères de Windsor, pièce de Shakespeare.

LETTRE LXXXVIII.

2 décembre 17 —.

L'ÉTÉ suivant le roi de Danemarck vint en Angleterre. M. Garrick manquait d'acteurs. Tous ceux qui appartenaient aux théâtres de Londres avaient joint en province leurs troupes ambulantes. On ne put rassembler en ce moment que ceux de Richmond : il s'adressa à M. Woodward qu'il pria de me demander. J'acceptai, à condition que le directeur de notre théâtre y consentirait. M. Woodward crut cette précaution inutile : il se proposait, me dit-il, de s'adresser à M. Harris, qui sans doute signerait une permission pour moi en même temps que pour lui.

La première pièce que nous jouâmes fut *the suspicious Husband* (le Mari soupçonneux, de Garrick), dans laquelle je jouai le rôle de Clarinda. Lorsque je parus, quelqu'un siffla. Peu habituée à pareille salutation, je ne pus me défendre d'en être affectée. Mais M. Garrick observa que ce ne pouvait être qu'une méchanceté particulière, parce que l'opinion était évidemment pour moi. Cette assurance me tranquillisa, et je jouai aussi bien que je pus.

Notre seconde pièce fut *the provoked Wife*, dans laquelle je fis le rôle de lady Fancifull. Au dernier acte, la personne chargée d'avertir les acteurs ne m'ayant point appelée, je ne paraissais pas. M. Garrick fut sur le point d'entrer en scène pour y faire une plaisanterie analogue à celle qu'avait faite M. Quin plusieurs années auparavant, lorsque je disparus au milieu de cette même pièce. J'entrai heureusement assez tôt pour le priver du plaisir d'exercer sa satyre.

J'ajouterai ici qu'au commencement de l'hiver suivant, le roi de Danemarck vint voir Jane-Shore, dans laquelle je jouais Alicia. Je m'aperçus que Sa Majesté préférait Morphée à Melpomène ; ne voulant pas qu'il perdit les belles choses qu'il était censé être venu voir, je m'approchai très-près de sa loge, et d'un fort éclat de voix que le rôle permettait, je m'écriai : *ó Thou false lord,* etc. Je parvins si bien à réveiller Sa Majesté, qu'il dit à l'infortuné comte de Bathmore qui, comme je vous l'ai dit, venait souvent chez moi, qu'il ne voudrait pas avoir une femme qui eût une pareille voix; car il ne pourrait jamais se flatter de dormir à son aise.

M. Powell mourut dans cet été. La dernière fois que je l'avais vu, il m'avait demandé pardon, et m'avait promis de réparer, l'hiver suivant, le tort qu'il m'avait fait dans ma profession.

Je jouai peu dans la dernière année de mon engagement : ce qui fut heureux pour moi; une cruelle maladie m'ayant laissé trop peu de forces pour subir de grandes fatigues; d'autant que jamais je n'ai ni refusé de paraître quand je le pouvais, ni aposté des applaudisseurs à gages, ni rempli les journaux de dissertations à ma louange, sous le nom d'impartiaux écrivains. Ceci me rappelle une anecdote antérieure de plusieurs années à cette époque, et qui vous fera voir quelle confiance méritent tous ces paragraphes des papiers-nouvelles.

Dans le temps des nombreuses représentations de Roméo et Juliette, qui se donnaient à

Drury-lane, feu sir John Hill, qui n'était pas alors chevalier, publiait un papier intitulé, je crois, *Gray's inn Journal*, dans lequel il avait mis plusieurs articles à ma louange, quoique je ne le connusse nullement.

A mon retour à Covent-Garden, je le vis un soir dans le foyer, pendant la représentation de la même pièce; on m'appela pour jouer la scène du balcon, celle précisément pour laquelle il m'avait donné le plus d'éloges. Je fus très-surprise de lui entendre dire : Il faut que j'aille voir cette scène; c'est, dit-on, l'endroit le mieux joué de toute la pièce. Me retournant vers lui, je lui demandai s'il n'avait pas écrit une critique sur ce morceau : Oui, me dit-il d'un air indifférent; mais je l'ai écrite d'après ce qu'on m'en avait dit au *Bedford;* car, jusqu'à présent, je n'ai jamais eu occasion de voir la pièce.

Vous remarquerez que, depuis deux ans, on donnait constamment Romeo et Juliette aux deux théâtres : et vous en conclurez aisément de quel poids doivent être les observations d'un pareil critique. Je crois, en général, que les censures, ainsi que les éloges que nous voyons dans les journaux, sont dictés, soit par les amis, soit par les ennemis des acteurs : si ce n'est, peut-être, lors des pièces nouvelles, à l'occasion desquelles les journalistes, parlant de l'ouvrage, se croient obligés de parler aussi de ceux qui y ont figuré.

Cet été, je perdis, avec mon occupation au théâtre, mon emploi chez le comte de Haslang. J'avais emprunté, pour payer mon marchand de charbon, quarante guinées à M. Woodward. Celui-ci ayant besoin d'argent, j'eus recours au comte qui me renvoya à mistriss Myers, veuve de son valet de chambre, dont il avait fait d'abord sa concierge, puis sa gouvernante.

J'allai parler à cet important personnage que je trouvai dans l'antichambre par où passaient tous les gens à la mode pour aller à la galerie de la chapelle. La grossièreté de ses propos commença par m'amuser, ainsi que les personnes qui traversaient la chambre. Mais, sur quelques mots que je lui répondis, elle se mit à déclamer si violemment contre son bienfaiteur et son maître, que je m'éloignai. Je ne voulus plus remplir de fonctions dans la maison.

Retirée dans ma petite habitation de Strand, j'y vis un jour arriver M. Cook, employé du théâtre qui, de la part de M. Colman, me dit que, si je voulais accepter six livres par semaine, il m'engagerait : si cela ne me convenait pas, je pouvais me regarder comme n'étant plus de la troupe.

Quoique justement offensée du procédé, je ne pouvais me plaindre de la chose en elle-même. J'avais manqué de complaisance pour M. Colman, et je recueillais le fruit de ma conduite peu judicieuse.

M. Harris me vint voir : il parut prendre part à mon mécontentement ; il espérait que le procès allait finir, et promettait de me rétablir dans mon emploi.

M. Hoole, leur associé, était alors un peu brouillé avec M. Woodward ; ce qui, par contre-coup, m'éloigna de sa famille et de lui, à qui j'avais beaucoup d'obligations. Malheureusement ces révolutions, dans les liaisons de la société, sont aussi fréquentes, aussi inévitables que les autres vicissitudes des affaires humaines. Les plus chères, celles qui, fondées sur des rapports de sentimens et de caractères, semblent les plus solides, ne sont pas à l'épreuve du souffle de la discorde.

A la fin de l'été, M. Woodward s'engagea avec son ancien adversaire, M. Foote, à aller en Écosse jouer, pendant l'été, au petit théâtre. Je m'étais proposé de rester à Strand, où je m'amusais avec des livres, des oiseaux, du travail. J'avais commencé une comédie : mais une indisposition dont j'avais déjà beaucoup souffert m'obligea de retourner à la ville pour y consulter M. Adair.

Je n'avais alors de ressources que l'amitié du comte de Haslang. Il me restait, du legs de miss Meredith, quelques bijoux dont il m'eût coûté beaucoup de me séparer. Cependant, sans considérer le ton dispendieux sur lequel vivait une femme de ma connaissance nommée mistriss Moore, je lui mandai de me retenir, pour quelques semaines, un logement pour moi et une femme de chambre. Je partis donc le lendemain, laissant à Strand le jardinier, le cuisinier et le domestique.

M. Woodward, avant son départ, s'était arrangé pour vivre chez moi. Il avait même voulu, malgré son absence, me payer toute la somme dont nous étions convenus; et partant pour l'Écosse, il m'avait laissé l'argent du quartier, ainsi que tous ses papiers, dans un coffre-fort. En quittant la campagne, je ne voulus pas y laisser ce dépôt, et je portai le coffre avec moi à la ville. Mais pressée chemin faisant par un de mes pressentimens intérieurs, je résolus de ne point le porter chez mistriss Moore, quoiqu'elle eût plusieurs domestiques ; et je le portai chez M. Colley, dans Grosvenor-street, à qui je le laissai.

En arrivant dans South-Audley-street, je trouvai mistriss Moore très-malade, et couchée sur un lit de repos dans un cabinet de toilette, sur la rue. Son appartement donnait sur le derrière. Sa femme de chambre, me dit-elle, avait retenu un logement pour moi dans Leicester-street, à raison de deux guinées par semaine. Ce prix m'effraya. Je n'avais en tout que neuf guinées, et je n'avais rien à attendre jusqu'à Noël, que je devais recevoir le quartier de M. Woodward.

Mistriss Moore exigea que je restasse à coucher chez elle. Lorsqu'elle voulut reposer, j'allai souper dans une autre pièce, causant avec un seigneur qui l'était venu voir. Il se retira vers minuit. Immédiatement après, j'entendis frapper un grand coup à la porte :

c'était mylord qui rentrait. Il avait rencontré au coin de la rue des gens de mauvaise mine qui, sur quelques soupçons qu'il leur avait témoignés, lui avaient dit : Passez, mylord ; on ne veut pas vous faire de mal. Ce propos avait engagé celui-ci à revenir pour prendre un bâton qu'il avait aperçu en passant dans l'antichambre.

Je lis ordinairement jusqu'à ce que je m'endorme. J'avais porté un livre dans la chambre à coucher, et je m'occupai à y lire jusqu'à deux heures du matin. J'allai alors me coucher. Il n'y avait pas cinq minutes que j'étais au lit, lorsqu'il se fit un grand bruit dans la maison.

L'instant d'après, j'entends ouvrir la porte de notre chambre, et je vois briller une grande lumière. Mistriss Moore s'éveille, et croyant que c'était sa femme de chambre, dit : Marie, Marie ! Aussitôt on nous crie d'une voix terrible : Restez tranquilles, ou je vous tue. Six personnes, entrant l'une après l'autre, nous répétèrent la même chose. Il semblait, à entendre leurs menaces, que tous ces gens eussent étudié la manière dont ils pourraient nous faire le plus de peur.

Ils se mirent alors à fouiller dans les armoires, et à empaqueter tout ce qu'ils purent trouver. Leur recherche dura une heure entière, après laquelle ils se retirèrent. Nous n'avions pas prononcé une parole. Nous crûmes être quittes de leur visite; mais nous nous trompions. L'un d'eux revint tout de suite, tenant d'une main une chandelle et de l'autre un pistolet. Il tira les rideaux du lit; mistriss Moore rompant alors pour la première fois le silence, s'écria : Vous ne voulez pas me tuer? Le misérable, après avoir semblé délibérer assez long-temps, répondit : Non. Sur quoi ma compagne reprit : Et vous ne voulez tuer aucun de ceux qui m'appartiennent? Il répondit sans hésiter : Non. On entendit en ce moment la cresselle d'un watchman (1). Le voleur alors jeta son pistolet et s'enfuit. Quoique j'eusse tout entendu, je n'avais rien vu de ce qui s'était passé. Dans

---

(1) Les watchmen parcourent les rues pendant la nuit, armés d'un bâton ferré. Ils annoncent à haute voix les heures à mesure qu'elles sonnent, et sont munis d'une cresselle avec laquelle ils s'avertissent les uns les autres.

(*Note du traducteur.*)

ma frayeur, je m'étais cachée au fond du lit, où j'étais restée plus morte que vive. Je n'en sortis que quand ce dernier homme fut parti.

Voici ce qui les avait troublés : la femme de chambre couchait dans un grenier sur le devant : elle avait avec le sommelier quelques habitudes ; et entendant du bruit dans la maison, elle avait cru que c'était son amant qui, rentrant un peu ivre, montait en chancelant chez elle. Regardant alors par-dessus la rampe de l'escalier qui était tournant, elle avait vu les voleurs en troupe, qui, portant chacun une chandelle et un pistolet, entraient dans la chambre de sa maîtresse. Sur-le-champ, elle avait couru au balcon, et y était restée jusqu'à ce que, voyant un watchman, elle avait donné l'alarme.

Le watchman observa que la lampe avait été ôtée de la lanterne à la porte de la maison, et que la fenêtre était ouverte : une fille avait négligé de la fermer. Aussitôt il fit jouer sa cresselle, ce qui effraya tellement les voleurs que, laissant là leur butin, chacun chercha à se sauver. Celui qui était venu à notre chambre se trouvant seul, passa dans le jardin, et de-là dans une place voisine, où, après avoir caché quelques bagatelles qu'il avait dérobées à l'insu de ses camarades, il fut pris par les domestiques du colonel Sloper.

Remis par eux aux watchmen qui, alors, étaient assemblés en grand nombre, on lui promit de l'indulgence : il dit où étaient ses associés, dont cinq furent pris. Deux autres, que la troupe avait chargés de garder les domestiques de mistriss Moore, étant près du jardin, avaient trouvé le moyen de s'échapper. L'un de ceux-ci, qui gardait le sommelier, lui dit qu'un des leurs avait voulu poignarder le lord qui était sorti; mais qu'un jeune homme, revenu depuis peu de la déportation, et qui ne s'était joint à eux que de ce jour-là, avait insisté pour qu'ils ne commissent point de meurtre. Le sommelier, entendant appeler sa maîtresse, dit au même homme : J'espère qu'ils ne tueront pas ma maîtresse. Je l'espère aussi, avait-il répondu; mais il y a parmi eux un méchant chien, et si j'avais de l'argent, je les quitterais. C'est ce qu'il fit probablement; car ce fut un de ceux qui se sauvèrent, et l'on n'en a point entendu parler depuis.

Le matin, on les amena tous six pour que mistriss Moore désignât, avec serment, celui qui était venu, tenant un pistolet, à côté de notre lit. Elle indiqua le jeune homme dont j'ai parlé, et qui était d'une figure agréable. Comme elle allait prêter serment, il lui recommanda de prendre bien garde à ce qu'elle allait faire, parce qu'un serment était une chose sacrée. Cet avis, vu celui qui le donnait, étonna toutes les personnes présentes.

Par la suite, cinq de ces misérables furent exécutés. Le jeune homme, en faveur de qui se présentèrent quelques circonstances favorables, fut de nouveau déporté. Il tenait à une famille opulente; on m'a assuré depuis que sa sœur, dans ce même temps, roulait dans une voiture à six chevaux.

Une imprudence avait occasioné le vol. Le sommelier de mistriss Moore avait été recevoir pour elle une somme assez considérable en or, qu'il avait mise dans un sac de toile. Avant de rentrer, il s'était arrêté dans un cabaret voisin, et avait posé son sac sur la table. Quelqu'un lui ayant demandé, comme par curiosité, si c'était de l'or, il avait répondu que oui, et imprudemment avait ouvert le sac pour en convaincre les assistans. De ce moment, la maison avait été épiée, et les voleurs avaient pris, pour exécuter leur coup, le jour même où j'étais venue chez mistriss Moore.

Le seigneur qui avait rencontré les voleurs en sortant de chez mistriss Moore, alla à Newgate pour les voir. Il y trouva le jeune homme dont j'ai parlé, qui, d'un air aussi dégagé que s'il n'eût eu aucune part à l'affaire, lui dit: Mylord, voulez-vous que je vous montre les coquins? Quand celui-ci lui demanda pourquoi ils ne l'avaient pas volé, puisqu'ils en avaient une si belle occasion, le voleur en allégua deux raisons : la première, qu'ils avaient en vue un meilleur coup; la seconde, que les officiers aux gardes (ce qui prouve qu'ils connaissaient fort bien mylord) avaient tant d'usages à faire de leur argent que, rarement, ils en avaient beaucoup sur eux.

LETTRE LXXXIX.

7 décembre 17 —.

Je me rendis le lendemain soir à mon nouveau logement. Il était cher; et ce qui en augmentait le prix, c'est que la maîtresse de la maison, accoutumée à loger des gens riches, et à les nourrir, me servait avec une magnificence que ne comportait nullement ma position.

Le comte Haslang m'envoya l'argent qu'il m'avait promis. J'y comptais peu désormais, parce qu'il y avait trois mois d'échus. M. Woodward ayant su le vol dont je viens de vous rendre compte, m'envoya, sur-le-champ, une traite sur un imprimeur, dont j'ai oublié le nom. Je la remis, pour en faire toucher le montant, à un domestique que j'avais fait venir de la campagne; simple et honnête garçon qui, pour ne pas perdre ce papier précieux, l'attacha dans un coin de son mouchoir. Mais, s'étant arrêté sur une place publique à écouter une serinette, il se laissa prendre par des filoux son mouchoir et sa lettre-de-change. Il fallut user de précautions pour empêcher les voleurs d'en profiter. Je le fis ; je n'ai pas ouï dire qu'ils se soient jamais présentés.

Ma santé s'était rétablie. J'allais souvent à Strand, où les habitans, presque tous pêcheurs, me témoignaient une amitié dont j'étais flattée. Je recevais souvent des visites de M. Harris, et quelquefois de M. Leake, qui avait acheté une portion de la part de M. Rutherford, celui-ci ayant été obligé de vendre son quart. L'un et l'autre m'assuraient qu'il ne se ferait point, entre les directeurs, de réconciliation, que ma rentrée dans la troupe ne fût une des conditions.

Bientôt, je renonçai à la vie trop coûteuse de Londres, pour me retirer tout-à-fait dans ma champêtre solitude. J'y étais occupée, tranquille; j'y trouvais le temps court, parce que j'aimais à l'employer.

Au bout de quelque temps, un billet de M. Foote m'apprit qu'il était de retour d'Ecosse, où il avait laissé M. Woodward, qui devait revenir dans un ou deux mois. Il ajoutait qu'il serait bien aise de me parler; son petit théâtre était prêt à me recevoir; et si je voulais m'y engager, j'y serais reçue à bras ouverts.

Je le remerciai de son offre : ni ma santé, ni ma disposition d'esprit ne me permettaient de l'accepter. J'avais perdu ma gaieté, mon courage : mon imagination, jadis riante et vive, était devenue froide et triste. Ainsi dégradée, qu'eussai-je pu offrir au favori de Momus?

Si le théâtre de Haymarket avait été alors sur le pied où il a été depuis (1), je ne connais pas un acteur qui, s'il eût pu en supporter la fatigue, n'eût dû, avec plaisir, y accepter un engagement. M. Colman est très-actif, et n'épargne aucun soin pour amuser le public. Mais l'instituteur de ce théâtre (Foote) comptait principalement sur son talent personnel et sur les pièces de sa composition; ce qui donnait peu d'occasions à un acteur de quelque distinction d'y figurer avec agrément.

---

(1) On y joue actuellement pendant l'été; les autres théâtres ferment au commencement de juin.

(*Note du traducteur.*)

M. Woodward, à son retour d'Écosse, joua sur le théâtre de M. Foote, au grand avantage de celui-ci, qui fit une ample recette. Satisfaits de leurs succès, l'un et l'autre, à la fin de l'été, allèrent faire en France un petit voyage. Rien, alors, ne me retenait en Angleterre. J'allai à Boulogne passer quelques jours dans le couvent où j'avais été élevée. J'eus encore le plaisir d'y voir la mère Saint-François, pour qui j'avais conservé tant de respect et d'attachement. Des souvenirs toujours chers m'attachaient à cette maison : elle m'inspirait des regrets toujours nouveaux.

A mon retour en Angleterre, M. Harris, m'étant venu voir, m'apprit que M. Colman était sur le point de se réconcilier avec les autres propriétaires, et que mon engagement serait sûrement une des conditions du traité. Je ne doutai point qu'une promesse si positive ne dût avoir son exécution.

M. Woodward, à qui j'en fis part à son arrivée, n'en jugea pas comme moi. Il ne voulut pas même bien augurer d'une lettre par laquelle ma mère, nouvellement revenue d'Oxfordshire, me mandait que M. Harris désirait de me voir le lendemain chez elle.

Je m'y rendis de bonne heure. M. Harris y était arrivé une heure avant celle qu'il avait indiquée : ce n'était pas par empressement de me voir qu'il l'avait devancée. Son abord me présagea de mauvaises nouvelles. Après de froides politesses, il m'apprit, avec un air embarrassé, que la paix était faite entre les propriétaires. Il avait, ajouta-t-il, proposé de me donner un engagement; mais M. Leakes ne l'avait pas secondé, et M. Colman avait déclaré qu'il mettrait plutôt le feu à la salle, que me voir entrer dans la troupe.

Je conservai assez de sang-froid pour dire à M. Harris qu'il eût pu se dispenser de me faire venir en si grande hâte, pour m'apprendre une nouvelle aussi peu flatteuse. Il avait pris, dit-il, cette mesure pour me dire que M. Colman désirant d'avoir M. Woodward, je pourrais inviter mon ami à ne s'engager qu'à la condition que je serais admise.

Cette proposition me parut une nouvelle offense. J'avais trop de fierté, répondis-je, pour entrer attachée à la suite d'un acteur, quel qu'il fût, et trop de talens pour rester dans une troupe sans y être occupée. M. Harris me fit quelques complimens, loua ma façon de penser, et me quitta avec force cérémonies. Trois jours auparavant nous étions amis : une heure de conversation nous rendit aussi étrangers l'un à l'autre, que si jamais nous ne nous étions vus.

LETTRE XC.

12 décembre 17 —.

Ainsi s'évanouirent, sans retour, toutes les espérances que j'avais formées de rentrer au théâtre. Je n'eusse pu me résoudre à y prendre un engagement, à moins qu'on ne m'eût rendu la plupart des rôles qui m'avaient appartenu, et ma portion dans les nouveaux. Or, je ne pouvais espérer que M. Woodward, en exigeant du directeur de pareilles propositions, compromît les mille livres qui lui étaient offertes. L'amitié est, sans doute, en spéculation, une fort belle chose; mais peu de gens sont disposés à lui faire d'aussi grands sacrifices. Je regrettai, alors, plus que jamais, d'avoir offensé M. Colman; au reste, je dois dire, à son éloge, qu'il m'a pardonné depuis, et qu'il m'est encore permis de le mettre au nombre de mes amis.

J'étais dans l'usage de donner, le 3 décembre, un dîner aux personnes de ma société la plus intime, en l'honneur de la fête du comte Haslang (1). J'avais, en conséquence, invité, pour ce jour-là, quelques dames, et le secrétaire de son excellence, à dîner chez ma mère, où je logeais quand je venais à la ville.

La veille, ma mère avait paru indisposée; mais elle ne se crut point assez incommodée pour que nous dussions remettre notre partie. Cependant, après être sortie le matin, pour faire les complimens d'usage, je la trouvai, en rentrant, plus faible et plus changée que je ne l'avais laissée. Je voulais contre-mander mes convives; elle s'y opposa, et alla se coucher.

Rien n'annonçant que son mal fût dangereux, nous dînions gaiement : quelques personnes riaient un peu haut. Tout-à-coup nous vîmes entrer, dans la salle à manger, ma mère, qui, s'adressant à mistriss Howe, l'une des dames présentes, la pria de ne pas

---

(1) Le comte était ambassadeur de Vienne et catholique romain. Les protestans, au lieu du jour de la fête, célèbrent celui de la naissance des personnes qu'ils considèrent. (*Note du traducteur.*)

attirer la foule devant sa porte, par ses éclats de rire. Ma mère était d'une politesse extrême, et surtout très-attentive pour toutes les personnes d'un certain rang. Sa conduite, en cette occasion, nous parut si étrange, que nous dûmes l'attribuer à quelque chose d'extraordinaire. Effectivement, elle était en délire.

Je fis sur-le-champ avertir le docteur Macdonald, en qui elle avait confiance, et qui, invité à notre dîner, n'avait pas voulu y paraître, parce qu'obligé d'assister le matin à un enterrement, il s'était mis en deuil. Le succès ne paraissant pas couronner ses soins, il me pria d'appeler un autre médecin. Celui-ci déclara que le mal était une paralysie léthargique, à laquelle il était impossible de remédier. Ma mère languit durant quelque temps, sans recouvrer un seul intervalle de raison. Un jour, pendant qu'assise à côté de son lit, je lui baisais la main, elle jeta les yeux sur moi, me sourit, et mourut sans pousser un seul gémissement.

J'eus la satisfaction de voir que tous ceux qui l'avaient connue regrettaient amèrement sa perte. Les pauvres eurent raison de s'en affliger : elle était aussi libérale pour eux, qu'économe pour elle-même. Quant à moi, je perdis en elle une mère tendre, une précieuse amie. Heureuse si j'avais suivi les conseils de son expérience !

Le propriétaire de la maison qu'occupait ma mère, avait promis de ne point augmenter, tant qu'elle ou moi l'occuperions, le prix du loyer, qui était très-modique. Je me décidai donc à la garder. Tout ce qu'avait ma mère étant venu de moi dans l'origine, je crus avoir un droit incontestable à m'en emparer; et comme mon frère avait renoncé à y rien prétendre, il me parut inutile de prendre des lettres d'administration.

J'avais invité une dame et ses deux filles, à demeurer avec moi pendant la maladie de ma mère. Elles eurent la bonté, après sa mort, de prolonger leur visite, pour me distraire de la mélancolie qui s'était emparée de moi.

Ma mère ayant toujours paru vivre dans l'aisance, je voulus qu'elle fût enterrée conformément à l'état qu'elle avait tenu. On m'engageait à ne point assister à son enterrement.

Je rejetai ce conseil. Il m'a toujours semblé qu'on ne se dispensait, que par une fausse délicatesse, de remplir ces tristes et pieux devoirs. La nature, au contraire, nous invite à suivre nos amis jusqu'en leur dernier asile, et à mêler nos pleurs à la terre qui va couvrir leur dépouille. Les gens du peuple, qui n'écoutent, en général, que l'impulsion de sentimens vrais, ne connaissent point cette sensibilité mensongère, et ne quittent qu'au bord de la tombe ceux qui leur furent chers pendant la vie.

La fortune avait décidé que je ne jouirais jamais d'aucun des biens qu'elle avait paru m'offrir. Peu de temps après la mort de ma mère, j'étais un soir tranquillement assise avec mistriss Butler (la dame qui était chez moi), lorsque nous entendîmes frapper fortement à la porte. Surprise, je dis à la fille de ne pas ouvrir; mais on cria de dehors, que si l'on n'ouvrait pas sur-le-champ, on allait enfoncer la porte, parce qu'on avait un ordre du grand sceau. Ne sachant ce que c'était que le grand sceau, je demandai par la fenêtre, ce qu'on voulait : On me le dirait, répondit-on, quand on serait entré; et si je n'ouvrais pas à l'instant, on avait le droit d'enfoncer la porte. Enfin je fais ouvrir : cinq ou six coquins entrent, et prennent possession de la maison, au nom de mon honorable cousin Crawford.

Cet honnête praticien, apprenant la mort de ma mère, et sachant que j'avais eu l'imprudence de ne pas me mettre en règle, prit *des lettres d'administration*, en faisant serment (1) qu'il était son héritier légitime. Il ne croyait pas en avoir le droit; mais il pensait que, s'il était une fois maître de la succession, il saurait bien éluder l'obligation d'en rendre compte. Vous allez voir qu'il y réussit parfaitement.

Sir John Fielding, à qui je m'adressai sur-le-champ, ne put me fournir aucun moyen d'échapper à cette injustice. Il fallut prendre

---

(1) Le serment joue un grand rôle dans la jurisprudence anglaise, et, sous certains rapports, il fait honneur au peuple chez lequel il est admis, dans beaucoup de cas, comme preuve légale; mais cette institution, née de la discipline religieuse, a survécu à l'esprit qui l'avait dictée. Le serment est devenu, entre les mains du fripon, une arme que le magistrat ne peut lui arracher. C'est un frein usé qui n'arrête que celui qui n'a pas besoin d'être retenu.

(*Note du traducteur.*)

patience. Je ne devais pas songer à faire entendre raison à ces misérables. Après d'inutiles altercations, ils exigèrent que je vidasse les lieux le soir même. Il était alors plus d'onze heures : les enfans de mistriss Butler étaient couchés; et je ne savais, à une heure si avancée, où trouver gîte. Enfin, je m'adressai à M. Woodward qui avait loué, dans Leicester-street, une grande maison pour en sous-louer une partie. Il consentit bien volontiers à nous recevoir, quoique, pour nous loger, il fût obligé de quitter son lit.

Le lendemain, j'envoyai dire à M. Gordon, entrepreneur qui avait fait le convoi de ma mère, qu'il eût à s'adresser, pour son paiement, à l'administrateur de la succession. Mais il me répondit que, comme c'était moi qui l'avais mis en œuvre, il espérait que je voudrais bien le payer. C'était, ajoutait-il, un fort joli enterrement; et il défiait ses confrères d'en faire un pareil pour cinquante livres, quoiqu'il me le passât à quarante-deux.

Ce qui rendit cet événement plus fâcheux, fut que sept cents livres dues à ma mère devaient être payées le mercredi suivant. Dans la précipitation avec laquelle je quittai la maison, j'oubliai les papiers relatifs à cette affaire. Je les avais mis dans le parloir, dans une boîte de porcelaine, pour les avoir prêts au besoin. Les malheureux qui les trouvèrent, les jugeant sans doute de nulle valeur, les jetèrent comme inutiles : de façon que tout ce que je gagnai à la mort de ma mère, fut une pauvre parente dont elle prenait soin, et qui tomba à ma charge.

Les effets de ma mère furent vendus, comme on dit, pour une vieille chanson. Mais la maison m'étant louée verbalement, du moins on ne put pas disposer du bail. J'intentai un procès à la Chambre des communes contre Crawford, et je l'aurais sûrement gagné; car j'étais née pendant le mariage de ma mère. Mais le déprédateur, après avoir dépensé tout l'argent qu'il avait retiré des effets, et rançonné quelques sous-locataires qui tenaient des écuries dépendantes de la maison, commença à craindre les suites de sa friponnerie. Il s'en alla à Gravesend prendre un bateau pour fuir son pays. Mais la justice apparemment le poursuivait : étant très-ivre, il tomba dans la rivière, et l'on n'en entendit plus parler.

Je ne peux mieux achever le tableau que je vous ai fait de sa bassesse et de sa rapacité, qu'en vous disant que son fils n'ayant pas voulu lui donner son consentement pour la vente d'une annuité de cinquante livres, dans laquelle il avait un intérêt, le barbare intenta contre lui une demande pour la nourriture qu'il lui avait donnée, le fit arrêter et jeter, quoique mineur, dans la prison de Fleet. Le jeune homme ayant le courage de persister dans son refus, resta enfermé jusqu'à la mort de son père.

Ah ! sans doute, il doit y avoir, il y a, nous devons le croire, quelque lieu disposé pour la vengeance, où de terribles châtimens attendent des monstres couverts de pareils crimes.

L'évêque de Glocester était chargé d'acquitter les sept cents livres dues à ma mère. Je fus obligée de lui mander que je ne pouvais aller les recevoir, parce que les papiers qui établissaient cette créance étaient perdus. Mylord me répondit qu'il ne paierait point qu'on ne lui remît les obligations, parce qu'il pourrait être exposé à les payer à ceux qui les auraient trouvées.

Ainsi, loin de rien retirer de la succession

de ma mère, j'eus à payer son enterrement, quelques autres petits articles, et de plus les frais du procès à la Chambre des communes, qui se montaient à dix-sept livres. Quelque temps après, je reçus une visite de lord Hampden, qui me fit présent d'un billet de vingt livres avec autant d'ostentation que s'il m'eût offert un million.

LETTRE XCI.

29 décembre 17 —.

Ayant fait venir mes meubles de Strand, je m'établis de nouveau dans Brewer-street. Le comte Haslang, lorsqu'il entendit parler de mon malheur, dit qu'il me paierait les meubles de mon premier étage, qui revenaient à cent vingt livres, et désira qu'en conséquence je prisse un terme fixe pour payer le tapissier qui les avait fournis. M. Woodward me fit présent de deux beaux dessus de porte, de trois girandoles, d'une belle grille de cheminée, etc. Presque tous mes amis m'aidèrent, par quelques dons du même genre, à décorer ma maison.

Précisément à cette époque, M. Calcraft mourut. On annonça, dans les journaux, qu'il m'avait fait un legs considérable; mais ce bruit se trouva très-faux : je n'étais nommée dans son testament, que comme la mère de ses enfans. Sa mort laissa peu de regrets.

Malgré son immense fortune, il était réduit, par le mépris des honnêtes gens, à ne voir que quelques malheureux qui dépendaient de lui. Ni toutes ses richesses, ni ses magnifiques demeures, ni ses vins précieux, ne purent faire rechercher sa société par une seule personne de quelque considération. Son commis, son procureur, et probablement quelque percepteur de l'excise, composaient tout le cercle de ses liaisons. Son frère, le général, ne daignait pas le voir. Pour retenir même auprès de lui son commis, il lui avait promis un legs considérable qui se réduisit à cent livres, trait digne de sa générosité ordinaire.

Dans son testament, il n'avait rien laissé à sa femme, et ne l'avait pas même nommée : oubli par suite duquel elle obtint le tiers des biens de son mari, aussi bien que de sa fortune personnelle. Chacun applaudit à son succès, et personne ne s'en réjouit plus sincèrement que moi ; car j'avais su que c'était une femme très-estimable.

Au jour désigné pour payer mon tapissier, je mandai au comte que je devais faire ce paiement à quatre heures : son secrétaire et

M. Tuffnal étaient avec moi, lorsque je reçus la réponse écrite sur le quart d'une feuille de papier, et cachetée au coin, comme un billet du matin. Voyant, à l'ouverture, qu'elle commençait dans la formule ordinaire du comte : « Je m'étonne que vous n'obteniez » pas d'engagement, etc., » je supposai que tout était du même style, et n'imaginant pas qu'il pût y avoir rien de précieux dans un billet de cette forme, je le jetai au feu. M. Kilkroff me dit en plaisantant : Est-ce ainsi que vous traitez vos billets doux? Ce n'est rien moins, répondis-je ; c'est un subterfuge pour éluder l'accomplissement d'une promesse.

Pendant que je réfléchissais à ce procédé du comte, son portier vint me dire qu'il attendait une réponse. Je n'en avais point, dis-je, à faire sur un sujet si rebattu. Le portier revenant sur-le-champ, me dit que mylord était surpris de ce que, du moins, je n'accusais pas la réception de son billet. Je n'eus pas plutôt entendu ce mot de billet, que je m'écriai : Je suis perdue! je suis perdue! je l'ai brûlé. Chacun de nous resta pétrifié.

Le portier, enfin, retourna vers son maître; mais deux ou trois heures après, je reçus d'un banquier de la cité, nommé, je crois, Nightingale, une promesse de payer la somme de cent vingt livres, si tel billet de banque ne paraissait point de-là à un an et un jour. Il s'était heureusement trouvé que le comte, le même jour, étant seul et de loisir, s'était amusé à prendre note des numéros de plusieurs billets de banque qu'il venait de recevoir, précaution qu'il n'avait jamais prise auparavant. Il m'a assuré depuis, qu'il ne concevait pas pourquoi l'idée lui en était venue.

M. Woodward m'avança les fonds ; le tapissier fut payé. Et comme le billet brûlé n'avait garde de paraître, l'argent, à la fin de l'année, fut remis à M. Woodward.

L'entrepreneur Gordon me pressait d'acquitter l'enterrement de ma mère. Je cherchai à emprunter, pour les lui payer, les quarante guinées qu'il me demandait. A cette occasion, quelqu'un me recommanda un juif, nommé Cohan, qui promit de me trouver, dans quelques jours, de l'argent sur mes billets. Pour les rendre plus négociables, il demanda que je lui fisse deux billets séparés, payables à son ordre, et à différentes échéances. Ne connaissant rien à ces sortes d'affaires, et n'ayant, sur l'honnêteté de cet homme, aucun soupçon, je fis ce qu'il voulait; persuadée que j'allais ainsi me procurer de l'argent pour payer le mémoire de M. Gordon, je lui fis dire que je l'acquitterais la semaine suivante.

Huit jours s'étant écoulés sans que j'entendisse parler de mon juif, j'envoyai chez la personne qui me l'avait indiqué. Je sus alors que mon petit Isaac avait disparu ; et je n'en reçus aucune nouvelle, jusqu'au moment où l'on me demanda le paiement des billets. Ce genre d'escroquerie, malheureusement très-commun, appelle toute la vigilance de la législature. Des billets ainsi surpris, sont passés à des marchands qui peuvent jurer qu'ils en ont fourni la valeur : et quoiqu'on ne l'ait pas reçue, on est obligé de la payer. Bien d'autres que moi ont été dupes des artifices de ces prêteurs de profession, qui s'annoncent dans les journaux avec un si grand étalage.

Les exécuteurs testamentaires de M. Davy reprirent alors, contre ceux de M. Calcraft, le procès intenté à celui-ci. Ces derniers eurent la maladresse de m'inviter à me joindre à eux contre moi-même, c'est-à-dire, contre ceux qui m'avaient prêté de l'argent. On peut croire que je le refusai. J'étais même déterminée à les poursuivre. Je voulais, à cet effet, consulter M. Wedderburne (depuis lord Loughborough), pour savoir ce qu'il avait pensé du procès, et ce qu'il y avait à faire pour le soutenir. Mais je manquais d'argent pour payer cet habile jurisconsulte.

Lord Huntingdon, qui autrefois avait été de mes amis, était depuis peu de retour en Angleterre. Sa générosité m'était bien connue. Je lui écrivis pour lui faire part de mon besoin, et de mes motifs.

Mylord vint, sur-le-champ, me voir, et me fit présent d'un rouleau contenant une somme très-supérieure à ce qu'exigeait la circonstance. Il était accompagné d'un de ses parens, qu'il avait envoyé, quelques momens auparavant, m'annoncer sa visite. Cette particularité est nécessaire à l'intelligence de quelques faits postérieurs.

Cependant, M. Gordon avait gagné contre moi son procès, et menaçait de faire exécuter le jugement; et comme un mal vient rarement seul au même moment, on me signifia la copie de deux sentences prises sur des billets que j'avais remis à Cohan; pour m'achever, on me demanda le paiement d'une traite qu'avait tirée sur moi mon fils Henri, qui était en pays étranger.

Pressée par tant de besoins, j'employai à en satisfaire une partie, l'argent que m'avait donné mylord Huntingdon. Il ne tarda pas à le savoir. M. Wedderburne, auquel il demanda ce qu'il avait pensé de mon affaire, répondit qu'il n'en avait aucune connaissance; ce qui n'était pas étonnant, puisque, d'une part, on ne lui en avait pas parlé, et que, de l'autre, les exécuteurs de M. Davy ne l'avaient pas intentée sous mon nom.

Lord Huntingdon, offensé de mon apparente duplicité, m'écrivit une lettre de reproches, que son parent m'apporta. Je m'empressai d'expliquer à celui-ci ce qui s'était passé. L'intérêt que je semblais mettre à me justifier, et l'éloge répété que je faisais de mylord, donnèrent à son émissaire l'occasion de me laisser voir qu'il soupçonnait son parent d'avoir été jadis mon amant. Je l'assurai qu'il n'en était rien, et que c'était ce qui me rendait plus chère la marque de bienveillance qu'il m'avait donnée. Mon interlocuteur, déconcerté, me dit alors d'un air très-surpris : « Cela rend le cas très-différent; » et sortit en ajoutant quelques mots que je ne compris point.

LETTRE XCII.

4 janvier 17 —.

Je vous ai dit, je crois, que lorsque je quittai Parliament-street, lord Tyrawley avait pris mon fils Henri Calcraft, et l'avait placé dans une académie, près de Greenwich. Il aimait beaucoup cet enfant, qui annonçait de grands talens, et le vit à regret se destiner au service de la marine. A la mort de son père, il quitta cette profession, prit des manières élégantes, et ne voulut plus rien faire.

Lord Tyrawley mourut à peu près dans ce temps. Cet événement m'affecta moins quand il arriva, que lorsque sa maladie me l'avait fait prévoir : la mort, dans la situation à laquelle il était réduit, était pour lui plus précieuse que la vie.

Miss O'Hara, en m'apprenant cette mort, m'annonça l'enterrement pour le dimanche suivant. Mylord avait demandé que son corps fût déposé à l'hôpital des invalides de Chelsea, parmi les braves vétérans qui si souvent avaient combattu sous ses ordres. Ne supposant pas que le gouvernement voulût bien s'occuper de ses obsèques, il avait ordonné qu'elles fussent très-simples, et qu'on donnât une guinée à chacun des soldats qui suivraient son corps. Miss O'Hara, pour suivre à la lettre ses dernières volontés, prétendit qu'il n'était question que des invalides qui avaient réellement combattu sous son père. Il ne s'en trouva de vivans que vingt-six, et ceux-là seuls furent avertis.

Supposant que l'enterrement avait été fait au jour indiqué, je pris le deuil. Quelques jours après, j'avais chez moi beaucoup de monde; nous aperçûmes, du salon où nous étions, un corbillard magnifiquement orné de trophées et d'écussons, qui sortait de chez l'entrepreneur, au coin de Golden-square. Quelle fut ma surprise lorsque sur les écussons je reconnus les trois lions noirs de lord Tyrawley! Extrêmement touchée, je fondis en pleurs, je ne pus soutenir de près ce spectacle, dont, de loin, l'idée m'avait peu affectée.

Je sus alors que le gouvernement, pour honorer la mémoire de mylord, avait offert un enterrement public, et que la fille chérie du défunt, sous prétexte de fidélité à ses ordres, avait refusé cet honneur. Il eût satisfait sa vanité; mais il effrayait son avarice, parce que, si la cérémonie proposée avait eu lieu, tous les militaires de l'hôtel auraient suivi le corps et eussent eu droit à la demi-guinée.

Mes deux fils, George Metham et Henri Calcraft, vinrent à cette époque en Angleterre. Le premier, distingué par son courage et sa conduite, avait été promu, dans son corps, au grade de capitaine. Le second, livré malheureusement à une femme méprisable, s'était jeté dans le désordre. Son généreux frère non-seulement s'engagea pour lui, mais il lui prêta les fonds nécessaires pour acheter une commission dans le régiment où lui-même servait, et qui était employé dans l'Amérique septentrionale. Dans l'intervalle, George, nommé à un emploi à la Jamaïque, partit pour sa destination, ne doutant point que son frère ne se rendît bientôt à la sienne; mais celui-ci, entraîné par la femme qui le dominait, la suivit en France, y fut mis en prison pour dettes, et y resta jusqu'à ce que M. William, un des exécuteurs de M. Calcraft, allât l'en retirer. Doublement affligée, j'étais inquiète pour la vie de l'un, et alarmée des extravagances de l'autre.

L'incommodité de M. Woodward ne pouvait plus se cacher; une chute qu'il avait faite au théâtre l'obligea d'avoir recours à M. Bromfield, qui conçut peu d'espoir de le guérir. Quelque temps auparavant, m'annonçant qu'il était dans l'intention de me laisser tout ce qu'il possédait, excepté l'intérêt de quelque argent placé dans les fonds publics dont il voulait donner l'usufruit à son frère, il m'avait demandé qui je lui conseillais de prendre pour exécuteur testamentaire; et je lui avais indiqué M. Ward, en qui je prenais, avec raison, toute confiance. Il fit en conséquence son testament.

Mais ici ma mauvaise fortune ne m'abandonna pas. M. Woodward avait transigé pour son procès avec Barry, et avait pris de celui-ci des billets payables d'année en année : il pria M. Ward de faire assurer la vie de Barry, dont la santé était aussi chancelante, mais que l'on ne croyait pas en danger. Un commis, chargé par M. Ward de cette opération, négligea de se procurer la police d'assurances, et Barry mourut. M. Woodward, mécontent de ce qu'on n'avait point suivi son ordre, et ne pensant point qu'il eût été difficile de faire assurer une forte somme sur la vie d'un homme infirme, s'en prit à M. Ward; il ne voulut plus le charger de l'exécution de ses dernières volontés. Quelques jours après, il pria l'un de ses voisins, nommé Cornish, de vouloir bien être son exécuteur testamentaire, et sur-le-champ fit venir son procureur pour changer son testament.

En m'instruisant de ses motifs, il m'invita à choisir un second exécuteur. Je fus affligée de ce changement; mais il ne me convenait pas d'insister. J'indiquai M. Bromfield.

Je connaissais peu ce dernier; mais j'avais pour lui beaucoup d'estime et de considération : je n'ai point changé de sentiment; et quoique j'aie eu beaucoup à me plaindre des exécuteurs de M. Woodward, je suis encore persuadée qu'ils ont cédé à des impulsions étrangères.

Je transcris ici le testament de M. Woodward, pour que vous puissiez juger entre moi et ceux auxquels il avait confié mes intérêts (1).

« Au nom de Dieu, *amen*. Je, Henri Woodward, de Chapel-street, Grovesnor-place, dans la paroisse de Saint-George, Hanover-square, dans le comté de Middlesex, sain d'esprit, de mémoire et d'entendement, fais et publie mon testament et acte de dernière volonté, ainsi qu'il suit :

» Premièrement, je veux et ordonne que les dépenses de mon enterrement et mes dettes légitimes soient entièrement payées et acquittées, ainsi que les frais d'homologation de mon testament.

» *Item*, je donne à William Bromfield, Esq., cent guinées, et mon anneau d'onyx; et à mon voisin, M. Mason Cornish, vingt guinées pour un anneau.

» *Item*, je donne à mon amie George-Anne Bellamy, ma montre d'or, ma chaîne et mes cachets; comme, aussi, mon argenterie, mes

---

(1) J'ai pensé qu'on pourrait lire avec quelque curiosité ce testament : les formes légales des actes importans de la vie font une partie intéressante des mœurs d'un peuple.
(*Note du traducteur.*)

bijoux, mon linge, ma porcelaine, et tous les meubles de la maison que j'occupe en Chapel-street.

» *Item*, je donne à mes exécuteurs ci-après nommés, et au survivant d'iceux, ainsi qu'à leurs exécuteurs, administrateurs, et survivans d'iceux, sept cents livres dans les trois pour cent consolidés, qui sont placées en mon nom dans les livres du gouverneur et de la compagnie de la banque d'Angleterre; ledit legs en fidéi-commis aux fins et usages ci-après expliqués : savoir, à la charge de recevoir l'intérêt, les dividendes, et le produit de ladite somme, et de les payer aux époques où ils sont dûs et payables, à mon frère John Woodward, fabricant de chandelles, Cripple-gate, à Londres, pendant sa vie naturelle; et immédiatement après son décès, à la charge de vendre lesdites sept cents livres dans les trois pour cent consolidés, et d'en employer le produit à l'acquisition d'une rente viagère placée en leur nom et à leur choix, pour et durant la vie naturelle de George-Anne Bellamy. Je veux, entends et ordonne expressément que mesdits exécuteurs fidéi-commissaires, et le survivant d'iceux, perçoivent de terme en terme, par quartier, et aux échéances où ils seront dus, les arrérages de ladite rente viagère, et les paient eux-mêmes à ladite George-Anne Bellamy, dont le simple reçu sera pour eux, à chaque terme, une décharge suffisante. C'est de plus mon intention expresse que cette rente viagère ne serve qu'à l'usage seul de ladite Bellamy, que l'argent en provenant ne puisse être par elle vendu, ni transporté, ni chargé du paiement de ses dettes, non plus qu'affecté aux dettes, ni soumis au pouvoir ou à la disposition d'aucune personne qu'elle pourrait, par la suite, épouser; et en cas de décès de ladite G.-A. Bellamy, antérieurement à mon frère John Woodward, à la charge, immédiatement après ledit décès, de transporter ladite somme de sept cents livres à mondit frère, ses exécuteurs, administrateurs, ou cessionnaires.

» Je donne et lègue à mes exécuteurs ci-après nommés, tout le reste et surplus des biens que je possèderai au temps de ma mort, quelque part et de quelque nature qu'ils soient, à la charge d'en disposer et de les vendre le mieux et le plus tôt possible après mon décès, et avec les fonds en provenant, acheter en leur nom et à leur choix une rente viagère pour et durant la vie naturelle de ladite George-Anne Bellamy.

» Je veux, entends et ordonne expressément que mes exécuteurs fidéi-commissaires, et le survivant d'iceux, reçoivent de terme en terme, par quartier, aux échéances où ils seront dus, les arrérages de ladite rente viagère, et les payent eux-mêmes à ladite George-Anne Bellamy, dont le simple reçu sera pour eux, à chaque terme, une décharge suffisante. C'est, de plus, mon intention expresse que cette rente viagère ne serve qu'à l'usage seul de ladite Bellamy; que l'argent en provenant ne puisse être par elle vendu, ni transporté, ni chargé du paiement de ses dettes, non plus qu'affecté aux dettes, ni soumis au pouvoir ou à la disposition d'aucune personne qu'elle pourrait, par la suite, épouser.

» Et enfin, je nomme, désigne et constitue le susdit William Bromfield, Esq., et ledit Mason Cornish, exécuteurs et fidéi-commissaires de mon présent testament; révoquant tout testament antérieur que j'aurais précédemment fait, et déclarant que celui-ci est ma dernière volonté. En témoignage de quoi, je susnommé Henri Woodward, ai apposé à mon présent testament ma signature et mon sceau, ce 20 janvier, l'an de notre Seigneur 1777.

» *Signé* Henri Woodward.

» Signé, scellé, publié et déclaré par ledit Henri Woodward, comme étant son dernier testament, en présence de nous,

» Anne Pitt, E. Willet.

» N° 89, Wardour-street-Soho. »

Rien n'était plus clair que ce testament, rien n'était plus positif que la volonté exprimée par le testateur, de me donner sa fortune; il était, ce semble, impossible d'éluder les effets de cette disposition; et cependant, par l'application inconcevable qu'on en a faite, je n'en ai encore retiré aucun avantage. Si, du fond de sa tombe, mon généreux ami pouvait voir comment on a perverti ses intentions, son cœur bondirait d'indignation. Mais n'anticipons pas sur les événemens.

LETTRE XCIII.

18 janvier 17 —.

La maladie de M. Woodward dura sept mois, pendant lesquels je ne me couchai que onze nuits. Il supporta ses longues souffrances avec une résignation constante. Le matin du jour où il mourut, M. Bromfield, fondant en larmes, sortait de sa chambre : Adieu, Henri, dit-il au malade : Adieu, répondit mon ami mourant, je ne vous verrai plus. Je m'approchais pour lui présenter une potion. Il regrettait, dit-il, de ne pouvoir reconnaître tous les soins que j'avais pris de lui. Prenant alors ma main avec un peu d'agitation, il me dit : Je m'en vais, Dieu ait pitié de moi; et il expira.

Homme aussi distingué par sa droiture, sa religion et ses mœurs, que par ses talens, sa mémoire n'a pas besoin de mes éloges. Mais j'ai toujours été surprise que parmi tant de contemporains, ses amis, ses anciens camarades d'étude, aucun n'ait rien écrit à sa louange, que le docteur Madden, qui fit quelques vers à cette occasion. Mon affliction, proportionnée au tendre attachement que m'avait inspiré cet homme respectable, fut telle, que la fièvre me saisit. Je restai plusieurs jours dans un état de stupeur et d'insensibilité.

J'étais encore redevable au joaillier Lazarus, dont j'ai parlé. Salomon, son gendre et son héritier, ayant entendu parler du legs que m'avait fait M. Woodward, chargea son procureur de me poursuivre pour le paiement de sa créance. Celui-ci, par une méthode trop usitée, ne me donna aucune connaissance de la procédure, jusqu'à ce qu'il eût obtenu contre moi une condamnation par défaut. Il prétendit m'avoir écrit; je n'ai jamais reçu de lui aucune lettre.

On m'avait conseillé d'aller à la campagne; je me rendis à Walcot-place, n° 3, Lambeth, où l'on m'avait retenu un logement. La maîtresse de la maison crut que j'arrivais chez elle pour y mourir. Rassurée par M. Bromfield, elle consentit à me recevoir, et fut disposée à me bien traiter, parce qu'on lui dit que l'argent ne me manquerait pas.

Cependant, on crut convenable que, jusqu'à ce que mes affaires fussent arrangées, je ne prisse pas mon nom. Le premier qui me vint à l'esprit, fut celui de West. Je le pris sans y avoir aucun droit, puisque, d'une part, je n'avais plus rien de commun avec M. Digges, et que, de l'autre, lui-même ayant pris un engagement à Haymarket, ne devait plus le porter.

J'étais sans argent; il en était dû à M. Woodward. Mais, dans les derniers momens de sa vie, je n'avais pas voulu lui en demander: et j'avais mieux aimé en emprunter pour payer le seul des médecins par lui consultés, qui voulût en accepter, que de le troubler dans ces circonstances.

Dans ce moment, le docteur Fothergill, ayant entendu parler de mon embarras, me prêta de lui-même cent livres. Il ne me connaissait point personnellement; mais il avait, dans sa jeunesse, connu quelques parens de ma mère, qui étaient de la même secte que lui, et de plus il avait entendu faire mon éloge à la déesse de la déraison, miss Wordley, qui, comme je l'ai dit, était devenue quaker et prédicatrice.

Je mettais un grand intérêt à rembourser une somme si obligeamment prêtée : j'avais donné, dans le temps, une obligation et un jugement ; mais le docteur était trop généreux pour faire usage de ces titres. J'avais emprunté précédemment de M. Woodward, une somme pour laquelle le tapissier qui occupait alors ma maison avait fourni, par manière de garantie, une hypothèque sur mes meubles. Mais M. Woodward, peu de temps après sa première maladie, me fit présent, le jour de sa naissance, du papier qui établissait cette hypothèque. Le docteur Fothergill était, par conséquent, le seul qui eût quelques droits sur ce que je possédais en Brewer-street.

Les coquins chargés par Salomon, vinrent bientôt s'emparer de l'habitation qu'avait occupée mon respectable ami. Empressée de payer le docteur Fothergill, et en même temps de purger la condamnation par défaut, je donnai un pouvoir de vendre tout ce que j'avais, tant dans ma maison que dans celle de M. Woodward, pour acquitter ces deux dettes.

La vente, quoique faite dans une saison où tout le monde était à la campagne, produisit même quelque excédant.

Dans la première année qui suivit le décès de M. Woodward, je reçus à différentes fois, de M. Cornish, cinquante-neuf livres ; c'est tout ce que j'ai jamais touché du legs de mon ami, quoique les exécuteurs se fussent fait payer, sur-le-champ, de seize ou dix-huit cents livres qui lui étaient dues. Livrés aux conseils de M. Willet, leur procureur, ils entreprirent, au nom de la succession, deux procès dispendieux, l'un avec le frère du mort, et l'autre avec les exécuteurs de M. Barry. Ils suivirent à grands frais cette dernière cause en Angleterre, au lieu d'employer à Dublin, M. Burton, qui avait entre les mains les titres en vertu desquels, en cas de non-paiement des termes convenus, on pouvait attaquer le théâtre de Crow-street.

Cette étrange conduite des exécuteurs de M. Woodward, me privant de tout ce que m'avait laissé leur ami, me jeta dans des malheurs plus grands que n'en éprouve le dernier des mendians : détresse d'autant plus douloureuse, que s'ils m'eussent remis ce qui m'était dû, j'aurais pu vivre en repos et dans l'aisance. Je vécus même pendant un an, assez tranquille, dans la persuasion que j'allais toucher prochainement le legs qui m'avait été fait. Mais à l'instigation de leur procureur, les exécuteurs s'avisèrent de demander au frère de M. Woodward le paiement d'une obligation de lui, qu'ils avaient trouvée dans les papiers du défunt; engagement ancien, dont les intérêts accumulés faisaient une somme considérable qui absorbait presque tout le legs fait au débiteur. M. Woodward n'avait probablement jamais compté réclamer cet argent, et je suppose qu'il n'avait gardé l'obligation que pour empêcher, en cas de mort de son frère, que la somme passât à une femme que celui-ci avait épousée contre le gré de sa famille. Légataire universelle, et par conséquent seule intéressée, j'aurais cru pouvoir exiger des exécuteurs qu'ils renonçassent à cette demande que je n'approuvais pas. M. Cornish m'avait même promis qu'on l'abandonnerait; mais cet arrangement n'eût pas fait l'affaire du procureur, et ses conseils l'emportèrent sur ma volonté comme sur mes besoins.

Je passai à Walcot-place quinze mois; j'avais conservé un domestique et une fille; pour pourvoir à cette dépense, j'empruntai sur mon argenterie, sur ce qui me restait de bijoux. Depuis long-temps séparée du monde, les seules personnes que je voyais étaient les habitans de la maison, et une amie qui demeurait à la ville.

C'est ainsi que, peu à peu, à pas plus ou moins accélérés, les personnes que leur imprudence, la perversité d'autrui, ou le caprice de la fortune ont fait sortir d'une position plus heureuse, descendent par degrés dans la vallée de misère. La pente est rapide et le sentier glissant. Une fatale nécessité vous entraîne : rarement remonte-t-on sur ses pas; rarement même peut-on s'arrêter dans cette chute, que rend plus terrible la profondeur inconnue de l'abîme où l'on doit tomber.

LETTRE XCIV.

29 janvier 17 —.

Mon second fils, devenu majeur, arriva alors de France. L'aîné, ayant obtenu un congé, revint aussi en Angleterre. Quelques explications qu'ils eurent entre eux, sur les engagemens qu'ils avaient pris l'un pour l'autre, amenèrent une querelle dont le résultat pensa être un duel. Mes larmes et mes instances prévinrent seules cet horrible combat, qui eût mis le comble à mes malheurs.

Henri, peu de temps après son arrivée, tomba entre les mains des fripons; et ayant perdu au jeu beaucoup d'argent, fut de nouveau obligé de s'absenter. Un ami lui fit obtenir une commission au service de la compagnie des Indes; il partit pour le Bengale. Son frère s'était lié avec un officier, homme extrêmement dérangé. Ils se prêtèrent leurs noms l'un à l'autre, et n'eurent ainsi que trop de facilité à contracter des dettes. Bientôt le capitaine Metham se vit contraint de retourner à la Jamaïque.

A l'instant de son départ, une jeune femme vint me trouver avec une lettre de lui. Il la recommandait à ma bienveillance, et m'assurait qu'elle avait, dans ce moment, les plus grands droits à sa tendresse.

Je n'étais pas dans l'aisance; mais j'eus pitié d'une personne qui me parut plus malheureuse que moi. Je promis de lui donner chaque semaine quelque petite chose; mais je ne pus continuer long-temps cette libéralité.

A l'expiration du terme que prennent ordinairement les exécuteurs testamentaires pour régler les intérêts qui leur sont confiés, j'allai voir ceux de M. Woodward. Quelle fut ma surprise, quand ils me dirent qu'il n'y avait pour moi ni argent, ni espoir d'en obtenir! Je devais, ajoutèrent-ils, m'adresser à M. Willet, leur procureur : ils lui avaient transmis tous leurs pouvoirs.

Étonnée de cette réception, je priai un ami de M. Woodward d'aller voir M. Bromfield; mais celui-ci ne voulut rien entendre. Je lui écrivis sans succès; mes lettres furent renvoyées à M. Willet. Enfin, j'allai voir cet important personnage, qui me traita avec une insolence que je n'avais jamais éprouvée.

Lorsqu'en définitif, je lui demandai quand je pourrais recevoir quelque chose, il me dit que je n'avais rien à attendre; que les exécuteurs avaient autant de droit que moi à l'argent, s'il s'en trouvait; et que si j'en touchais, je le gaspillerais sur-le-champ.

Il m'était aussi inutile de contester avec lui que d'insister auprès des exécuteurs. Ils me renvoyèrent constamment à l'obstiné procureur.

Je me vis donc encore une fois, sans aucune faute de ma part, déçue d'une espérance aussi légitime qu'il était possible d'en concevoir. Jetée dans de nouveaux embarras, je renvoyai Orgell, ce fidèle domestique qui me servait depuis long-temps; et je quittai mon appartement au premier pour monter plus haut dans la même maison (1). Je n'avais pas même de quoi payer les loyers déjà échus.

---

(1) Les maisons de Londres sont toutes très-petites et n'ont que deux étages. Le second n'est, pour l'ordinaire, occupé que par des personnes gênées dans leur fortune. Dans ce pays où, plus que partout ailleurs, c'est presque

Mon fils Metham avait promis de m'envoyer de l'argent de la Jamaïque; mais je ne pouvais le recevoir de quelque temps. L'honnête fille qui me servait aima mieux partager ma détresse que de me quitter. Je devais quelque argent au frère de M. Woodward; j'en devais à une boutique du voisinage, où l'on me fournissait tout ce que je consommais, excepté le pain et la viande. J'avais donné pour cette dernière somme un billet, et l'on me menaçait de me faire arrêter. Cette dette était, pour nous, un double malheur, parce qu'outre l'inquiétude qu'elle me causait, elle nous privait de tous moyens de subsistance, et nous réduisait aux derniers besoins.

Je me défis successivement de tout ce qui pouvait me produire même un shelling. La pauvreté, avec toutes les horreurs qui marchent à sa suite, commença à m'envelopper. Je n'avais pas un ami à qui je pusse m'adresser. Sir George Metham m'avait donné quel-

---

un devoir que d'être riche, on attache une sorte d'humiliation à habiter le second plutôt que le premier étage d'une maison. (*Note du traducteur.*)

ques secours : mais il était absent, ainsi que tous les gens que j'avais connus. Je ne croyais pas posséder un shelling, et je ne concevais aucun moyen de m'en procurer. Je me voyais accablée de dettes, manquant des choses les plus nécessaires à la vie. La pauvre fille qui s'attachait à mon sort augmentait mon affliction, en partageant ma misère. Enfin, lasse de douleurs, épouvantée de l'avenir, je cherchai à me persuader que le suicide n'était pas un crime; que je ne ferais en mourant que cesser d'être à charge aux autres et à moi-même. Je résolus de terminer cette pénible existence, en me jetant dans la Tamise.

Pleine de ces sinistres idées, un jour, entre neuf et dix heures du soir, je sortis, sans être aperçue, par une porte qui ouvrait du jardin sur le chemin; car je n'avais pas le courage de parler à ma fidèle servante : sa tendresse inquiète aurait deviné mes projets, à l'aspect de mes traits décomposés.

J'errai sur la route jusque vers onze heures, et alors je me dirigeai vers le pont de Westminster. J'avais attendu jusqu'à ce moment, pour qu'aucun passant ne vînt me troubler dans l'exécution de mes vues. Je n'étais pas sans espoir de rencontrer quelques vagabonds qui, me trouvant sans argent, voulussent bien m'ôter cette vie dont j'étais si lasse.

Parvenue au pont, je descendis, à pas lents, l'escalier qui conduit à la rivière, et je m'assis sur la dernière marche, attendant avec impatience que la marée vînt me couvrir; car, quoique ma résolution fût bien prise, elle n'était pas violente, et je ne songeais point à me précipiter.

Ainsi résignée, je priais avec ferveur cet Être Suprême que j'allais si grièvement offenser en ne supportant pas les maux qu'il jugeait à propos de m'envoyer. J'osais même penser qu'une impulsion divine me conduisait à cette action coupable; comme si l'Éternel n'avait pas défendu le meurtre de soi-même.

La lune brillait faiblement, au travers des nuages, et donnait assez de clarté pour laisser voir les gens qui passaient sur le pont. Mais comme j'étais en deuil, je ne craignais pas qu'ils m'aperçussent. J'avais ôté mon bonnet et mon tablier que j'avais posés près de moi, sur les marches. La tête appuyée sur mes mains, je me perdais, absorbée dans mes tristes pensées, stupéfiée par la douleur et les réflexions sans suite qui se pressaient dans mon imagination.

Souffrez qu'ici je m'arrête pour contempler avec vous la vicissitude des choses humaines. Voyez votre amie que, jadis, environnaient l'aisance, la considération, la gloire, réduite au dernier degré de l'infortune, en proie à la faim, aux outrages, au désespoir. Voyez-la prête à franchir le seuil de l'éternité, et à se présenter, *sans en avoir reçu l'ordre*, devant son Créateur. Ce souvenir me fait encore frissonner.

Je restai, pendant quelques minutes, dans cette pensive attitude; je calculais l'approche de la marée; j'accusais sa lenteur, lorsque, pour me servir des termes de Thompson, il plut à cette suprême intelligence qui gouverne les mondes, et dirige le mouvement de tout ce qui les remplit, depuis l'astre qui brille dans les cieux, jusqu'au grain de sable qui roule à nos pieds, de m'arrêter au bord du précipice, et de me sauver de ma ruine.

Une voix que j'entendis au loin me tira

tout-à-coup de ma rêverie. Autant que j'en pus juger, car je ne voyais personne, c'était une femme qui parlait à son enfant. « Comment, disait-elle d'une voix douce et d'un ton plaintif, comment pouvez-vous, mon cher, crier pour avoir du pain, quand vous savez que je n'en ai pas un morceau à donner à votre père mourant? Mon Dieu! mon Dieu! s'écria-t-elle ensuite avec toute l'amertume d'une profonde douleur, y a-t-il un malheur égal au mien? Mais ta sainte volonté soit faite! »

Les derniers mots de cette touchante exclamation, comme une étincelle électrique, frappèrent mon cœur découragé. Je sentis l'avertissement que Dieu, dans sa bonté, voulait bien me donner. Effrayée du crime que j'allais commettre, je fondis en larmes, répétant dans la sincérité de mon ame la phrase que l'on venait de prononcer : Ta sainte volonté soit faite!

Cherchant dans ma poche mon mouchoir pour essuyer mes larmes, j'y trouvai quelques sous que je ne croyais pas posséder. L'humanité qui, comme tous les autres sentimens, s'était tue devant le désespoir, fit entendre sa voix. Obéissant à son impulsion, je remontai promptement l'escalier; et ayant trouvé mon invisible prédicateur, je les lui donnai. Je reçus en retour mille bénédictions auxquelles la pauvre femme avait sans doute plus de droit que moi, puisqu'elle m'avait soustraite à ma perte éternelle.

Retournant alors au lieu où elle avait dû se consommer, je m'humiliai devant celui qui avait préparé cette heureuse circonstance, et pour la première, pour la dernière fois de ma vie, je trouvai quelque douceur à penser qu'il y avait au monde des gens aussi malheureux que moi.

En comparant ma position avec celle de cette pauvre femme qui pleurait, à la fois, sur un mari mourant et un fils affamé, je songeais, avec une douce satisfaction, que tous les êtres auxquels m'attachaient le sang ou l'affection, étaient tranquilles et heureux. Je n'avais d'inquiétude que pour la pauvre enfant que retenait auprès de moi sa tendresse, et que je regardais comme ma fille. Je priai Dieu qu'un jour je pusse reconnaître les soins de cette honnête créature, et lui procurer de plus heureux jours.

LETTRE XCV.

8 janvier 17 —.

Après avoir prié avec plus de ferveur et de satisfaction que je n'avais encore fait, je me sentis soulagée. L'espoir se réveilla dans mon ame, et je repris assez tranquillement le chemin de ma demeure. En y entrant, je trouvai ma pauvre Sally ayant le cœur gonflé et les yeux noyés de pleurs. Elle craignait qu'il ne me fût arrivé quelque malheur. Elle se consola bientôt, en voyant que mes regards étaient moins sombres, et que mon ame paraissait plus calme. Sa sœur, me dit-elle, était venue, en mon absence, et lui avait donné deux shellings, qu'elle avait employés à acheter quelque chose pour mon souper, ainsi que du thé et du sucre, pour le déjeuner du lendemain.

Nous mangeâmes gaiement. Je n'ai guère fait, dans ma vie, de repas plus agréable. J'étais si touchée de l'affection de cette bonne fille, que les témoignages qu'elle m'en donnait m'étaient aussi précieux que ceux de la plus flatteuse amitié.

Le lendemain, j'étais seule. Sally était allée passer la journée chez sa sœur. J'entendis frapper doucement à ma porte. Depuis que je m'étais reléguée au second, j'évitais, par une vanité mal entendue, de voir personne qui m'eût connue dans une position plus brillante. Je fus donc fort étonnée de voir entrer madame Krudnar. C'était la veuve d'un baron polonais, femme agréable, généreuse, et pleine de sensibilité.

Elle avait entendu parler de mon malheur, et me fit quelques reproches d'avoir caché à mes amis une infortune qui n'avait rien de honteux, puisqu'elle était le fruit de la friponnerie d'un procureur qui avait, malgré moi, dépensé mon bien en procès inutiles.

Deux ou trois jours après cette visite, je fus très-surprise d'en recevoir un matin plusieurs autres de gens qui venaient m'offrir des secours. Madame Krudnar, affectée de ma situation, avait fait mettre dans les journaux un avertissement, portant que le

Timon femelle (1) manquait du nécessaire, et que ceux qui, jadis, avaient partagé sa prospérité, devraient rougir de la laisser dans une pareille situation. Mon adresse était jointe à cet avis, qui m'amena beaucoup de monde.

De ce nombre était M. Harris, qui se plaignit obligeamment de ce que je n'avais pas instruit de mon sort les directeurs de Covent-Garden. Il me donna cinq guinées, qu'il m'invita à porter en compte. Je leur en devais, je crois, trente ou trente-cinq, et à M. Harris vingt.

Le même jour vint aussi mistriss Withfield, fille de la bonne garde Carter, autrefois ma coiffeuse. Elle venait de la part de deux personnes, qui se proposaient d'ouvrir pour moi une souscription. Elle-même avait le projet de rassembler, parmi ses amis, une petite somme, sur laquelle elle me paierait une guinée par semaine. J'acceptai ses offres, pro-

---

(1) Allusion au *Timon d'Athènes*, de Shakespeare, qui, tombé dans le besoin, après avoir dissipé une grande fortune dont il avait donné la majeure partie à ses amis, n'en trouva pas un qui voulût le secourir dans sa détresse.

(*Note du traducteur.*)

pres à écarter de moi, non-seulement le besoin, mais les dettes, bien plus fâcheuses, selon moi ; poison de tous les momens ; véritable enfer anticipé, dans lequel il n'y a plus ni sommeil, ni tranquillité (1). Ah! ceux-là ne savent pas de quel prix est l'indépendance, qui n'ont jamais connu la servitude du besoin! Heureux celui qu'une honnête industrie nourrit obscurément d'alimens, dont la source ne tarit jamais ! Je le répète ; celui qui, une fois, est obéré, a mis le pied dans le Tartare : il est dévoué aux fouets et aux furies.

J'observe que les personnes qu'amena chez moi cet avertissement, n'étaient point celles que, jadis, j'avais eu le bonheur d'obliger. Parmi celles-là, je dois le dire, *une seule* sentit le reproche, et en fut touchée. Tant est rare ce sentiment de la reconnaissance!

---

(1) Toutes les dettes, en Angleterre, emportent la contrainte par corps. Plusieurs réclamations se sont élevées, dans ces derniers temps, contre ce système qui, dans un pays où les transactions sont aussi nombreuses et la jurisprudence aussi compliquée, livre habituellement une moitié de la société à la tyrannie arbitraire de l'autre.

(*Note du traducteur.*)

Madame Krudnar revint me voir, enchantée du succès de sa manœuvre. Bientôt je reçus du théâtre une somme suffisante pour payer les dettes que, récemment, la nécessité m'avait fait contracter. La guinée par semaine, que m'avait promise mistriss Withfield, dura assez long-temps, plus que je ne l'aurais espéré.

Je reçus une visite de mistriss Abington, qui me conseilla de demander une représentation à mon bénéfice, et qui m'offrit de la soutenir de ses talens. Elle m'aida de son crédit, pour une petite somme que j'ai payée depuis, et dont je lui ai autant d'obligation que si elle l'avait déboursée. M. King, M. Smith, m'offrirent également de jouer à mon bénéfice. Mais la saison parut trop avancée pour qu'on s'en occupât cette année.

Je me souvins alors de quelques réclamations que j'avais à faire contre le tapissier qui tenait ma maison de Brewer-street; il prétendit ne me rien devoir. Je plaidai, et je gagnai mon procès. Mais je ne voudrais pas, pour une somme décuple, subir tout ce qu'il m'en a coûté pour employer de pareils moyens.

Isaac Bickerstaff (1) dit, dans une de ses Veillées, que, dans chaque village, il y a une mistriss Bleu-Manteau, babillarde commère, qui n'a d'autre occupation que de recueillir toutes les nouvelles du pays, et de les débiter à tout venant, ornées de quelques accessoires de son invention. J'éprouvai bien, pendant mon séjour à Walcot-place, qu'il y avait aussi dans le canton une mistriss Bleu-Manteau.

Une femme, dont le mari vit à Londres dans quelque aisance, et qui y a amassé de quoi avoir une habitation à la campagne, me fit l'honneur de me venir voir à Walcot. Elle s'amusa, depuis, à répandre de prétendus détails de ma prodigalité, dans un temps où je manquais des premières nécessités, et où j'étais retenue au lit par une grave et douloureuse maladie. On devrait punir ces pestes de société, qu'on ne peut pas attaquer en réparation d'injures, et qui, cependant, font autant de mal que le calomniateur le plus outra-

---

(1) Auteur de plusieurs ouvrages dramatiques. Il a fait, entre autres pièces, l'École des Pères et l'Hypocrite. Celle-ci est une imitation du Tartufe, de Molière, corrigée d'après le *non Juror*, que le célèbre Colley-Cibber avait tiré de la même source. (*Note du traducteur.*)

geux. J'ai bien éprouvé ce triste effet ; car un homme estimable m'assura, peu de temps après, qu'il m'aurait certainement secourue dans mon infortune, si le hasard ne lui eût pas fait rencontrer cette obligeante voisine, qui lui dit que ce qu'on publiait de mon malheur était une chimère.

LETTRE XCVI.

16 février 17 —.

Mistriss Willet, mon hôtesse, ayant loué la plus grande partie de sa maison, je trouvai incommode de demeurer plus long-temps à Walcot-place. Je revins donc à la ville, où je me fixai dans la maison que j'occupe encore.

La duchesse de Montague (jadis lady Cardigan), que j'informai de ma position, m'aida de quelques secours; mais ils ne suffirent pas pour me permettre de vivre sans contracter des dettes.

Je fus moins heureuse auprès de sir George Metham, à qui je m'étais adressée directement. Je ne reçus de lui qu'une lettre de reproches dans laquelle il me remontrait l'inconvenance d'une demande d'argent. Quand j'avais eu le pouvoir de faire du bien, je l'avais fait avec plaisir. Je n'eusse pas pensé que, pour d'autres, ce fût une peine.

Je demandai à M. Harris une représentation à mon profit. Non-seulement il me l'accorda nette de tous frais, mais il intéressa à mon sort les acteurs qui, tous, me prêtèrent, avec plaisir, le secours de leurs talens.

On pensa que je devais paraître moi-même sur la scène. Eloignée du théâtre depuis six ou sept ans, je m'y décidai avec peine; et au moment de jouer, j'aurais volontiers, pour m'en dispenser, abandonné tout le produit du bénéfice, quoiqu'il fût beaucoup plus considérable que je ne m'en étais flattée : ce qui provint, en grande partie, de ce que mistriss Yates reparaissait pour la première fois, après une longue maladie.

J'étais si effrayée, que miss Cateley fut obligée de me pousser, en quelque sorte, sur le théâtre. Cette actrice montrait une joie si vive de voir la salle remplie, qu'elle n'eût pas été plus satisfaite, si la représentation eût été donnée à son bénéfice. Cependant j'avais quitté le théâtre avant son retour d'Irlande, et elle ne me connaissait point.

La santé de mistriss Yates était si chancelante, que je craignis qu'elle ne pût jouer. Mais la bonté de son cœur lui fit affronter tous les dangers, pour obliger une camarade malheureuse. Elle parut, au milieu de nombreux applaudissemens, dans son rôle, justement admiré, de Jane-Shore. A cette pièce, on avait joint *Comus* (1), dans laquelle tous les acteurs se piquèrent d'exceller.

Quant à mon jeu, il fut, je crois, très-médiocre. Je ne sais comment j'achevai mon rôle, qui était, comme à l'ordinaire, celui d'Alicia. La crainte s'était tellement emparée de moi, qu'elle m'empêcha de faire aux spectateurs un remerciement que j'avais préparé.

Il faisait ce jour-là excessivement chaud, ce qui rendit plus remarquable l'affluence des dames du premier rang, qui, malgré cet inconvénient, ornèrent les loges de leur présence.

La personne que m'avait recommandée mon fils m'avait engagée à endosser pour elle un billet à six mois d'échéance. J'employai à acquitter cet engagement une partie des produits de mon bénéfice. Le reste paya d'autres

---

(1) De Milton. (*Note du traducteur.*)

dettes. J'attendais chaque jour des nouvelles de mon fils. L'espérance d'en recevoir me flattait d'autant plus, que le comte Haslang, qui avait bien voulu m'allouer une certaine somme par mois, venait de tomber malade, et m'avait mandé qu'il était obligé d'interrompre pour quelque temps cette libéralité. Ce fâcheux incident m'arriva dans un instant où, malade d'un rhumatisme, je ne pouvais me lever que pour faire faire mon lit.

Dans ce triste état, je reçus la visite d'une femme que j'avais connue dans la société. Elle venait, dit-elle, pour me consulter sur les talens d'une jeune personne qui se destinait au théâtre. Mon indisposition m'empêchait de m'occuper de son amie; mais je promis de lui donner avis de mon rétablissement. Elle me quitta, en m'engageant à boire du vin de Madère. C'était, lui dis-je franchement, un remède trop cher pour ma fortune, encore plus délabrée que ma santé. Elle me pria de trouver bon qu'elle m'en envoyât. Un homme vint en effet le lendemain, de la part de mistriss Stewart, apporter du vin de Madère, et dit à la fille qu'il viendrait l'après-midi chercher son panier.

Le soir, on me dit qu'il était en bas. Je me disposais à lui envoyer quelque argent par la fille, lorsque deux drôles se précipitèrent dans ma chambre, et me dirent qu'ils avaient ordre de m'arrêter pour une somme considérable, ajoutant qu'il fallait que j'allasse sur-le-champ avec eux. Je leur demandai le nom du créancier qui avait pour moi un pareil procédé. Ils me le dirent, et ajoutèrent que c'était pour des toiles que l'argent était dû. Je ne connaissais, leur dis-je, personne de ce nom, et depuis bien des années je n'avais acheté aucun article de ce genre que chez mistriss Evans, de Marybone-street. Mes remontrances furent inutiles : la dette, dirent-ils, était affirmée. Ils eurent même l'audace de déclarer que, quand je me procurerais une caution, ils avaient ordre de ne pas l'accepter.

Je représentai l'état où j'étais; ils furent inflexibles : il fallut faire de nécessité vertu, et céder à leur autorité. Je demandai que, du moins, je ne fusse pas obligée de me lever devant eux. Ils y consentirent avec quelques difficultés, en m'enjoignant de me dépêcher, parce qu'ils étaient fort pressés, et que je devais l'être aussi. Je ne peux vous dire tout ce que je souffrais de me voir exposée à ces brutalités, sans y avoir donné aucun prétexte légal. Ma pauvre domestique était si effrayée, qu'elle augmentait mon tourment : jamais elle n'avait vu pareille scène.

Les misérables insultaient à sa sensibilité. Placés, l'un à chaque porte, pendant que je me levais, ils donnaient carrière à leur gaieté. Dans leurs propos, ils nommèrent la femme qui m'était venu voir la veille. A l'instant, la fausseté de cette créature me fut dévoilée. Je vis quel était l'objet de sa visite; et l'actrice débutante, et le vin de Madère étaient autant de prétextes pris par elle pour préparer le coup qu'elle voulait me porter.

Aussitôt que je fus prête, j'entrai dans la voiture avec mon honorable cortége, qui me conduisit chez Armstrong, dans Cary-street. La persuasion où j'étais que la créance était fausse, me donnait du courage; mais lorsque j'entendis le nom du procureur qui avait pris le mandat, j'en conçus l'intention. Devant à M. Stacie, aux armes de Bedford, une somme considérable, pour laquelle j'avais été caution de mon fils Metham, j'avais demandé à ce procureur de me remettre, pour en faire un transport à M. Stacie, une obligation que j'avais autrefois confiée au père du premier.

J'envoyai donc, sur-le-champ, chercher M. Stacie, qui vint avec son procureur; il promit à l'officier que je me représenterais; et je retournai chez moi sans mes deux acolytes. La joie que causa mon retour à ma petite fille, fut inexprimable, et j'eus le plaisir de voir que personne, dans la maison, n'avait soupçonné le motif de mon absence.

Cependant le délai du mandat d'arrêt expirait prochainement; et comme il n'était pas en mon pouvoir de me procurer une caution pour une si grosse somme, je n'eus d'autre ressource que de faire inscrire mon nom sur les registres de King's-bench. Décidée à ne me servir pour aucune dette, et encore moins pour une que je ne devais pas, du privilége que pouvait me donner le nom du comte Haslang, je résolus de soutenir le procès. L'affaire, d'ailleurs, commençant à se dévoiler, je reconnus que la malheureuse femme à laquelle mon fils Henri avait jadis été attaché, s'était réunie à une autre personne, pour engager un pauvre Irlandais, qui jamais n'avait eu dix livres dans sa vie, à jurer que je lui devais une somme que ni lui, ni tous ses ancêtres n'avaient pu posséder.

Cette intrigue avait été imaginée pour m'épouvanter et me faire donner une décharge de l'obligation. On avait calculé qu'il était très-hasardeux pour moi, dans ma position, de changer de logement, et l'on supposait que la crainte du résultat me déterminerait à acheter, à tout prix, ma liberté. Je dois ajouter que l'obligation dont il s'agit avait été donnée par un jeune parent que j'avais élevé, et pour lequel, à l'effet de le faire partir pour les Indes orientales, j'avais emprunté de l'argent de M. Woodward. C'était une somme de quatre-vingt et quelques livres. Le jeune homme avait donné une obligation; mais M. Woodward insista pour qu'elle fût faite à mon nom, et voulut même absolument que je la gardasse, afin que personne ne pût en poursuivre le paiement.

M. Stacie, en plusieurs circonstances, ayant rendu beaucoup de services tant à moi qu'à mes deux jeunes gens, je pensai qu'un transport de cette obligation, fait à son nom comme une garantie de ce que lui devait le capitaine

Metham, lui prouverait que si je n'avais pas les moyens, j'avais au moins l'intention de m'acquitter. J'envoyai donc l'obligation au père de ce procureur, qui était un des solliciteurs de M. Woodward, à l'effet d'en faire le transport au nom de M. Stacie. Cela n'ayant pas été fait, j'écrivis au fils pour qu'il me renvoyât l'obligation, et je la demandai d'une manière si péremptoire que l'on imagina cette arrestation pour m'intimider, et me faire reconnaître que je l'avais reçue. Je ne peux expliquer autrement les indignités que l'on me fit essuyer (1).

---

(1) Ces particularités seraient pour nous d'un médiocre intérêt, si, d'une part, elles ne montraient quel est en tout pays le caractère des officiers inférieurs qui font métier de poursuivre l'exécution des lois, et si, de l'autre, elles ne donnaient quelque idée du désordre de la législation civile anglaise. La multiplicité des lois, la rigueur des formes, l'adresse des légistes, ont fait de la jurisprudence un labyrinthe plus dangereux que celui de Crète; car du moins, dans celui-là, il ne se trouvait qu'un monstre.

(*Note du traducteur.*)

LETTRE XCVII.

22 février 17 —.

A la fin de la saison, je priai les directeurs du théâtre de Drury-lane de me donner un certain nombre de billets, ce qu'ils firent très-honnêtement; dans cette occasion, le feu comte Spencer ayant engagé milady Spencer à se joindre à mes anciennes protectrices, j'obtins le succès que je désirais.

Je ne recevais point de nouvelles de mon fils George Metham, et ce silence me faisait craindre pour sa vie. On m'avait dit que, par une circonstance heureuse, il avait gagné huit mille livres; ce que cette nouvelle avait eu de plus intéressant pour moi, était de m'assurer qu'il vivait encore. Vers ce temps, la femme qu'il m'avait recommandée, étant venue me voir, me dit qu'elle avait reçu de lui une lettre dans laquelle il promettait de m'écrire prochainement. Il lui avait envoyé, ajouta-t-elle, un ordre pour toucher la pension qu'il lui faisait : elle me pria de l'aller recevoir chez Ross et Gray ; sur le montant, je me paierais de ce qu'elle me devait. Le lendemain, elle reviendrait prendre le surplus. Pour terminer, elle me pria de lui prêter une guinée.

Satisfaite de ces nouvelles, je fis ce qu'elle voulait, et je courus chez le correspondant. Là, j'appris que, le matin même, elle avait touché son argent ; elle devait, quand elle était venue chez moi, l'avoir dans sa poche. Ce qui me choqua le plus, c'est qu'elle avait reçu de mon fils des lettres pour moi en même temps que les siennes, et les avait supprimées.

Indignée de cette double fraude, il est certain que si, dans le moment, j'avais trouvé la malheureuse, j'aurais fait mettre à exécution le billet que j'avais d'elle. J'ai la fausseté tellement en horreur, que si j'étais coupable des plus grands crimes, je les avouerais franchement, plutôt que de descendre à un mensonge.

Dans le court séjour que je fis chez l'officier, dans Cary-street, j'y rencontrai une personne que je crus avoir vue ailleurs. Comme elle me fit politesse, je crus, à son air d'aisance, qu'elle était de la maison.

Pendant qu'on dressait mon cautionnement, elle m'apprit qu'elle s'appelait Douglas, qu'elle était d'une bonne famille, mais que des indiscrétions l'avaient jetée dans une dette de trente livres, pour laquelle elle se trouvait arrêtée ; elle n'avait pu trouver cette somme pour s'acquitter. L'humanité, comme vous savez, est chez moi presque une faiblesse. Je pris à cette femme de l'intérêt. Quelque temps après, elle fut délivrée par ce qu'on appelait alors un *billet de feu* (1), qui lui avait été adressé par une main inconnue. Elle vint aussitôt me voir ; et comme je suis toujours portée à croire les gens tels qu'ils se montrent, je l'invitai à rester chez moi : une étroite liaison s'établit entre nous. Les événemens, comme vous voyez, ne me corrigeaient pas. Je crains même qu'ils ne me rendent jamais plus sage, si, pour le devenir, il faut renoncer à cette sensibilité confiante dont je me suis toujours glorifiée.

---

(1) Exemption de dettes accordée à des personnes qui avaient été victimes d'un incendie. (*Note du traducteur.*)

LETTRE XCVIII.

1 mars 17 —.

Un avis parut dans les papiers publics, annonçant qu'on allait publier, dans une brochure, le nom de toutes les personnes qui s'étaient rendues dans King's-bench, ou qui étaient inscrites sur les livres de cette demeure. Craignant de voir mon nom confondu avec ceux de gens qui s'y étaient fait inscrire, et s'étaient procuré des *billets de feu* dans des vues frauduleuses, j'écrivis à M. Woodfall (1) pour empêcher, s'il était possible, cette insertion. Je lui exposais les vraies circonstances de mon arrestation, et le priais de ne pas mettre mon nom, parce que, dans le mois suivant, devait se terminer une affaire qui m'avait causé tant de désagrémens. Mais, à mon grand chagrin, quand la fâcheuse liste

---

(1) Propriétaire d'un journal ancien et estimé, connu sous le nom de *Woodfall register*. (*Note du traducteur.*)

parut, mon nom s'y trouva, ainsi que celui de mistriss Douglas, en assez mauvaise compagnie.

Les gens de la maison que j'habitais n'avaient eu aucune connaissance de ce qui m'était arrivé : quand ils virent mon nom sur le rôle de King's-bench, ils prirent beaucoup d'inquiétude, et craignirent que, pour annuler de nouvelles contraintes, je ne voulusse profiter de ma qualité de prisonnière, ce que prétendaient pouvoir faire toutes les personnes qui étaient sur la liste. Je fus extrêmement humiliée d'une supposition si contraire à mes principes. Je trouve tout simple que le malheureux marchand, qui se trouve réduit, par des pertes, à l'impossibilité de payer, profite des actes d'insolvabilité, ou d'autres moyens légaux, pour éviter des poursuites. Mais je ne pense point qu'il soit permis à d'autres d'user de ces avantages. Je m'étais conduite conformément à cette opinion, lorsque j'avais refusé de me libérer, par un pareil acte, de dettes bien autrement importantes.

J'avais fait part à mon fils Metham de la manière dont s'était comportée avec moi son amie. Surprise de ne point recevoir de lui de réponse, par le retour du paquebot (1), je pressentis mon malheur. Mes craintes ne tardèrent pas à se réaliser. J'écrivis à sir George, pour savoir s'il avait reçu quelques nouvelles. Sa réponse me parvint cachetée de noir; je l'ouvris en tremblant; je vis à la première ligne: « Rassemblez tout votre courage. » Je ne pus continuer; je tombai par terre, sans connaissance.

Lorsque je repris mes sens, je vis autour de moi, fondantes en larmes, la maîtresse de la maison et quelques autres personnes qu'elle avait appelées à mon secours. Mes pleurs ne coulaient point; la douleur était prête à me suffoquer. De tous les chagrins que j'ai éprouvés, ce fut là sans contredit le plus sensible. Je perdis dans mon fils tout ce qu'une mère pouvait espérer ou désirer; un ami, un protecteur, le seul soutien qui me restât. Mon fils Henri était aux Indes orientales, et le sinistre

---

(1) Le départ et le retour des paquebots, pour les colonies, sont aussi réglés que les courriers de la poste. Nous avons eu en France des paquebots pour nos îles de l'Amérique; mais l'usage en a duré peu de temps. Il serait à souhaiter qu'à la paix on renouvelât cet utile établissement. (*Note du traducteur.*)

événement qui m'enlevait son frère redoublait pour lui mes craintes : je me regardais comme sans enfans ; car pour ma fille, je ne pouvais, après les procédés qu'elle avait eus pour moi, la considérer comme mon enfant ; elle m'avait montré par sa cruauté qu'elle était la vraie fille de M. Calcraft.

Je n'avais pas même de quoi acheter des vêtemens de deuil. Sir George, que je priai par écrit de venir à mon secours, me répondit qu'il ne le pouvait pas : ses propres dépenses absorbaient tout ce qu'il avait sauvé des débris de sa fortune. J'eus encore recours à M. Stacie, qui me donna ce qui m'était nécessaire.

Je fis des démarches pour obtenir des lettres d'administration de la fortune de mon fils. On m'en détournait, par l'observation que peut-être cette fortune ne suffirait pas pour couvrir les frais ; mais je ne pouvais croire qu'il n'eût pas laissé quelque chose à la Jamaïque. Je persistai dans mon dessein. Au bout de quelques mois, un des principaux créanciers de mon fils détermina son procureur à prendre pour moi, à la chambre des communes, l'engagement de payer les frais. Après beaucoup de peines, les lettres furent obtenues. Si-tôt que je les eus, j'appris, à mon grand étonnement, par M. Barry, secrétaire du général Dalling, qu'il y avait un testament, dont il promit de m'envoyer copie. Cette nouvelle m'empêcha de faire aucun usage de mes lettres. Malgré tous les soins que j'ai pris depuis trois ans, j'ignore encore aujourd'hui si mon fils est mort riche ou insolvable.

Ainsi, toujours trompée dans mes espérances, jouet habituel de la fortune, je ne savais de quel côté me tourner. Heureusement, le comte Haslang, sorti, comme par miracle, de sa longue indisposition, promit de me renouveler le secours qu'il m'avait donné pendant quelque temps; mais tout ce que je recevais était consommé d'avance par des besoins antérieurs. Les directeurs de Covent-Garden se prêtèrent encore à m'obliger, en me donnant des billets; mais un changement de pièce, une erreur d'affiches, empêchèrent qu'ils ne me fussent utiles. Je ne reçus que vingt guinées de mistriss Armstead, pour une loge; libéralité particulièrement méritoire de la part de cette dame, que je ne connaissais point. Le comte Haslang eut alors une rechute, ce qui me rejeta dans de nouveaux embarras. Tout semblait se réunir pour les augmenter; chaque espérance qui s'offrait à moi s'évanouissait à l'instant où j'allais la saisir; chaque rameau auquel je m'accrochais se brisait au premier effort, et je retombais dans le torrent qui m'entraînait. Ceci me rappelle un colibet de ma mère. Elle prétendait que la fortune avait frappé si souvent à ma porte sans que je lui permisse d'entrer, qu'il y avait à craindre qu'un jour elle ne m'envoyât une *miss* (1) de sa famille, qui ne se laisserait pas éconduire. La prédiction n'a été que trop vraie. L'infortune est venue; il a bien fallu la laisser entrer; et au lieu de se contenter d'une simple visite, elle est devenue ma compagne pour la vie.

---

(1) *Misfortune*, qui en anglais répond à notre mot infortune. Les *calembourgs* sont dans toutes les langues; il s'en est fait dans tous les temps. (*Note du traducteur.*)

LETTRE XCIX.

30 mars 17 —.

La rechute du comte me privant de ce qu'il m'avait promis de me donner jusqu'à ce que mes affaires fussent arrangées, je fus obligée de réduire encore ma dépense; je changeai de logement pour en prendre, provisoirement, un moins cher que celui que j'occupais.

Pour me débarrasser de mes dettes, j'étais convenue avec le frère de M. Woodward de vendre l'argent placé dans les fonds dont il devait recevoir l'intérêt pendant sa vie. M. Willet, le procureur des exécuteurs, avait promis de faciliter cette opération; mais, lorsque l'affaire fut portée devant les barons de l'échiquier, il s'y opposa, sous prétexte que cette demande était contraire à l'esprit ainsi qu'à la lettre du testament de M. Woodward. Sur ses observations, la requête fut rejetée. M. Willet, à tout prix, voulait éviter de rendre un compte; cette action répond au reste de sa conduite; elle recevra, peut-être, un jour sa récompense.

Ma détresse devenait si pressante, que je me vis obligée d'importuner de nouveau le comte Haslang. Je sentais combien cette démarche était peu délicate; j'avais tant de preuves de l'amitié du comte, que je ne pouvais supposer qu'il m'eût négligée; et la nécessité seule pouvait me déterminer à lui reparler de mes besoins.

Vous serez tentée peut-être de penser que l'amitié qui subsistait entre nous avait quelque rapport à l'amour. Mais je peux dire avec amour-propre, malgré tous les reproches qu'on a faits à ma conduite, que j'ai été honorée de l'amitié désintéressée de quelques-uns des plus grands personnages qui aient figuré de mon temps, soit au sénat, soit dans la société privée, ou au théâtre.

Je n'attribue cette distinction flatteuse qu'à une philantropie générale, à une sincérite constante, et à ce que je n'ai jamais prétendu à aucune supériorité d'esprit; faible trop commun aux femmes qui, à quelques talens, joignent de l'instruction et de la mémoire.

Étant allée un dimanche à Golden-square, je vis avec un extrême plaisir le comte assez bien rétabli pour assister au service divin dans la chapelle ; ce qu'il n'avait pu faire depuis plusieurs mois. Il m'assura qu'il ne s'était pas trouvé si bien depuis trente ans. Il me dit ensuite qu'il se proposait de venir me voir incessamment, et que je pouvais envoyer le jeudi prochain ma domestique chercher la réponse à la lettre que je lui avais écrite. Il eut la bonté d'ajouter qu'il était bien fâché de m'avoir laissée dans le cas de lui rappeler sa promesse.

Attachée à son excellence, par une longue suite d'obligations, je me réjouis de son rétablissement, et je me flattai d'avoir, jusqu'à l'arrangement de mes affaires, un petit revenu assuré.

Conformément à son ordre, j'envoyai le jeudi ma fidèle petite domestique qui se rendit à midi à Golden-square, persuadée qu'elle allait toucher ce que j'attendais, et toute contente de revoir le comte qui la traitait toujours avec bonté. Je comptais tellement sur ce qu'elle devait me rapporter au retour, que je retins, pour dîner avec moi, une amie qui était venue me voir. Mais devais-je croire qu'une de mes espérances se réalisât?

Lorsque Sally revint, je tendis bien vite la main pour prendre la réponse que, sans doute, elle me rapportait. Au lieu de me la remettre, elle me cria : « Point de ré-
» ponse, vous avez perdu votre unique ami;
» le comte est mort. » Frappée comme de la foudre, je ne pouvais l'en croire. Je courus, sur-le-champ, à l'hôtel, où je trouvai que la nouvelle était trop vraie : la veille l'ange de la mort avait administré les trois fatales gouttes (1).

Le dimanche, le comte, après que je l'eus

---

(1) C'était une opinion reçue chez les anciens Juifs, et qui subsiste encore chez quelques-uns de leurs descendans, que, lorsque Dieu a ordonné la mort de quelqu'un, l'ange exterminateur plane sur la tête de la personne désignée, ayant à la main une épée à la pointe de laquelle pendent trois gouttes de fiel. Le moribond, apercevant cette vision, s'effraie, ouvre la bouche, et l'ange de la mort verse à l'instant la fatale potion qui produit les effets suivans : la première goutte prive de la vie; la seconde donne au cadavre une pâleur livide; la troisième le réduit en poussière dans le tombeau. (CALMET, *Dissertation sur la défaite de l'armée de Sannach.*)

quitté, avait demandé sa voiture pour aller rendre quelques-unes des nombreuses visites qu'on lui avait faites pendant sa maladie. Le temps était très-froid; et quelques domestiques engagèrent son excellence à remettre sa promenade à un moment plus doux. Mais il insista, disant qu'il aurait à peine le temps de rendre toutes ses visites avant le jour de la naissance du roi.

Il partit donc. Dans sa course, un des chevaux tomba ; le comte ouvrit la glace de la voiture jusqu'à ce que l'animal fût relevé. Cela prit un peu de temps, pendant lequel il reçut le vent qui lui soufflait dans le visage ; circonstance nécessairement dangereuse pour quelqu'un qui n'était pas sorti de sa chambre depuis plusieurs mois, et qui venait d'échapper miraculeusement à une longue et terrible maladie.

Le soir, il se plaignit du froid. Le lendemain, il fut mieux; mais le jour suivant, on vit la mort approcher. J'ai su, de bonne part, qu'au lieu de le laisser finir en paix, on l'importuna dans ses derniers momens, pour lui faire faire un testament au préjudice du comte son fils.

Le jeune baron, héritier et exécuteur testamentaire du comte, se laissa conduire par les personnes qui l'environnaient. Au lieu de faire rendre à son excellence les honneurs qui convenaient à sa place et à son rang, on le déposa dans le cimetière commun de Saint-Pancrace. Plusieurs mois s'écoulèrent sans qu'on mît une seule pierre ou une indication quelconque, pour désigner la place où il était. Je fus d'autant plus affectée de le voir traiter avec si peu d'égards, que lui-même avait paru très-mécontent de ce qu'on avait enterré dans cet endroit sa vieille femme de charge : il s'était exprimé à ce sujet avec beaucoup d'aigreur, et avait dit : « J'aurais » plus d'attention pour un chien que j'aurais » aimé. » Ce ne fut qu'avec peine qu'il consentit qu'elle y restât, quoiqu'on lui eût dit qu'elle-même l'avait désiré. Pauvre homme ! Que n'eût-il pas souffert, s'il eût su que ses propres restes devaient être déposés dans un lieu pour lequel il avait tant de dégoût (1) !

---

(1) Des plaintes si peu sensées rappellent ces vers connus :

Je rêvais cette nuit que, de mal consumé,
Côte à côte d'un pauvre on m'avait inhumé.

Me sentant fort choqué d'un pareil voisinage,
En mort de qualité, je lui tins ce langage :
Retire-toi, coquin ; va pourrir loin d'ici ;
Il ne t'appartient pas de m'approcher ainsi.
Coquin, me reprit-il d'une arrogance extrême,
Va chercher tes coquins ailleurs, coquin toi-même.
Ici tous sont égaux ; je ne te dois plus rien ;
Je suis sur mon fumier, comme toi sur le tien.

LETTRE C.

7 décembre 17 —.

Destituée de toute ressource, je mis dans les journaux un avis par lequel je demandais une place de femme de charge ou de gouvernante de quelque personne âgée ou infirme. Je faisais cette annonce sous le nom de *West,* afin que le souvenir des erreurs qu'on m'avait imputées ne devînt pas un motif de refus; mais, quoique souvent répétée, ma demande n'obtint aucune réponse; qui que ce soit ne prit même la peine de s'informer de cette personne qui désirait tant de se rendre utile.

J'avais écrit, dans l'Inde, à mon fils et à mon neveu; mais je ne pouvais recevoir leurs réponses que dans deux ou trois ans. Mon grand embarras était de vivre jusque-là : ce qui me touchait le plus, était le sort de ma petite domestique. Car, pour moi, habituée au malheur je le contemplais avec indifférence.

J'étais plus calme, peut-être, que jamais je n'avais été. Cette sérénité d'ame était une jouissance que je n'avais pas connue pendant tant d'années que j'avais passées dans la dissipation et la folie.

Une souscription fut ouverte pour moi, au club de Brooke; mais la saison étant avancée, presque tous les membres étaient à la campagne, et je ne retirai de-là que de quoi apaiser un créancier qui me menaçait.

Cependant, cette souscription eut un effet plus heureux, en ce qu'elle convainquit de mon malheur un membre du club qui en avait entendu parler légèrement. Je ne peux assez exprimer de reconnaissance pour tous les services qu'il m'a rendus : et je regrette qu'il ne m'ait pas permis de prononcer un nom que j'aurais tant de plaisir à publier.

Prête à quitter l'Angleterre, mon bienfaiteur offrit de me continuer ses services; mais je le refusai, craignant que sa générosité n'eût déjà excédé les bornes de sa prudence.

J'appris un jour que le procès qu'avaient

intenté les exécuteurs de M. Davy contre ceux de M. Calcraft, avait été jugé en notre faveur. On m'offrait de prendre des mesures pour me faire payer de la portion de ma rente que je n'avais pas vendue à M. Davy, et qui, par conséquent, m'était encore due par la succession de M. Calcraft. J'avais, depuis long-temps, perdu de vue cette affaire dont je ne croyais jamais rien retirer. La nouvelle que je recevais m'en fut d'autant plus agréable.

Je me rendis chez l'homme de loi qui m'avait donné cet avis; il m'apprit qu'il fallait faire un serment, parce que les exécuteurs de M. Calcraft avaient produit des reçus de moi : reçus qui ne pouvaient avoir aucun trait à cette affaire ; je n'en avais jamais donné à compte de cette rente viagère.

Quoique tout fût ainsi en règle, rien encore ne m'a été payé; rien même, dit-on, ne peut l'être que les affaires de M. Calcraft ne soient arrangées : ce qui ne semble pas devoir être prochain. Celle-ci ne se terminera probablement que long-temps après ma mort. Si la sœur de M. Calcraft, qui a hérité d'une partie de sa fortune, voulait se rappeler que je l'ai aimée comme une sœur, que je l'ai servie, protégée contre l'avarice de son frère; si son mari se souvenait de ce que j'ai fait pour contribuer à un mariage qui le rend heureux, il leur serait facile de me faire payer de cette dette, et cette marque d'attention serait un faible salaire de tant de soins pris par moi pour l'augmentation d'une fortune dont ils jouissent aujourd'hui : mais, j'ai souvent eu occasion de vous le répéter, la reconnaissance est la plus rare comme la plus humble des vertus.

Un remboursement qui me fut envoyé du pays étranger, me mit à même de rendre au bienfaiteur dont je viens de vous parler, presque tout ce qu'il m'avait prêté. Je le fis avec d'autant plus d'empressement que je savais qu'il en avait besoin. Pressée, dans le même temps, pour le paiement d'une dette que j'avais contractée pour le compte de mon fils George, j'employai à l'acquitter le surplus de ce que j'avais reçu : et je me trouvai encore une fois sans le sou.

J'avais eu mille preuves de la bienveillance de la duchesse de Bolton. Sa générosité ne m'était pas inconnue : je pris la liberté de l'instruire de ma détresse. Par le retour du courrier, je reçus la lettre la plus obligeante avec une traite y incluse sur son banquier : quel que fût mon besoin, je fus encore moins touchée du service, que flattée de la manière dont il était rendu.

Souffrez que, pour vous donner un autre exemple de cette grâce qui ajoute du prix, même à la bienfaisance, je vous rapporte une lettre que je reçus vers le même temps.

« Madame,

» Je suis bien touché d'apprendre que
» vous êtes dans l'embarras ; mais, s'il n'y
» avait quelque cruauté dans ce sentiment,
» je serais tenté de dire que je me félicite de
» ce que vos peines me donnent l'occasion
» de vous être utile.

» Je joins ici une traite de cent livres, que
» je vous prie d'accepter. J'espère que vous
» voudrez bien ne me jamais rendre cette
» somme. Je serai trop payé, si elle peut con-
» tribuer à mettre votre esprit en repos. Si,
» dans toute autre circonstance, je peux vous
» être de quelque utilité, donnez-moi vos
» ordres, bien sûr que rien ne me causera

» plus de satisfaction que d'obliger un cœur
» comme le vôtre. Je suis avec la plus grande
» considération,

» Votre humble et obéissant
» serviteur. »

Il ne m'est point permis de désigner l'auteur de cette lettre. Mais son action a si souvent rappelé à ma mémoire un passage de notre immortel Shakespeare, que je ne peux m'empêcher de vous le citer.

« Qu'aurions-nous *besoin* d'avoir des amis,
» si jamais nous n'avions *besoin* d'eux? Ils
» ressembleraient à ces instrumens sonores
» qui, suspendus enfermés dans leur étui,
» n'ont que la faculté de rendre des sons.
» Souvent j'ai souhaité d'être plus pauvre
» pour vous appartenir de plus près. Nous
» sommes nés pour faire du bien, et que
» pouvons-nous mieux regarder comme à
» nous que ce qui appartient à nos amis?
» Combien il est doux d'en avoir autant qui,
» comme des frères, disposent de la fortune
» les uns des autres!.... »

(Timon d'Athènes, *acte I, scène V.*)

LETTRE CI.

19 juin 17 —.

Peu de temps après Noël, une femme avec laquelle j'étais fort liée étant, un jour, venue me voir, elle admirait avec moi cette singulière suite d'événemens bizarres, et d'espérances déçues dont ma vie était remplie. Ma domestique entre en palpitant d'aise, et me demande de l'argent pour payer le port d'une lettre qui venait de l'Inde. Persuadée que cette lettre vient de mon fils, qui souvent m'avait écrit sous le nom de West, je la déchire plutôt que je ne l'ouvre : je cherche avidement quelques nouvelles de ce fils si cher.... Au lieu d'épître, je trouve sous l'enveloppe deux lettres de change, l'une qui était une *seconde*, de cinquante livres, sur un particulier de Marlborough-street, l'autre de trente livres sur un habitant d'Irlande, avec une lettre d'avis adressée à ce dernier.

Je m'informai, sur-le-champ, s'il n'existait

pas dans le voisinage quelque autre personne du nom de West. On n'en trouva point. Je me souvins que quelqu'un de Wimpole-street, que je ne connaissais pas, était venu chez moi, un an auparavant, sans me trouver. Supposant que cette personne connaissait quelque autre mistriss West, avec laquelle elle m'avait confondue, je lui écrivis pour le lui demander. Je ne reçus point de réponse.

Au bout de quelque temps, je portai à l'acceptation la traite de cinquante livres qui était à trente jours de vue. L'accepteur me demanda où était la *première*; je dis que je ne l'avais pas reçue. Nous présumâmes alors qu'elle était perdue. Au temps de l'échéance, on me fit dire qu'il se présentait un autre réclamant qui avait la *troisième*, et qui se trouvait être le mari de mistriss West, à l'ordre de qui les effets étaient tirés. Je remis donc à celui-ci, et l'autre effet, et la lettre qui l'accompagnait; et ainsi s'évanouit, comme tant d'autres, cette nouvelle illusion.

Alors mistriss Douglas arriva, me dit-elle, d'Écosse. Je la reçus à cœur ouvert, avec cette franchise qui fait le fond de mon caractère; et je pris plaisir à partager avec elle le peu que je possédais. Mais, suivant l'usage, quand elle se vit plus heureuse, elle désira de s'éloigner de la personne qui l'avait secourue dans l'infortune. Pour cela, elle commença par me chercher une querelle : je la soutins avec modération ; elle, avec aigreur. Mais je ne répondis point à ses injures. J'ai pour règle, lorsque j'éprouve, de la part de quelqu'un que je considère, de l'ingratitude, de la fausseté, des insultes, d'écrire son nom dans le livre de ma mémoire, au rang des morts. Cette méthode m'épargne des ressentimens pénibles dont ne peut se défendre une sensibilité trop vive. Je regarde donc cette dame comme aussi duement ensevelie que tous ses aïeux, et je pardonne à ses mânes.

Enfin, madame, mon pénible récit est achevé. Vous connaissez tous les événemens d'une vie qu'ont remplie les contrariétés, les vicissitudes et les chagrins. J'ai rassemblé, je crois, toutes les particularités propres ou à vous amuser, ou à instruire ceux qui me liront. J'ai choisi, surtout, celles qui pouvaient servir à mon principal objet ; c'est-à-dire présenter avec franchise et simplicité le tableau de ma conduite. Je n'ai rien atténué par vanité, rien caché par mauvaise intention. En vous exposant mes erreurs, je vous en ai indiqué les sources, et j'ose penser que cette véracité contribuera à les faire excuser.

Je ne crois pas avoir besoin de vous assurer que tous les faits que vous venez de lire sont exactement vrais. Quelques-uns pourront vous paraître extraordinaires, même fabuleux; mais il existe, de presque tous, des témoins vivans qui ne me démentiront point. Les incidens qui ne me concernent pas personnellement ne sont pas moins authentiques; la plupart se sont passés sous mes yeux, ou m'ont été transmis par des autorités incontestables.

Les circonstances que je vous ai détaillées, et la suite entière de ma vie vous prouveront, je pense, que j'ai dû mes malheurs plutôt à la fortune qu'à toute autre cause, et que l'imprudence, l'irréflexion ont eu plus de part que la dépravation du cœur, à l'irrégularité de ma conduite. Il en résultera, j'espère, que le public jugera avec moins de rigueur et mes actions et mon caractère.

Shakespeare a dit: « La trame de notre
» vie est un fil mélangé de bien et de mal.

« Nos vertus nous enorgueilliraient si nous
» n'étions humiliés par nos fautes, et nos
» vices nous jetteraient dans le désespoir s'ils
» n'étaient rachetés par nos vertus (1). »
Cette considération sera pour moi de quelque poids auprès des ames généreuses, et des esprits non-prévenus. Ils ne m'absoudront pas de tout vice : ils penseront que mes qualités sont balancées par mes défauts: mais il se mêlera quelque indulgence à la censure, aux reproches quelque estime.

Si le récit de mes inconséquences et de leurs tristes résultats, peut servir de leçon à mon sexe, s'il peut détourner quelque imprudente des sentiers que je suivis, et lui inspirer plus de raison que je n'en eus moi-même, je n'aurai pas mal employé mon temps.

Puisse le public qui me lira, avoir pour moi la même compassion que j'eus toujours pour les autres : puisse l'ange des souvenirs laisser tomber sur mes fautes une larme de pitié, et les effacer de sa main indulgente !

---

(1) Le texte dit littéralement : «Nos vertus seraient fières, si nos fautes ne les fouettaient pas ; et nos crimes désespéreraient, s'ils n'étaient pas caressés par nos vertus. »

NOTE DU TRADUCTEUR.

Mistriss Bellamy fit imprimer ces Mémoires ou, pour m'exprimer comme elle, cette apologie en 1784. Elle y joignit la lettre à M. Calcraft, qu'elle s'était proposé de publier en 1767, et que celui-ci, par ses menaces, l'avait empêchée de faire paraître. Dans cette lettre, qui est fort longue, elle rappelle à M. Calcraft tous les torts dont ce misérable s'était rendu coupable envers elle. Elle en reprend l'histoire au jour où, instruit par elle de sa querelle avec M. Metham, et du présent de mille livres qu'elle avait reçu d'un bienfaiteur inconnu, il l'engagea à faire usage de cette somme. Quoiqu'il ait depuis prétendu en avoir été le donateur, elle élève à cet égard des doutes que justifie toute la conduite de l'imposteur. Passant de-là à l'engagement contracté entre elle et lui chez M. Gansel, elle donne la copie de cet acte, par lequel M. Calcraft reconnaissait lui devoir cinquante mille livres, et s'obligeait à les lui payer, s'il épousait toute autre personne qu'elle. Le soin qu'il prit de faire entendre à toutes les personnes qu'elle connaissait qu'elle était mariée avec lui, quoique, étant le mari d'une autre, il ne pût jamais être le sien, consomma l'iniquité d'une si odieuse tromperie. Mistriss Bellamy rappelle toutes les peines qu'elle s'est données pour augmenter une fortune qu'elle croyait devoir devenir celle de ses enfans, les dépenses qu'elle a faites pour lui, les dettes contractées, soit par son ordre, soit pour ses intérêts, et qu'il a tant et si vainement promis de payer. Mais ni ces injures répétées, ni le souvenir des souffrances de tout genre que lui a fait subir l'infâme duplicité de son perfide suborneur, ne la conduiront à des indiscrétions que réprouve la délicatesse. Bornée au récit de ses propres injures, elle ne révélera point ce qui, dans la conduite de M. Calcraft, ne la concerne pas. Les craintes qu'à cet égard il a témoignées, et le silence qu'il lui a fait demander, lui ont semblé une nouvelle offense. Elle s'élève avec amertume contre les insinuations qu'il affecta de répandre sur les motifs de leur séparation ; calomnies d'autant plus perfides, qu'il connaissait, et les offres qu'elle avait refusées, et la résolution qu'elle avait prise de ne former de liaisons d'aucun genre. La fourberie avec laquelle il s'appropria des bijoux qu'il prétendait avoir vendus à vil prix, mérite des reproches plus graves encore. Une transaction a prévenu la honte dont un jugement eût flétri cette action. Mais la bassesse subsiste, et c'est à l'opinion à en faire justice. Vil à l'égard de la femme qu'il prétendait chérir, Calcraft se montra lâche et traître envers son bienfaiteur. M. Fox lui avait confié, sous le secret, une conversation qu'il avait eue avec le roi : le malheureux la divulgua inconsidérément, et nuisit beaucoup à son protecteur. Ce trait, devenu public, donna lieu non-seulement à de beaux vers de Churchill, mais à un poëme tout entier intitulé *l'Ingratitude*. Ce qui ajouterait à l'amertume que laisse à l'auteur l'humiliation d'avoir consacré une partie de sa vie à un homme qui ne pouvait inspirer que le dégoût et la haine, ce serait le regret de lui avoir quelques obligations. Mistriss Bellamy, pour prouver qu'elle n'en a aucune à M. Calcraft, termine sa lettre par une espèce de compte duquel il résulterait qu'il est son débiteur de vingt-cinq à trente mille livres.

Cette lettre n'offre aucun fait important qui ne soit raconté dans le cours de l'ouvrage ; elle est écrite avec plus d'aigreur que de force, plus de ressentiment que d'indignation. M. Calcraft, lorsqu'elle a paru, était mort, et cette circonstance dut diminuer encore l'intérêt d'un écrit qui n'en aurait aucun pour le lecteur français.

En 1786 parut la quatrième édition de ces Mémoires; c'est celle dont je me suis servi. L'auteur y ajouta les lettres suivantes.

LETTRE CII.

4 mai 17 —.

Vous avez pris, madame, tant de part aux événemens de ma vie, que je crois devoir vous instruire aussi de ceux qui se sont passés depuis le commencement de cette année 1785. Ce récit, peut-être, coûtera encore quelques larmes à votre ame compatissante. Cependant comme l'horizon semble s'éclaircir devant moi, et que je vois briller l'aurore d'une tranquillité à laquelle je fus bien long-temps étrangère, cet avenir, je l'espère, consolera votre sensibilité, et vous donnera quelque satisfaction.

Au moment où je publiai mes Mémoires, j'étais fort obérée; l'argent qu'ils me produisirent fut en entier employé à satisfaire des créanciers. Je payai jusqu'à ma dernière guinée, et je me vis obligée de contracter de nouvelles dettes pour soutenir ma misérable existence.

J'avais, je ne sais comment, encouru la malveillance de la maîtresse de la maison que j'habitais. L'espoir que je pouvais fonder sur la générosité du public, excitée par la lecture de mon histoire, n'adoucit point cette animosité dont je n'ai jamais conçu la cause; elle s'augmenta tellement, quoique j'eusse constamment cherché à complaire à cette femme, qu'un jour elle prit un mandat contre moi pour quatorze livres de loyers échus dont je lui étais redevable, et conduisit elle-même dans mon appartement. l'officier du shériff chargé d'exécuter cet ordre; et pour que cette arrestation fût aussi pénible, aussi dispendieuse qu'il était possible, elle prit soin de la faire faire un samedi, à huit heures du soir (1).

M. Baten de Hare-court dans le Temple (2), voulut bien m'aider à sortir de cette fâcheuse

---

(1) Le dimanche est, en Angleterre, un jour de repos universel; aucun acte, aucune affaire ne se fait ce jour-là. Un débiteur arrêté le samedi ne peut, par conséquent, fournir caution ni obtenir sa liberté avant le lundi.
(*Note du traducteur.*)

(2) Quartier qu'habitent particulièrement les gens de loi. (*Note du traducteur.*)

affaire; mais la haine s'accroît par le mal qu'elle fait, par celui qu'elle a voulu faire : les revers ajoutent, ainsi que les succès, à son intensité. Ma persécutrice, irritée de voir que j'avais échappé à sa malveillance, alla trouver tous les gens à qui je devais, et, par tous les moyens qu'elle put imaginer, les engagea à prendre contre moi des mandats d'arrêt. Bientôt, les dettes, ajoutées aux frais, se trouvèrent quadruplées.

Pour comble de désagrément, n'ayant pas, à raison de mon ignorance des lois, répondu convenablement à l'un de ces ordres, je fus attaquée pour *mépris du tribunal*, et, hors d'état de payer l'amende, je me vis de nouveau conduite en prison.

L'officier chez lequel on me mena s'appelait M. Parson ; c'était celui chez lequel j'avais été précédemment conduite, à raison d'un billet que j'avais souscrit pour rendre service à miss Smithers, cette femme ingrate et méprisable qui avait trompé et mon fils Metham et moi. Je ne possédais pas un shelling; j'eus recours encore à M. Baten, dont l'amitié ne m'abandonna pas : mais prête à quitter la triste demeure que j'étais revenue habiter, mon hôte me signifia un mandat pour cinq guinées que je lui devais, à raison de cette détention antérieure.

Ces persécutions répétées me rejetèrent dans le désespoir ; je ne voyais aucun moyen d'échapper à tant de malheurs. Enfin, grâce aux secours que m'ont donnés généreusement la duchesse de Bolton, le duc de Montague, la duchesse de Rutland, le comte de Mansfield, sir Francis et lady Basset, lady James, mistriss Hastings, un obligeant inconnu, et l'estimable mistriss Bull, dont je dois l'amitié à la lecture de mes Mémoires, le nuage qui m'enveloppait commença à se dissiper ; j'eus lieu d'espérer que bientôt je serais débarrassée de toutes mes dettes. Mais un jour, je reçus une visite de M. Naylor qui me présenta un long mémoire pour les frais d'un procès qu'il avait suivi pour moi, relativement à la fausse arrestation dont je vous ai rendu compte.

Je fus d'autant plus étonnée, que je lui avais payé sept guinées et demie à valoir sur ses frais ; et comme, depuis plus de cinq ans, il n'avait rien réclamé, je ne pouvais supposer que je lui dusse quelque chose. M. Baten, que je consultai de nouveau, arrangea avec lui cette affaire.

J'aurais dû vous dire que j'avais connu ce dernier, parce que, chargé des intérêts du frère de M. Woodward, il était venu me trouver pour m'engager à déclarer que je renonçais à l'obligation souscrite par son client, et trouvée dans les papiers de mon ami; je me prêtai avec grand plaisir à une réclamation qui me paraissait juste; et comme je suis la seule partie intéressée à la succession, j'espère que ma renonciation aidera M. Woodward à gagner le procès que lui ont, si mal à propos, intenté les exécuteurs de son frère (1).

Après vous avoir affligée par le détail de mes nouvelles peines, j'ai quelque plaisir à vous apprendre que devant moi s'ouvre une nouvelle perspective; j'ai lieu de croire que moins triste je vais me trouver, pour ma vie, dans une position agréable et tranquille.

---

(1) M. Woodward était mort en 1777, et ce procès, comme on le voit, durait encore en 1785. On peut voir par cet exemple combien sont fondés les reproches si souvent faits à la jurisprudence civile des Anglais.

(*Note du traducteur.*)

Mais l'indépendance même, qui m'est si chère, me flatte moins que la satisfaction de me retrouver protégée, chérie par les personnes que distinguent de véritables vertus.

M. Townley-ward, homme de loi qui honore sa profession, a pris en main ma cause ; il me soustraira, je l'espère, à la tyrannie d'un homme qui n'a usé que pour me nuire des pouvoirs qu'on lui avait donnés pour me servir.

Désormais, bornant mes jouissances à la conversation de quelques amis que j'ai conservés, je remercie mes bienfaiteurs, et je bénis la Providence.

LETTRE CIII.

8 mai 1785.

Je croyais avoir pris congé de vous; mais je ne peux me refuser au désir de mettre sous vos yeux une lettre que je viens de recevoir. Elle respire une philantropie si douce, une politesse si aimable, que j'ose croire que vous ne la lirez point sans quelque satisfaction. Les louanges flatteuses que me donne l'obligeante anonyme, la sensibilité qu'elle me témoigne, les consolations qu'elle m'offre, ainsi que les vœux qu'elle forme pour moi, ont fait, sur mon cœur, une impression qui n'en sera point effacée. Puisse l'auteur inconnu de cette lettre touchante lire ici l'expression de ma reconnaissance !

« Ma chère dame,

» Je viens d'achever la lecture de ce que
» vous appelez modestement *l'apologie de*

» *votre vie.* Cet ouvrage, sans doute, pour-
» rait servir d'apologie à une vie plus blâ-
» mable que la vôtre. Nulle histoire encore
» ne m'avait paru aussi intéressante. Si l'on
» eût donné ce récit pour un roman, j'aurais
» repris l'auteur d'avoir passé les bornes du
» vraisemblable, et je l'aurais accusé de se
» jouer de la crédulité de ses lecteurs. Mais
» vous nous avez prouvé que l'imagination
» la plus inventive était bien au-dessous de
» la réalité.

» Ah! ne dis pas, aimable infortunée, ne
» dis pas que tu n'as point d'amis qui pren-
» nent part à tes chagrins, ou qui puissent se
» réjouir de tes consolations. Toute ame li-
» bérale s'intéressera à ton sort. Tout cœur
» sensible sera attendri de tes maux, et se
» félicitera de ta satisfaction si le ciel encore
» daigne te sourire. Et, sans doute, il te re-
» gardera en pitié; sans doute, cet être qui
» t'a retenue suspendue sur le bord de l'a-
» bîme, ne t'abandonnera pas tout-à-fait.
» N'as-tu pas nourri la veuve et l'orphelin?
» N'as-tu pas donné du pain à celles qu'or-
» nent aujourd'hui les symboles de la gran-
» deur, lorsque leurs parens désolés n'en

» avaient point à leur offrir (1)? Ils peuvent
» t'oublier, ceux que tu as secourus dans le
» besoin; mais le Dieu du ciel ne t'oubliera
» pas.

» Heureuse! trois fois heureuse! si je pou-
» vais vous offrir quelque soulagement. Ma
» demeure serait votre asile; mes tendres
» soins rendraient le calme à votre ame fa-
» tiguée; votre société charmerait mes vieux
» jours. Mais je ne puis prétendre à de si doux
» plaisirs. Des prières et des vœux sont les
» seuls trésors dont je puisse disposer. Mais
» c'est un cœur compatissant qui vous les of-
» fre, et vous n'en repousserez point l'hom-
» mage.

» Quelques paroles consolantes sont sou-
» vent plus douces aux malheureux, que les
» dons de l'opulence. C'est là le tribut du
» pauvre, et j'ose vous le présenter. Souffrez
» que j'y joigne quelques conseils. Je ne suis
» pas de ces gens qui, assis sur des fleurs,
» prêchent la patience à ceux qu'ils voient

---

(1) Ceci fait probablement allusion aux deux miss Gun-
nings. On a vu comment l'une avait reconnu les services
rendus à son enfance.   (*Note du traducteur.*)

« couchés sur des épines. Peu de personnes,
« peut-être, ont bu à plus longs traits que
« moi, dans la coupe du malheur; l'affliction
« a, depuis long-temps, courbé ma tête. Mais,
« grâce à Dieu, elle n'a point flétri mon ame.
« Lorsque l'adversité, sous des formes mul-
« tipliées, m'est venue assaillir, une rési-
« gnation absolue aux volontés du Ciel m'a
« conservé le repos intérieur. L'espérance,
« ce baume souverain des cœurs blessés,
« m'a soutenue contre la fortune. Sans son
« appui, j'aurais, depuis long-temps, suc-
« combé aux peines les plus amères qui puis-
« sent affliger une mère tendre et une épouse
« affectionnée.

« N'oubliez point, quelques infortunes qui
« s'amassent pour vous accabler, que la main
« qui vous frappe peut aussi vous guérir ;
« que cette même Providence qui, si long-
« temps, a permis que vous fussiez le jouet
« d'hommes vils et cruels, peut, en un ins-
« tant, vous rendre l'amitié des justes, la
« bienveillance des grands, heureux dispen-
« sateurs des bontés que le ciel réserve aux
« malheureux ! Ce serait ce noble emploi

» que je convoiterais, si j'étais susceptible
» d'envie.

» Je me flatte, madame, que vous excu-
» serez la liberté que prend une personne
» plus âgée que vous, et qui ne craint point
» de se dire, avec vérité,

Votre amie,

P. S.

« *P. S.* S'il survenait, comme je l'espère,
» quelque changement heureux dans votre
» position, veuillez bien l'annoncer dans le
» Journal du Soir, et y joindre l'indication de
» votre demeure. Ne la connaissant point,
» j'adresse cette lettre à M. Bell (1) qui, j'es-
» père, vous la fera parvenir. »

---

(1) Libraire chez lequel se vendait l'ouvrage de mistriss Bellamy.

LETTRE CIV.

1 octobre 1785.

Une quatrième édition de ces Mémoires se prépare; et je crois devoir y joindre cette lettre qui terminera tout ce que j'ai à vous dire de moi.

Vous avez vu dans ma dernière, que la fortune, lasse de me persécuter, avait semblé m'offrir une perspective de tranquillité. Mais ai-je dû jamais compter sur ses faveurs? D'autres peines sont venues s'ajouter à tant de peines que je vous ai racontées.

Un étranger demande un jour à me parler. Son nom, me dit-il, était Finton. Il demeurait à Newington, dans Surry. Un sir James Walker, habitant de la Jamaïque, l'avait chargé de me voir. Ce dernier devait à mon fils George Metham une somme considérable, pour argent gagné au jeu. Aussi honnête que riche, il se proposait de me payer cette dette, si j'en avais besoin. Je n'hésitai pas, comme bien vous croyez, à la réclamer, non plus qu'à témoigner la satisfaction que me causait un exemple si rare de délicatesse. Le même jour, ce M. Finton partait, me dit-il, pour la Jamaïque : il se chargea d'une lettre que j'écrivis à M. Walker.

Une représentation fut donnée à mon bénéfice : le produit surpassa ce que j'en avais espéré. La beauté, la grandeur, la grâce et la bonté se réunirent pour orner les loges. On m'avait prévenue qu'il serait nécessaire que je me montrasse, ne fût-ce que pour témoigner ma reconnaissance : extrêmement affaiblie par une cruelle maladie, j'aimai mieux subir cette pénible comparution, que de passer pour ingrate.

Mistriss Yates fit le rôle de la duchesse de Bragance; jamais elle n'avait mieux joué. Je peux dire, avec vérité, que je jouis plus de son succès, que si j'eusse été moi-même l'objet des applaudissemens qu'on lui prodigua. Tous les acteurs multiplièrent leurs efforts. La belle miss Farren prononça un épilogue dans lequel j'étais représentée comme un Bélisaire femelle. Elle s'exprima avec tant de chaleur et d'intérêt, que ma timidité s'en augmenta.

Enfin, il fallut me présenter. Je m'avançai, dans l'intention de faire un remercîment : mais il me fut impossible de prononcer un seul mot de ce que je m'étais proposé de dire. J'étais si troublée que, certainement, je serais tombée sur les lampions, si l'aimable personne qui avait prononcé l'épilogue ne m'avait soutenue jusqu'à ce que je fusse hors du théâtre. En y arrivant, je tombai évanouie.

Je me trouvai, grâce à ce bénéfice, en état d'acquitter mes nouvelles dettes. Ne doutant point, d'ailleurs, que je ne reçusse bientôt de l'argent de la Jamaïque, je payai quelques anciens créanciers, et donnai des sûretés à d'autres dont l'indulgence avait droit à tous mes égards. Vous le voyez : l'expérience ne me corrige point, vous me retrouverez toujours crédule, toujours prompte à me reposer sur un avenir illusoire.

Peu de temps après, je me rompis la cheville du pied. Sortie trop tôt après cet accident, je tombai, et me fendis l'os de la même jambe, ce qui me fit craindre de ne pouvoir plus marcher.

Inscrite aujourd'hui sur la liste des pensionnaires de la duchesse de Devonshire, j'espère n'avoir plus à redouter les atteintes de la misère. Je n'ai reçu aucune réponse de la lettre que j'avais écrite à la Jamaïque. Plus je réfléchis à la visite de ce M. Finton, et moins je conçois ce qui put le déterminer à venir ainsi, par une fausse amorce, me placer dans le paradis des fous.

Mon fils Henri, revenu de l'Inde, m'offre tout ce qu'une extrême tendresse peut donner de consolations à une mère. Sa fortune ne lui permet point de payer ce que je dois; mais il me donne des secours réglés; et si le poids de ces dettes éternelles ne troublait pour moi toute félicité, protégée par la meilleure des femmes, objet des tendres soins d'un excellent fils, je me trouverais encore heureuse, quoique dépourvue de santé, et privée du plaisir que je préfère à tous autres, celui de faire de l'exercice.

———

Tant de petits faits, de détails si dénués d'intérêt, remplissent ces dernières lettres de mistriss Bellamy, que, les ayant beaucoup réduites, je crains encore de ne les avoir pas assez abrégées.

L'anecdote suivante, relative à un théâtre dont il est si souvent question dans ces Mémoires, et à des personnes dont plusieurs y sont nommées, m'a paru propre à dédommager le lecteur de particularités insignifiantes que ne rachètent pas des réflexions trop communes.

EXTRAIT

Du Magasin Encyclopédique, page 526, quatrième année.

« Le célèbre acteur Palmer, du théâtre de Covent-Garden, avait joué depuis quelques temps à Liverpool. Abattu par la perte de son épouse et celle d'un fils chéri qu'il avait éprouvées en peu de temps, il donna souvent des marques d'une douleur profonde qui résistait à toutes les consolations de ses amis. Cependant, il joua peu de temps après un de ses principaux rôles, le jeune *Wilding*, dans le Menteur, avec beaucoup de vivacité et de comique.

» Le 2 août de cette année 1798, il avait à jouer le rôle difficile de l'étranger, dans la pièce de Kotzebue, intitulée Menschenhaass und Rene (Misantropie et Repentir).

» Dans les deux premiers actes, Palmer ne montra aucune altération; mais dans le troisième, il parut extrêmement affligé lorsqu'il entra sur la scène. Quand il fallut répondre au major (dans la pièce anglaise, le baron de Stainfort), à la question que lui fait celui-ci sur la santé de ses enfans; frappé tout-à-coup du souvenir de la mort de son fils, il tomba, poussa un grand soupir, et mourut sur-le-champ.

» Le public crut d'abord que ce n'était qu'un coup de théâtre, pour exprimer la force du sentiment; mais lorsqu'on le vit emporter mort, l'étonnement se changea en une frayeur générale. Tous les secours des médecins furent inutiles. On entendit les plaintes des femmes et des acteurs. Enfin, le directeur, M. Aikin, parut sur le théâtre; mais les larmes et les sanglots l'empêchèrent de proférer un seul mot. Un autre acteur, M. Incledon, essaya de faire le récit de ce qui s'était passé; mais il ne put de même prononcer que quelques mots. Les dernières paroles que Palmer prononça furent : *There is another and a better world!* (Il y a un autre, un meilleur monde!) Elles seront gravées sur son monument sépulcral, à Walton, où il a été enterré avec beaucoup de solennité. Il est mort à l'âge de cinquante-sept ans.

» Comme ses finances n'étaient pas dans le meilleur état, ses créanciers avaient assuré sa vie à la compagnie d'assurances de Black-Friars pour la somme de deux mille livres sterlings, qu'on est maintenant obligé de leur payer. Il laisse une famille nombreuse et dépourvue de secours; et tout le monde le regrette comme un des premiers artistes. Il avait commencé par les rôles de valets.

» On se rappelle à cette occasion plusieurs événemens semblables; de *Molière,* qui ressentit les premières atteintes de sa maladie mortelle sur le théâtre, dans le rôle du malade imaginaire; de *Montfleury,* qui mourut à la représentation violente du rôle d'Oreste, dans l'Andromaque de Racine; de *Bond,* qui joua le rôle de Lusignan, dans la pièce anglaise de Zaïre, avec tant de vivacité, que lorsque Zaïre adressa la parole au vieillard assis dans le fauteuil, il était mort, et sans le moindre mouvement.

» Lorsqu'on joua à Liverpool au profit des quatre enfans de Palmer, Holman prononça un prologue composé par le célèbre historien Roscœ, qui produisit une sensation générale: il contenait des passages très-pathétiques; il y avait aussi fait entrer les dernières paroles de Palmer que nous avons citées.

» Lady Derby, ci-devant miss Farren, qui jouait autrefois sur le même théâtre avec Palmer, donna pour cette représentation cinquante livres sterlings.

» La représentation qui fut donnée au bénéfice de la famille de Palmer, au théâtre de l'Opéra, à Londres, rapporta sept cents livres sterlings.

» Le frère de Palmer voulut prononcer aux spectateurs un discours fait par Colman; mais les larmes et les sanglots étouffèrent sa voix : le public en fut plus vivement touché que des paroles les plus éloquentes, et ce tendre frère fut couvert d'applaudissemens. »

FIN.

www.ingramcontent.com/pod-product-compliance
Lightning Source LLC
Chambersburg PA
CBHW051352220526
45469CB00001B/219